Rethinking Global Supply Chain

グローバルサプライチェーン再考

経済安保、ビジネスと人権、脱炭素が迫る変革

若松 勇・箱﨑 大・藪 恭兵

【編著】

文眞堂

はしがき

　世界経済に発展をもたらしてきたグローバルサプライチェーン（GSC）が歴史的な転換期を迎えている。冷戦終結でメガコンペティション（大競争時代）が幕を開け，企業間競争は激化し，企業は最適調達・最適生産の実現に向け，サプライチェーンのグローバル化の道を突き進んできた。

　しかし，近年，発生した新型コロナウイルス感染症は，従来の想定になかった世界規模での行動制限をもたらし，物流の混乱を含めて，広範囲かつ長期にわたる供給途絶をもたらした。重要物資を特定の輸入先に頼ることのリスクの大きさが広く共有されることになった。さらに，激しさを増す米中対立，ウクライナ危機などを背景とした経済安全保障，ビジネスと人権，脱炭素などグローバルな規模での新たな共通課題（イシュー）が次々と出現している。これらの課題に共通した特徴は，サプライチェーン全体での対応が必要とされている点である。企業が効率性を極限まで追求したサプライチェーンは今，再構築を迫られている。

　こうした中，企業の方々からは「あまりにも多くの考慮すべき要素が出てきて，頭の整理がつかない」，「断片的なニュースが日々流れてくるが，全体像がわからない」といった声が多く聞かれるようになった。一方で，各国・地域にはそれぞれ固有の課題やリスク，チャンスがあり，サプライチェーンを見直す場合は，それらも同時に考慮しなければならない。

　そこで本書では，サプライチェーンに影響を与えるさまざまな課題の中で，中長期にわたり，重要性がより一層高まっていくとみられる，経済安全保障，ビジネスと人権，脱炭素の３つのイシューにフォーカスしつつ，規制や制度の概要，どのようなリスクや留意点があるのかを幅広くカバーし，整理した。併せて，世界の主要な生産国・地域の視点からもリスクとチャンス，今後の見通しについて分析を行った。本書一冊で，サプライチェーンの再編を検討するに

あたり，把握しておくべき重要な情報が網羅できるように努めた。

　本書の構成は以下の通り。序章において，GSC 発展の経緯やその経済効果，GSC に複合的なショックを与えた新型コロナ禍による影響を振り返る。第 1 部は，新たに登場した 3 つのイシューについて，それぞれの規制・制度の概要，市場環境の変化などがサプライチェーンに与える影響ついて考察する。執行の強化で影響が広がる米国のウイグル強制労働防止法も補論で解説している。第 2 部は，GSC を巡る注目トピックスとして，半導体サプライチェーン，中国 EV メーカーの世界戦略，EU 炭素国境調整（CBAM）を取り上げ，その最新動向を解説する。第 3 部では，GSC の主要生産国・地域として，米国，メキシコ，中国，ASEAN，インド，EU の 6 カ国・地域を取り上げ，製造拠点としてのプロフィール，どのような固有のリスクおよびチャンスがあるのか，併せて，3 つのイシューがどのような影響を及ぼすのか，国・地域別に考察した。終章では，まとめとして，GSC 再編の方向性や企業に求められる対応について，検討している。執筆者はジェトロ調査部の中でそれぞれのテーマについて，専門性を持つ調査経験の豊富なスタッフが担当した。

　なお，本書はテーマ別，国・地域別の切り口によって，GSC に関する近年の環境変化について，全体像を紹介することを意図しているが，各章はそれぞれ独立しており，ご関心のあるテーマ，あるいは国・地域の章からでもお読みいただけるようになっている。サプライチェーンはサービス産業を含め全産業に関わるが，本書ではその中でも，主に製造業を念頭に置いた分析を行っている。

　本書が不確実性の高まる国際環境のなかで，海外ビジネスに取り組む企業関係者をはじめ，グローバルサプライチェーンに関心を持つ，研究者，学生の方々などの参考に資すれば幸甚である。最後に本書の刊行を快諾してくださった文眞堂社長の前野隆氏，編集の労をとっていただいた山崎勝徳氏をはじめ編集部の方々に心より感謝申し上げたい。

　2024 年 9 月

編者一同

目　次

はしがき …………………………………………………………………………　i

序　章　転機を迎えたグローバルサプライチェーン
〜効率追求の蹉跌〜 ………………………………………… 若松　勇　1

はじめに ……………………………………………………………………………　1
第1節　グローバルサプライチェーン（GSC）の変遷 ………………………　1
第2節　グローバルサプライチェーンの功罪………………………………………　6
第3節　新型コロナがもたらした複合的ショック ……………………………　8
第4節　3つの新たなイシューの登場 …………………………………………　12

第1部　サプライチェーンに変革を迫る3つのイシュー

第1章　経済安全保障 ………………………………………… 藪　恭兵　19

はじめに ……………………………………………………………………………　19
第1節　国際情勢の変化 …………………………………………………………　20
第2節　新たな通商観に基づくルールメイキング ……………………………　25
第3節　経済安全保障に関わる企業の対応と課題 ……………………………　30

第2章　ビジネスと人権 ……………………………………… 田中　晋　37

はじめに ……………………………………………………………………………　37
第1節　企業に人権対応を促す国際的な枠組み…………………………………　38
第2節　欧州を中心に進む人権デューディリジェンス法制化の動き ……　41
第3節　求められるサプライチェーン上のトレーサビリティ確保 ………　48

iv　目　次

補　論　ウイグル強制労働防止法の
　　　　サプライチェーンへの影響……………………………… 葛西泰介　56

　第1節　法制度の概要 ……………………………………………………… 56
　第2節　UFLPA の執行状況 ……………………………………………… 57
　第3節　産業分野・国別の執行動向 …………………………………… 59
　第4節　企業はリスクに基づく継続的な対応を………………………… 62

第3章　サプライチェーンの脱炭素化 ……………………… 田中麻理　66

　はじめに …………………………………………………………………… 66
　第1節　世界の脱炭素化目標と達成に向けた課題 …………………… 67
　第2節　気候変動関連の情報開示等に関する動向 …………………… 70
　第3節　サプライヤーへの脱炭素化を求める業界および企業の動向…… 76
　おわりに …………………………………………………………………… 79

第2部　サプライチェーンを巡る注目トピックス

第4章　半導体サプライチェーンの再編と今後の見通し
　　　　………………………………………………………………… 伊藤博敏　85

　はじめに …………………………………………………………………… 85
　第1節　グローバル半導体産業の変化 ………………………………… 86
　第2節　米中対立の影響を受けるグローバルサプライチェーン ……… 91
　第3節　日本の半導体関連企業が直面する課題と将来展望 ………… 96
　おわりに …………………………………………………………………… 100

第5章　躍進する中国 EV メーカーの世界戦略 ………… 清水顕司　104

　はじめに …………………………………………………………………… 104
　第1節　中国の自動車市場動向
　　　　　〜 NEV 比率の高まりとスマート化の進展………………… 105
　第2節　急増する中国の NEV 輸出〜欧米を中心に高まる警戒感 ……… 110

第3節　急拡大する中国 NEV 企業の海外進出 ……………………………… 115

おわりに ……………………………………………………………………… 119

第6章　EU 炭素国境調整メカニズム（CBAM）の衝撃
………………………………………………………… 安田　啓　121

はじめに ……………………………………………………………………… 121

第1節　新たな炭素価格制度としての CBAM …………………………… 122

第2節　CBAM の経緯，現在地と今後 …………………………………… 124

第3節　CBAM への企業の関心事項および懸念点 ……………………… 128

第4節　課題と展望 ………………………………………………………… 133

第3部　サプライチェーンの変容
～主要生産拠点のチャンスとリスク～

第7章　米　　　国 ……………………………………… 赤平大寿　139

はじめに ……………………………………………………………………… 139

第1節　米国市場と貿易投資 ……………………………………………… 140

第2節　米国の経済安全保障措置，気候変動対策，人権保護の政策背景
……………………………………………………………………… 144

第3節　先鋭化する米国の輸出管理・投資規制動向 …………………… 148

第4節　変容しつつある米国市場向けの対中サプライチェーン ……… 152

第5節　対米ビジネスのチャンスとリスク ……………………………… 156

第8章　メキシコ ……………………………………… 中畑貴雄　162

はじめに ……………………………………………………………………… 162

第1節　メキシコ製造業の特徴と外資系企業進出状況 ………………… 163

第2節　メキシコ固有のチャンスとリスク ……………………………… 167

第3節　経済安保関連の政策やその影響 ………………………………… 171

第4節　人権関連の政策の実施状況と影響 ……………………………… 173

第5節　脱炭素・グリーン関連の政策の実施状況と影響 ……………… 176

vi　目　次

　　第6節　今後の展望……………………………………………………… 178

第9章　中　　国……………………………………………… 箱﨑　大 181

　　はじめに …………………………………………………………………… 181
　　第1節　産業の特徴，人口動態，海外からの進出状況 ……………… 182
　　第2節　中国におけるチャンスとリスク ……………………………… 189
　　第3節　政策の実施状況と影響 ………………………………………… 191
　　第4節　今後の展望……………………………………………………… 196

第10章　ASEAN ……………………………………………… 北見　創 203

　　はじめに ………………………………………………………………… 203
　　第1節　イントロダクション
　　　　　　：生産拠点としての ASEAN のプロフィール ……………… 205
　　第2節　世界の投資を誘引する ASEAN ……………………………… 209
　　第3節　米中対立とサプライチェーンの変容………………………… 216
　　第4節　脱炭素・グリーン関連の政策の実施状況と影響 …………… 222
　　第5節　人権関連の政策の実施状況と影響…………………………… 228
　　第6節　今後の展望……………………………………………………… 232

第11章　イ　ン　ド……………………………………………… 河野将史 234

　　はじめに ………………………………………………………………… 234
　　第1節　製造拠点としてのインド（1）
　　　　　　—基礎情報と日系企業，各国企業の動向 ………………… 235
　　第2節　製造拠点としてのインド（2）
　　　　　　—政府の施策とビジネスチャンス………………………… 239
　　第3節　インドにおける3つのイシューへの対応 ………………… 246
　　第4節　今後の展望……………………………………………………… 250

第12章　E　　　U ……………………………………………… 土屋朋美 252

　　はじめに ………………………………………………………………… 252

目　次　vii

第1節　EU のチャンスとリスク …………………………………………… 254

第2節　EU の経済安保関連政策の実施状況と影響 …………………… 258

第3節　EU の「ビジネスと人権」関連政策の実施状況と影響 ………… 262

第4節　EU の脱炭素・グリーン関連政策の実施状況と影響 …………… 267

第5節　今後の展望と課題 ………………………………………………… 272

終　章　強靭で持続可能なサプライチェーンに向けて

…………………………………………………… 若松　勇　275

箱﨑　大

藪　恭兵

第1節　グローバルサプライチェーンを巡る環境変化の行方 …………… 275

第2節　グローバルサプライチェーンの再編はどこに向かうか？ ……… 279

第3節　企業に求められる対応 …………………………………………… 283

索　引 …………………………………………………………………… 287

序章

転機を迎えたグローバルサプライチェーン
～効率追求の蹉跌～

はじめに

　東西冷戦の終焉後，GATT（関税および貿易に関する一般協定），そしてWTOに基づいた自由貿易体制を前提として，アジアを中心に，世界最適調達・最適生産を実現する国境を超えたグローバルなサプライチェーンが構築されてきた。しかし，近年，新型コロナによるパンデミック，米中対立やウクライナ危機などを背景とした経済安全保障，ビジネスと人権，脱炭素などグローバルサプライチェーン（GSC）に大きな影響を与える新たな課題が次々と浮上してきている。企業はこれらの要素をすべて考慮して，グローバル展開を進めなくてならない。本章では，GSCの特徴や誕生の背景をみたうえで，GSCがもたらした経済効果やリスクなどプラスとマイナスの両側面を整理する。そして，GSCに複合的なショックを与え，空前の供給途絶をもたらした新型コロナによる影響を振り返る。そのうえで，GSCが現在直面している，経済安保，ビジネスと人権，脱炭素という3つの新たなイシューを概観し，その後の各論編への導入としたい。

第1節　グローバルサプライチェーン（GSC）の変遷

1．世界経済を牽引したGSC

　戦後の世界経済の発展は貿易の拡大によって牽引されてきた。世界の貿易

額（輸出額と輸入額の合計）は，1960年の2,700億ドルから2022年には50兆6,200万ドルへと190倍に拡大した。一方，貿易額のGDPに占める割合も1960年にわずか16.7％であったところ，年々拡大し，2008年には51.0％に達した。その後，やや低下がみられるものの，2022年は再び，50％を超えている（序-1図）[1]。貿易は特に，1990年代以降，大きく拡大した。1989～1991年には東西冷戦が終結し，インターネットの普及に伴い，遠隔地とのコミュニケーションが容易となったことなどで，企業活動のグローバル化が大きく進んだ。地域別にみると，特に，アジアの貿易の伸びが際立っている。アジアの輸出は，1990年の7,924億ドルから2023年には8兆5,272億ドルと10倍以上増加した。同時期の欧州，北米の輸出もそれぞれ5倍程度増加した。

こうした貿易の拡大には，国境を超えた，企業のサプライチェーン，すなわちグローバルサプライチェーンが大きく寄与していると考えられる。サプライチェーンとは，商品の企画・開発から，原材料や部品などの調達，生産，在庫管理，配送，販売，消費までのプロセス全体を指す。こうしたプロセスの国境を超える部分は，貿易という形をとって，日々営まれている。サプライチェーンは，特に工業製品の場合は，最終製品に至るまで，多くの企業が生産プロセスに関わる。国境を超えて，幾層ものサプライチェーンが重なり合い，1つの

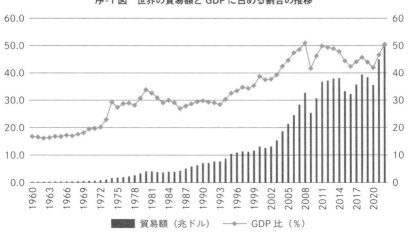

序-1図 世界の貿易額とGDPに占める割合の推移

（資料）WTO，世銀をもとに作成

序章　転機を迎えたグローバルサプライチェーン　　3

製品が製造されている。例えば，米国自動車メーカーの GM が直接取引をしている 1 次サプライヤーは 856 社であるが，2 次サプライヤー以下の企業は，1 万 8,000 社に上るという[2]。これには米国外の企業も多く含まれると考えられる。なお，グローバルサプライチェーンに類似した用語に，グローバルバリューチェーン（GVC）がある。GVC は製品の企画・開発から消費に至るまでの各プロセスにおける付加価値に着目するものであるが，両者は意味が重なることが多く，本書では厳密な区別をせずに両者を使用するものとする。

　GSC あるいは GVC の実態を把握することは容易ではないが，OECD によると，世界貿易の約 70％は GVC に関わっており，サービス，原材料，部品が国境を何度も超えて，最終製品が生産されている。部品など中間財の貿易は，生産活動が国境を超えて行われていることを示している。すなわち，グローバルサプライチェーンの活動水準を表しているといえるだろう。WTO は中間財の貿易データを四半期ごとに集計している[3]。2023 年第 2 四半期時点で世界貿易（燃料を除く）に占める中間財の割合は 47％と約半分を占める。

　一方，GVC 参加率という指標がある。これには，GVC への関わり方によって，前方参加率と後方参加率の 2 種類がある。OECD の定義によると，前者は，他国の輸出財・サービスの生産に中間投入として使用されている自国の輸出財・サービスの金額が，自国の輸出総額に占める割合を指す。同率は自国が中間財の供給国として GVC に参加している度合いを示しており，それが高い場合は，中間財生産国であることを示している。一方，後者の後方参加率は自国の輸出財・サービスの生産に中間投入として使用されている他国からの輸入財・サービスの金額が，自国の輸出総額に占める割合を指す。同率は自国が中間財の調達国として，GVC に参加している度合いを示す。この割合が高い国は自国の輸出生産に必要な中間財の輸入依存が高いことから，労働集約的な組み立て加工など，川下工程を担っていると推測される[4]。GVC 参加率は企業活動のグローバル化の進展とともに，2008 年の世界金融危機まで着実に上昇してきた。前方参加率は 1995 年の 15.68％から 2008 年には 19.28％に，後方参加率は同 19.52％から 26.22％に上昇した[5]。ただし，その後，2010 年代にはいると，GVC 参加率はほぼ横ばいで推移している。この背景については，保護主義的な政策の増加，輸送コストの上昇，直接投資の停滞，先進国と途上国の賃

金格差の縮小，などが指摘されている[6]。さらに，GVC で重要な位置を占める中国が中間財の国産化を進めていることも背景として指摘できよう[7]。

中国はさらに，中間財の供給国としても存在感を高めている。1995 年時点では，中間財の 70％以上が先進国で生産されていた。しかし，2010 年代には，中国の中間財生産は世界全体の 4 分の 1 を超え，2015 年には 42％を占めるようになっている[8]。

2．サプライチェーンがグローバル化するに至ったプロセス

GSC は，2 つの波を経て誕生した。第 1 の波は 18 世紀後半に始まる。英国での産業革命により，蒸気機関が発明されたことで蒸気機関車や蒸気船が導入され，物流コストが飛躍的に低下した。財の大量輸送が低コストで可能になったため，生産地と消費地を分離できるようになった。大量生産のスケールメリットが生まれ，生産活動が一定の場所に集積するという状況が生まれた。さらに，戦後の 1950 年代にコンテナが発明され，物流の利便性が飛躍的に上昇した。それまでの非効率な荷役業務を大幅に効率化し，コストも大幅に削減した。また，陸・海の一貫輸送も実現可能にした。1990 年には 1960 年の 30 倍に相当する量の工業製品が取引されるまでになる。同時に，サプライチェーンはより長距離化していった[9]。

第 2 の波は 1980 年代の情報技術革命によってもたらされた。GSC 研究で著名な国際経済学者リチャード・ボールドウィンはこれを第 2 のアンバンドリング（切り離し）と呼んだ[10]。インターネットによる高速な国際通信網の発達によって，1 つ製品を生産するための複数の生産工程間の調整が遠隔でも容易に可能となった。このため，よりコストの低いところで生産するという製造拠点の地理的分散が始まった[11]。

さらに，戦後の GATT とそれに続く WTO の多国間交渉などにより，関税は継続的に低下している。特に，新興・開発途上国の平均関税率は 1995 年の 24.2％から 2017 年には 6.7％に低下した（世銀）。2001 年にスタートしたドーハラウンド交渉は暗礁に乗り上げているものの，ITA（情報技術協定）など有志国（プルリ）による関税削減は進んでいる。ITA は半導体，コンピュータ，通信機器，半導体製造装置など 201 品目を対象としており，参加国 53 カ国・

地域により関税撤廃が進められている。

　こうした多国間での関税引き下げ・削減に加え，特定国間の関税を削減・撤廃するFTA（自由貿易協定），EPA（経済連携協定）の増加も貿易コストの低減に寄与している。ジェトロの調査によれば，2024年1月時点で世界の発効済み自由貿易協定（FTA）件数は399件に上る。特にアジア太平洋地域では，近年，メガFTAと呼ばれる大型のFTAが立て続けに発効している。1つは，環太平洋パートナーシップに関する包括的および先進的な協定（CPTPP）である。その前身であるTPPは米国のトランプ大統領（当時）が就任と同時に交渉から離脱してしまったものの，その後，日本のリーダーシップにより，米国抜きで2018年末に，シンガポール，マレーシア，ベトナム，オーストラリアなど11カ国によりCPTPPとして発効した。さらに，ASEANでは域内の関税撤廃を進め，ASEAN自由貿易地域（AFTA）を先行して形成していた。それと同時に2005年から2010年にかけて，中国，日本，韓国，インド，オーストラリア・ニュージーランドとのASEAN+1FTAを発効させてきた。これを1つに束ねる地域的な包括的経済連携協定（RCEP）が，インドが離脱したものの，15カ国により2022年1月に発効している。こうしたメガFTAは共通の原産地規則などにより，2国間のFTAよりもGSCの推進に寄与するものと考えられる[12]。こうした制度的要因もGSCを推進してきた。

　FTAを活用した生産分業の事例として，ASEANにおけるトヨタ自動車の革新的国際多目的車（IMV）プロジェクトを紹介したい。IMVは1トン・ピックアップトラックをベースとした新興国向け車両を，部品調達から生産と輸出まで地域内で対応するプロジェクトである。2004年にタイで生産開始した。ASEANはそれぞれの国の自動車市場の規模が大きくないため，組み立てはタイ，インドネシアで行う一方で，IMVの主要部品に関しては，ディーゼルエンジンをタイで，ガソリンエンジンをインドネシアで，マニュアルトランスミッションをフィリピンで，ステアリングギアをマレーシアで集中生産し，各国の拠点同士で分業体制を築いている[13]。これはASEAN域内の関税がAFTAによって，ほぼ撤廃されたことから，実現したプロジェクトである。こうした企業内貿易がGSCの大きな推進力になっている。

第2節　グローバルサプライチェーンの功罪

1．グローバルサプライチェーンの光
～開発途上国の成長後押し，インフレの抑制～

　GSC が世界経済に与えた影響は多岐に渡る。開発途上国の視点に立てば，開発戦略の選択肢を一変させたといえる。それまでの開発戦略は，各国が自国に深く広く産業基盤を築かなければならなかった。米国，ドイツ，日本がそうであった。しかし，前述の第2のアンバンドリング以降，各国は GSC に参加することで工業化を進めることができるようになった[14]。その原動力となったのは，多国籍企業による外国直接投資である。企業の視点に立てば，労働コストが低廉な開発途上国に進出することにより，競争力のある製品を供給できるようになる。一方，開発途上国にとってみると，外国直接投資は単なる資金と雇用のみならず，技術・経営ノウハウをもたらしてくれる。多国籍企業による海外進出は，もちろんその国の国内市場を目指すケースも多いが，輸出拠点として進出する場合は進出国の輸出拡大に大きく貢献する。

　こうしたかたちで，急成長を遂げたのが，アジアの新興国・地域である。特に，タイ，マレーシアなどは 1985 年のプラザ合意による円高をきっかけとした，日本企業など外資の進出ラッシュによって，輸出が大きく拡大し，一気に高成長時代に突入した。さらに，90 年代になると，中国が新たな外資の投資先として，登場する。特に，2001 年の中国による WTO 加盟に伴う規制緩和，市場開放をきっかけとして，外資の中国への進出が加速し，高い経済成長の実現に寄与した。中国の輸出に占める外資系企業の割合は，ピーク時の 2005 年には，60.6％に達していたが，年々その比率は低下し，2023 年は 25.8％まで低下している。一方，ベトナムの輸出に占める外資の割合は 2023 年で 72.5％と高い比率を示している。タイも同年，外資マジョリティの企業が輸出に占め割合は 56.1％（外資マイノリティを含むと 74.9％）と引き続き，外資が輸出に大きく貢献している。

　もう 1 つ，GSC がもたらした恩恵として，インフレの抑制が挙げられるであろう。新型コロナ禍の後，欧米など主要国が高インフレに見舞われたが，こ

れは近年なかった事態である。むしろ，2008年の世界金融危機をきっかけに世界は低インフレ化の状態が続いていた。低インフレであった原因としては，少子高齢化，生産性の伸びの停滞ともに，生産活動のグローバル化が指摘されている[15]。企業は生産効率を求めて，生産地や調達先を最適化し，コストダウンを進めた。このため，価格競争は激しく，価格が上昇しにくくなったのである。

2．グローバルサプライチェーンの影
〜高まる途絶のリスク，国内経済格差の拡大〜

　GSCは世界経済，企業，私たちの生活に多大な恩恵をもたらしてきたが，一方で，負の側面も持つようになった。それは，生産工程が分解され，サプライチェーンが長くなると，何らかの事情で，途中で供給が途絶えた場合，サプライチェーン全体が止まるリスクも高まるという点である。過去に，こうした途絶リスクが強く認識されたケースとしては，2002年から2003年に中国で発生したSARS（重症急性呼吸器症候群）が挙げられるだろう。最初のSARS患者は，2002年11月に中国南部の広東省で発生した。感染は瞬く間に広がり，2003年7月に世界保険機関（WHO）が終息宣言を出すまでに感染例が中国・香港を中心に30以上の国・地域で8,098名報告され，774名が死亡した。中国進出日系企業でも感染者が出たことで，操業を停止する企業もあり，サプライチェーンに影響が広がった。折しも，2001年にWTO加盟を果たし，中国では，日本企業の進出ブームが起きていた。大規模な感染症の発生により，中国一極集中リスクが認識され，「チャイナ・プラスワン」という言葉が誕生するきっかけとなった。

　その後，2011年3月に発生した東日本大震災もGSCに大きな影響を及ぼした。特に，自動車に搭載するマイコンを製造していたルネサスエレクトロニクスの那珂工場（茨城県）が被災したことで，国内の多くの自動車メーカーが数カ月にわたり，操業停止に追い込まれる事態となった。さらに，海外でも操業停止となる自動車メーカーがあった。サプライチェーンを通じ，震災の影響は拡大する。100万社近い日本企業とその取引関係のデータを利用したシミュレーション分析によると，東日本大震災がサプライチェーンの途絶を通じて及

8

ぼした生産減少額は被災地における直接的な生産減少額の約100倍に上るという[16]。

東日本大震災と同じ2011年の秋に発生したタイの大洪水もサプライチェーン途絶のリスクを強く認識させる大災害であった。洪水により，7つの工業団地の計451社の日系企業が水没するという前代未聞の事態となったが，影響は直接被災した企業にとどまらなかった。サプライチェーンを通じて，洪水では被災しなかったタイの自動車メーカーなどが1カ月近く操業停止となり，メーカーの生産停止により，他の部品メーカーも生産停止を余儀なくされるなど，影響が広範囲に波及した。さらに，タイ国内のみならず，タイからの部品供給が止まったことで，近隣諸国に加え，南アフリカやブラジルなどの自動車工場の操業も一時停止するなど全世界に影響が広がった[17]。

その他，GSCによる負の影響として，国内における格差を拡大してしまう可能性が挙げられる。GSCは生産活動を生産工程のレベルに切り分けて，国境を越えて，最も効率的な立地へ移転することを促進する。このため，非熟練労働の業務を先進国から賃金の低い開発途上国や新興国へとシフトさせることになる。国内では，非熟練労働者の雇用は減少し，そうしたグループの所得は上昇しにくくなる。この結果，国内での所得格差が広がる要因になりうる。特に米国では，こうした労働者層の不満が蓄積して，自由貿易に対する懐疑的な見方が出てきた。2016年の米国大統領選では，トランプ候補（当時）は，「米国を再び偉大にするための米中貿易関係を見直し，米国に数百万の雇用を取り戻す」と訴えた。こうした非熟練労働者を多く抱える中西部のラストベルトと言われる地域で支持を得たことが，トランプ政権が誕生する背景にもなった。

第3節　新型コロナがもたらした複合的ショック

1．正常化に3年を要した歴史的水準の混乱

新型コロナウイルス感染症（Covid-19）（以下，新型コロナ）は，2019年12月に中国湖北省武漢市の原因不明の肺炎の集団発生から始まった。世界保健機関（WHO）は2020年1月，緊急事態宣言を発出したが，瞬く間に，世界

的な大流行，パンデミックとなり，経済・社会に甚大な被害をもたらした。ウイルスは徐々に弱体化し，経済・社会活動は正常化していったが，WTOが緊急事態の終了を宣言したのは，2023年5月であった。約3年3カ月の期間を要した。終了宣言の記者会見で，テドロス・アダノムWHO事務局長は「（新型コロナによって）約700万人が亡くなったとWHOに報告されているが，その数倍に当たる少なくとも2,000万人の犠牲者がいることが分かっている」と述べた[18]。

国際通貨基金（IMF）によれば，2020年の世界GDPの成長率はマイナス2.8％と，世界金融危機の影響を受けた2009年の成長率（マイナス0.1％）を大きく下回り，統計が開始された1980年以降で最も低い成長率を記録した。ただし，2020年後半に入ると，各国・地域での緊急経済対策などもあり，需要は急回復をみせた。国によりばらつきはあったものの，2021年の世界GDPは6.3％と高い成長率を示した。

ニューヨーク連邦準備銀行は，世界のサプライチェーンに影響を及ぼす潜在的な混乱を包括的に示すグローバルサプライチェーン圧力指数（GSCPI）という指標を毎月発表している（序-2図）。GSCPIは，輸送のコストを追跡するバルチック海運指数や，各国の製造業購買担当者景気指数（PMI）など27の変数をもとに算出する。同指数は2020年2月頃から上昇し，いったん低下した

序-2図　グローバルサプライチェーン圧力指数（GSCPI）の推移

（資料）米国ニューヨーク連邦準備銀行をもとに作成

ものの，2021年10月以降は4ポイントを超える最高水準に達した。新型コロナによるサプライチェーンの混乱が，東日本大震災発生時などの過去の危機を上回り，歴史的な水準であることを示した。

　その後，2022年2月には，ロシアによるウクライナ侵攻があり，特に，欧州経路の物流にも影響が発生した。原油，天然ガスなどエネルギー価格，小麦を初めとして穀物価格も急騰した。ただし，2022年後半以降は物流，半導体不足などの供給制約も徐々に改善に向かっていった。2023年10月，イスラエルに対してパレスチナ自治区のガザを実効支配するイスラム原理主義組織ハマスから攻撃があり，イスラエル軍が反撃した。この関連で，フーシ派による紅海航行中の商船への攻撃が繰り返し発生し，紅海航路回避の動きが拡大した。マイナス圏に低下していたGSCPIも一時期，プラスに転じ，物流の遅延，コンテナ輸送価格の上昇などの影響がみられる。

2．パンデミックによる空前の供給途絶

　新型コロナはグローバルサプライチェーンにも大きな影響をもたらしたが，過去に経験した局地的な供給ショックとは大きく異なり，全世界で広範囲に影響が生じ，かつ港湾での人手不足，コンテナ不足などが生じて，物流が大きく停滞した。

　こうした影響を時系列的に振り返ってみよう（序-3図）。2020年前半は感染が世界中に伝播し，各国・地域の政府・自治体の感染対策によって，行動制限が課せられた。この影響で工場の操業停止を余儀なくされた企業も多い。同時に，経済活動の低下によって，多くの分野で需要の減少が顕著になり，操業を停止せざるを得なくなる企業もあった。このため，物流でも荷動きが急速に減少した。

　しかし，2020年半ばごろになると，需要が急回復した。特に，米国では，政府による給付金や失業保険の拡充などが消費を下支えし，小売売上高は2020年3〜5月に大きく落ち込んだものの，6月以降回復し，早くもコロナ前の水準を上回った。巣ごもり需要により，食料品，家電，園芸用品などの需要が急拡大した。こうした消費需要に対応し，中国をはじめとしたアジアからの欧米向け貨物が急回復することになる。需要の急速な回復から，物流への需要

序-3図　新型コロナ感染拡大後のサプライチェーン混乱の経緯

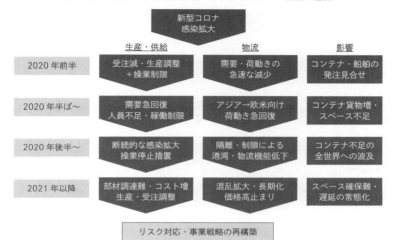

（資料）ジェトロビジネス短信，ジェトロ各事務所報告などをもとに作成

が一気に高まり，輸送スペースの不足や運賃の高騰，輸送の遅延などが発生した。国際コンテナ輸送価格は，例えば，横浜からロサンゼルス便で，一時期コロナ前の5倍以上に達した。一方，港湾労働者，トラック運転手の感染などにより港湾・物流機能が低下する事態がみられた。そうした中で，コンテナが米国内などで滞留することになり，深刻なコンテナ不足が発生した。

同時に，生産の現場でも断続的な感染拡大，それに伴う操業停止措置が続き，2021年以降，空前の部品調達難が発生した。特に深刻な不足に見舞われたのは，半導体である。半導体については，コロナ感染以外にも，記録的な寒波に伴う米テキサス州の停電で，複数の半導体工場が操業停止（2021年2月），日本国内での半導体工場の火災（2021年3月）が半導体不足に拍車をかけた。また，2021年8〜9月，東南アジアでの感染拡大による半導体，車載部品サプライヤーの生産縮小・操業停止により，日本国内の自動車メーカーも生産調整を余儀なくされた。半導体以外にも，電子部品，ナイロンなどの素材が空前の供給不足に陥った。

さらに，ゼロコロナ政策を維持していた中国では，2022年3月末から2カ月間続いた上海市のロックダウン（都市封鎖）によって，多くの在上海日系企

業の工場が一時期，操業停止に追い込まれた。この間の生産・物流の停滞が，サプライチェーンを通じて周辺地域や日本の企業にも影響した。

　コロナ感染による直接的な生産・物流の混乱は既に解消されているが，従来にない規模の供給途絶を経験した企業は，GSCのリスクを強く認識することになった。特に，上海のロックダウンは中国依存のリスク意識を高めることになったといえよう。また，半導体の供給不足は，半導体のサプライチェーンが特定国に依存し過ぎているという認識を高めた。半導体の場合は，さらに，軍民両用（デュアルユース）の物資でもある。米中対立を背景に，経済安全保障の観点からサプライチェーンを，価値観を共有する有志国の間で再編しようとする，いわゆるフレンドショアリングの取り組みが進められつつある。

第4節　3つの新たなイシューの登場

　コロナ感染によって，大きな試練に直面したGSCは，同時に経済安全保障，さらに，サステナビリティの潮流の中で，人権の尊重および脱炭素という

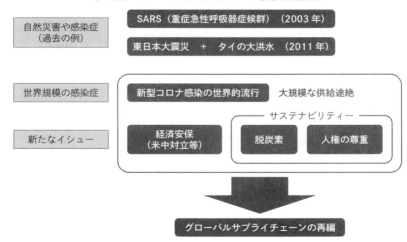

序-4図　グローバルサプライチェーンを巡る環境変化

（資料）各種資料より作成

新たなイシューへの対応に迫られている。企業はこれらの要素をすべて考慮して，グローバル展開を進める必要がある。最後に，新たなイシューの概要を紹介したい。

1．経済安全保障：自由貿易とのバランスを模索

激しさを増す米中対立，ロシアのウクライナ侵攻などに伴い，米国をはじめとした G7 など「西側」民主主義諸国と中国・ロシアなど「東側」専制主義諸国との分断が進みつつある。経済安全保障の重要性が高まっている背景は，これまで自由貿易の前提となっていた相互信頼が崩れ，「相互依存の武器化」という現象が頻繁にみられるようになったからである。それは，経済的威圧行為として表れている。例としては，いずれも中国による，日本へのレアアース輸出規制（2010～2011 年）やオーストラリアからの石炭，大麦，ワインなどの輸入制限措置（2020～2024 年）などが挙げられる。こうした措置が突然発動されるリスクが常に存在する状況となっている。新型コロナ感染拡大の際に，医薬品やマスクなど衛生用品の供給途絶が発生したことも，人々の間でこうした危機意識を高めるきっかけとなった。対応策として，半導体，医薬品，重要鉱物などの特定国への依存を回避するため，同盟国，有志国間でのサプライチェーン強靱化の取り組みが進められている。

米中対立に伴う具体的な措置で，日本企業のサプライチェーンへの影響が大きいのは，米国による中国への輸出管理の強化である。米国の輸出管理規則には，再輸出規制という仕組みがある。輸出規制対象の米国製部材，技術を一定割合以上使用した製品を輸出する場合は，米国外で製造された製品であっても，米国政府の許可が必要となる。対象品目は主に先端技術産業に特定されているが，先端技術の多くが軍事転用可能な軍民両用（デュアルユース）であることから，対象品目の線引きが難しく，かつ今後，対象領域が広がっていく可能性がある点も企業の対応を難しくしている（第 1 章参照）。

2．人権：高まる人権デューディリジェンスの必要性

GSC を巡るもう 1 つ大きな環境変化が，サステナビリティ重視のトレンドである。その 1 つとして，強制労働や児童労働の排除など人権尊重を企業に求

める動きが強まっている。人権デューディリジェンスを法制化により義務付ける国が欧州を中心にここ数年で増えてきている。ESG 投資でも人権尊重への対応は重要視されている。

　日本自体は人権尊重を義務化する法令はない。2022 年 9 月に，経済産業省が「責任あるサプライチェーン等における人権尊重のためのガイドライン」を発表し，企業の自主的な取り組みを促している。しかし，取引先や投資家から，人権デューディリジェンスの実施状況などの情報開示を求められるケースがある。特に欧州や豪州では，法令化が進んでいるため，こうした国々と取引する際には注意が必要である。米国では違反商品保留命令（WRO）やウイグル強制労働防止法（UFLPA）によって，強制労働を理由に，税関で貨物が差し止められるリスクもある。自社での対応はもちろんのこと，調達先の企業が人権尊重に十分配慮した経営を行っているか，把握することが求められる（第 2 章参照）。

3．脱炭素：サプライチェーンのグリーン化

　人権尊重と並び，サステナビリティを重視する流れの中で，サプライチェーン全体で脱炭素を実現することが求められるようになっている。地球温暖化による気候変動は近年，増加する洪水，干ばつなど異常気象をみれば，その対応が喫緊の課題であることは明らかだ。気候変動自体が企業のサプライチェーンへの大きなリスクになっている。

　カーボンニュートラルの目標を掲げる政府による規制のみならず，市民，従業員，投資家等のさまざまなステークホルダーから，気候変動への対応を求める企業への圧力は近年強まる一方だ。特に情報開示への要請に対応する形で，グローバル企業の多くは自社のサプライチェーン全体を含めたカーボンニュートラルの実現を目標に掲げている。これは ESG 投資への対応も含めて，企業価値を維持するために不可欠と考えられている。このため，サプライチェーンの上流に位置する企業でも取引先から脱炭素化を求められるケースが徐々に増えてきている（第 3 章参照）。また，脱炭素化とも関連し，資源の効率的な利用や廃棄物の削減を目指すサーキュラーエコノミー（循環経済）に取り組む国や企業も増加している。製品のライフサイクル全体を考慮した設計が求められ

ることでサプライチェーンにも影響を与えていくものと考えられる。

4．QCDと3つのイシューの複雑な連立方程式

　従来，調達先の選定の基準は決まってQCDであった。すなわち，品質
（Q），コスト（C），納期（D）の3つである。これらの三拍子が揃った調達先
を求めて，サプライチェーンは国境を越えて広がっていった。しかし，近年，
米中対立を契機とした経済安全保障，脱炭素や人権の尊重といったサステナビ
リティへの対応が，サプライチェーンを構築する際の新たな要件として加わ
ることになった。コロナ感染で経験した供給途絶リスクへの対応も欠かすこと
はできない。これらは一過性のものでなく，中長期的に続く，ビジネス環境の
構造的変化と言ってよい。一方で，当然のことながら，QCDはこれまでと同
様に重要である。企業はQCDと同時に，新たに加わった要件をすべて考慮し
て，最適なサプライチェーンを構築・再編していく必要に迫られている。

　ただし，産業ごとに，さらに自社と取引先の立地次第で企業ごとにも，3つ
のイシューの影響は大きく異なる。例えば，経済安保に関しては，特に先端技
術産業や重要物資に関わる産業への影響が大きい。脱炭素では電力や鉄鋼・素
材などエネルギー多消費産業，EV化が進む自動車産業などへの影響が大きい
であろう。地域としては，規制導入が進む欧州で影響が大きい。人権では，衣
料品，電気・電子，農水産・食品産業，紛争地域での鉱物産業などでリスクが
高いとみられる。地域としては，法令化が進む欧米などで特に対応が必要とな
ろう。さらに，これらの新たなイシューは法規制の遵守だけでは十分でなく，
投資家や消費者などへのレピュテーションリスクにも注意を払う必要がある。

　以降，本書では新たな3つのイシューの詳しい内容や留意点，それらを主要
国・地域ごとの視点からみた影響などを紹介していきたい。

（若松　勇）

注

1　2022年の貿易額はエネルギーや食料などの価格高騰により押し上げられた面がある。なお，モ
　ノの貿易は世界金融危機以降，頭打ち傾向がみられるが，サービス貿易はほぼ一貫して拡大を続け
　ており，モノの貿易額の3割程度にまで達している（2022年）。

2　Baldwin et al. (2023), p. 4.

3　WTOウェブサイト（Information notes on trade in intermediate goods, https://www.wto.org/

english/res_e/statis_e/miwi_e/tig_e.htm）。

4　池部（2023），52 ページ。

5　ADB et al. (2023), p. 5.

6　Cigna et al. (2022), pp. 28–29.

7　三浦（2023），41–62 ページ。

8　Baldwin (2023), pp. 20–21.

9　笹川ほか（2022），22–23 ページ。

10　Baldwin (2012), p. 4.

11　猪俣（2019），38–41 ページ。

12　FTA の対象国の部品，原材料は原産品として扱われるため，対象国が多いほど，特恵関税を享
　　受するための条件である原産地規則を満たすことが容易になると考えられる。

13　清水（2020）。

14　Baldwin (2012), p. 8.

15　渡辺（2022），10 ページ。

16　戸堂（2022），2–3 ページ。

17　若松（2014），17–18 ページ。

18　深谷（2023）。

参考文献

池部亮（2023），「米中対立とグローバルバリュー・チェーンの再編」馬田啓一・浦田秀次郎・木村福
　　成編著『変質するグローバル化と世界経済秩序の行方』文眞堂。

猪俣哲史（2019），『グローバル・バリューチェーン』日本経済新聞社。

笹川亮平・宍戸徹哉・多田和弘（2022），『ダイナミック・サプライチェーン・マネジメント〜レジリ
　　エントとサステナビリティーを実現する新時代 SCM 〜』日経 BP マーケティング。

清水一史（2020），『ASEAN 経済統合と自動車部品補完・生産ネットワーク〜 AEC の深化とトヨタ
　　自動車 IMV 並びにデンソーの例〜』国際貿易投資研究所（ITI）。

戸堂康之（2022），「強靭で創造的なサプライチェーン―研究成果に基づく政策的・経営的提言―」経
　　済産業研究所（RIETI）。

深谷薫（2023），「WHO，新型コロナウイルスに対する緊急事態宣言終了を発表」『ビジネス短信』5
　　月 9 日付，ジェトロ。

三浦有史（2023），『脱「中国依存」は可能か』中公選書。

若松勇（2014），「ASEAN・南西アジアのビジネス環境をどうみるか」若松勇・小島英太郎編
　　『ASEAN・南西アジアのビジネス環境』日本貿易振興機構（ジェトロ）。

渡辺努（2022），『世界インフレの謎』講談社現代新書。

ADB, IDE-JETRO, UIBE, WTO (2023), *Global Value Chain Development Report 2023*.

Baldwin, R. (2012), *Global Supply Chain: Why They Emerged, Why They Matter, and Where They
　　are Going*, Center for Trade and Economic Integration, The Graduate Institute.

Baldwin, R., R. Freeman and A. Theodorakopoulos (2023), *Hidden Exposure: Measuring US Supply
　　Chain Reliance*, National Bureau of Economic Research (NBER) Working Paper No. 31820.

Cigna, S., V. Gunnella and L. Quaglietti (2022), *Global Value Chains: Measurement, Trends and
　　Drivers*, European Central Bank (ECB).

第 1 部

サプライチェーンに変革を迫る
3つのイシュー

第**1**章

経済安全保障

はじめに

　中国を念頭とする地政学リスクの台頭や新型コロナ禍によるサプライチェーンの途絶は，これまで自由貿易に依拠してきた「西側」先進諸国の通商観に，大幅な変更を迫る契機となった。経済効率を優先した結果として，戦略物資の供給不足による経済活動の不安定化や，懸念国への経済依存が引き起こす経済的威圧の脅威など，国家の安全保障に影響するリスクが顕在化しつつある。米国や EU は，安全保障の確保を経済・通商政策における優先事項に据えた戦略方針を推進している。

　経済安全保障の追求には，さまざまな政策手段が導入されている (1-1 図)。産業政策では，半導体を含む戦略物資の確保に向けて，補助金などを用意しつつ，懸念国の影響を弱めるような保護主義的な措置が織り交ぜられている。輸出管理を主とする対外政策では，国際枠組みの域を超え，追加的な措置を独自に講じる動きがみられる。措置の矛先である中国は受動的な対応に終始しているが，西側の措置が激化することで対抗措置の応酬が懸念される。第三国でも，西側のルールが国際枠組みを通じて導入されていく余地もある。

　政策が乱立する中，企業に求められるカバー範囲は拡大している。規制順守や技術漏えいの防止といった対応に加え，サプライチェーン上のリスク対応のための調達・生産・販売網の再編という難題が突きつけられている。サプライチェーンの再編には，これまでの効率性を重視した目線に加え，リスクとのバランスに配慮した経営判断を必要とするケースもある。企業は中国ビジネスの

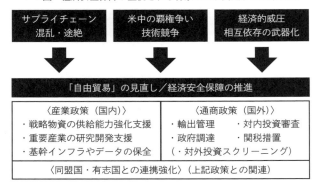

1-1図　経済安全保障が重視される背景および関連する政策の例

(資料) 経済産業省資料, 内閣府資料などをもとに作成

方針を慎重に判断しながらも, リスクを分散するための多元化の取り組みに着手しつつある。

本章では, 第1節において, 経済安全保障が重視されるようになった国際情勢の変化を捉え, その変化による主要国・地域の新たな通商観について考察する。第2節では, そうした新たな価値観に基づき, どのような政策立案, 執行措置が展開されてきたかを概観する。最後に, 第3節で, 企業に求められる対応や課題について考察する。

第1節　国際情勢の変化

1. 自由貿易の揺らぎ～対中観の変化～

2000年以降の自由貿易を支えた通商観が転換点を迎えている。米国の安全保障政策の立案を担う国家安全保障会議 (NSC) のジェイク・サリバン大統領補佐官は2023年4月, 米国内で行った講演で, 自由貿易型の通商政策を支える前提が崩れたと発言[1]。この2カ月後, 欧州でも, ウルズラ・フォン・デア・ライエン欧州委員長が「これまで以上に競争的で地政学的な世界に目を向ける必要がある」との声明を出した[2]。1930年代の保護主義が第二次世界大戦をもたらしたという反省から, 自由貿易の旗印であるGATT (関税および貿易に

関する一般協定）や WTO を主導してきた西側先進諸国で，その通商観に確実な変化が起きている。

　サリバン補佐官の主張する自由貿易の前提とは，経済統合を通じて，平和で協調的な国際秩序が形成され，国家はルールに基づく秩序に従うというものである。西側先進諸国は，この前提に基づき，WTO を拡大。2001 年に中国，2011 年にロシアの WTO 加盟を承認した。しかし，中国の軍事的な野心やロシアのウクライナ侵攻は，いまだに欧米の安全保障上の脅威となっている。特に，中国に対して，米国は「（米中関係は）異なるシステム間での長期的な戦略競争」，「（中国は）唯一の競争相手」との政府報告を公表[3]。EU のシャル ル・ミシェル欧州理事会議長も，「中国との適正なバランスを取り戻さなければならない」と発言している[4]。

　中国の WTO 加盟前，欧米の政財界では，中国との関係強化に対する楽観論があった。米国連邦議会が恒久的正常貿易関係（PNTR），いわゆる貿易上の最恵国（MFN）待遇を中国に与えるかを審議していた 2000 年当時，ジョー・バイデン上院議員（当時）は，PNTR 付与が中国の経済改革を促し，法による統治の尊重を高めるとの見方を示した[5]。PNTR 付与を認める法案は可決され，中国の WTO 加盟支持につながっていく。EU でも，中国の発展や中国との経済交流が，政治体制の変化に貢献するとの期待があった。両者間を「戦略パートナーシップ」と呼び始めた 2003 年からの数年は，EU ＝中国関係の「黄金時代」と言われる[6]。

　対中観の変化の一因として，WTO における中国の振る舞いが挙げられる。米国通商代表部（USTR）は，中国の WTO 順守報告（2023 年版）で，「中国が加盟時に締結した約束に従っていないことは明白」と記載[7]。同報告によると，米国は WTO の紛争解決手続き（DS）を通じて，中国を 27 回提訴している。自動車や半導体など産業別の不当な扱いに加え，産業補助金や知的財産の不十分な保護，市場アクセスの制限など，係争は多岐にわたる。EU も 11 回の DS 提訴を中国に行っている[8]。米国と類似の係争分野に加えて，技術移転や希少鉱物に対する輸出規制に関する訴訟案件が含まれる。欧州理事会は，中国の加盟当初に期待した経済メリットが得られず，欧州での不満が増大したと報告している[9]。実際，中国の WTO 加盟以降，中国の対米・EU 輸出は 2 倍

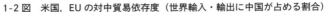

1-2図 米国，EUの対中貿易依存度（世界輸入・輸出に中国が占める割合）

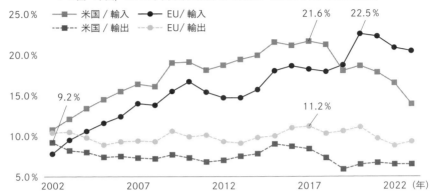

（注）図中の数値は，各指標において，最も高い数値を記録した年の数値を明記
（資料）Global Trade Atlas より作成

以上のシェア拡大を実現する一方で，米国およびEUの対中輸出シェアは伸びていない（1-2図）。欧米からみれば，中国はWTOのルールを十分に守らず，メリットだけを享受し続けている構図となる。

2．経済的威圧に屈しない供給網の構築が急務に

中国などの他国に重要な産業を譲ったことが，自国産業の空洞化を招いたと見る向きもある。サリバン補佐官は先の講演において，「過度に単純化された市場効率性の名の下に，戦略物資のサプライチェーン全体が，産業・雇用とともに海外に移転した」との主張を展開。新型コロナ禍やロシアによるウクライナ侵攻などに伴うサプライチェーンの途絶を通じて，世界各国はさまざまな物資の供給不足に陥った。こうした危機に多くの国で，国民生活や安全保障に直結する戦略物資である医薬品や半導体，エネルギー資源などが，自国以外の国・地域からの供給に依存している実情が露呈した。

戦略物資の供給依存は，他国に政治的または経済的に利用されるリスクがある。西側先進諸国は，このリスクを顕在化させる国家の行為を「経済的威圧」（economic coersion）と呼び，G7などで懸念や対応の必要性を強調している。米シンクタンクの戦略国際問題研究所（CSIS）によると，経済的威圧は貿易上の制限措置や特定企業に対する経済活動への制限，渡航許可の発給停

止など，多岐にわたる[10]。経済的威圧の例として，OECD は，中国による日本へのレアアース輸出規制（2010〜2011 年）や，ロシアによるモルドバへの輸入制限措置（2013〜2014 年）をあげる[11]。これらはそれぞれ，日本による中国籍漁船の拿捕，モルドバの EU 加盟交渉という，上記の規制対象とは関連性が必ずしも見えない出来事を契機に実施されたという。西側先進諸国は，経済的威圧を受けることにつながる依存リスクの低減を目標に掲げている。米国のバイデン大統領は 2023 年 6 月，米英共同首脳会談後の記者会見で，サプライチェーンの重要性を強調しつつ，「国際貿易において，根本的に変化が起きている」と発言[12]。西側先進諸国が，自由貿易を必ずしも優先しないことを隠さず，経済安全保障を軸とした，戦略物資確保の優先順位の引き上げに舵を切っていく。

3．各国が競う戦略領域は概ね一致

サプライチェーン強靭化に当たって，主要国は戦略物資の特定作業に着手した。例えば日本政府は，2022 年 5 月に成立した経済安全保障推進法（経済施策を一体的に講ずることによる安全保障の確保の推進に関する法律）の中で，半導体やクラウドプログラム，蓄電池，永久磁石（レアアース），工作機械など 12 分野を重要物資に指定。指定物資の供給計画を提出した企業などを対象に，助成支援を講じている。この中で，日本政府は「自律性の向上」と「不可欠性の確保」を強調している。前者は，供給依存を招くサプライチェーン上の脆弱性を解消することを指し，後者は，自らが供給源となり，他国・地域に対する優位を保つことを意味する。サプライチェーン上の弱みを相手に握らせず，逆に相手の優位に立つことが，日本の国際競争力や国際的なルールメイキングにおける地位向上を支えることになる。

米国では，バイデン大統領が 2021 年 2 月，サプライチェーン強化に関わる大統領令に署名。半導体および大容量バッテリー，重要鉱物，医薬品の 4 つを優先分野としつつ，防衛や公衆衛生および生物学的危機管理，情報通信技術（ICT），エネルギー，運輸，農産物・食料生産の分野でも対策を講じるよう関係省庁への指示を行った[13]。その後，それぞれの分野に関して，所管省庁などから報告書が提出され，各種政策に発展している。米国政府は 2020 年 10 月に

「重要・新興技術」リストを策定していたが，サプライチェーン強化の観点から，同リストを改訂。上記分野に加えて，人工知能（AI）や量子情報，データ保全（サイバーセキュリティ）を含めて，米国の技術的優位を維持・拡大することを目指す方針を掲げている。

　EU は，2023 年 6 月に発表した経済安全保障戦略において，サプライチェーンや技術流出，サイバーセキュリティ，経済的威圧という 4 つの観点から，リスク評価を実施すると発表。同年 10 月には戦略実行の一環として，10 の重要技術分野を公表した[14]。そのうち，先端半導体（電子工学，光学，高周波半導体，製造装置）および AI 関連技術（高性能・クラウドコンピューティング，言語処理など），量子技術（量子暗号・センサー・レーダーなど），バイオ技術（遺伝子操作，タンパク質合成など）の 4 分野について，最も機微度が高く，差し迫ったリスクが高いと認定している。重要鉱物についても，2011 年の 1 回目のリスト作成以降，検討を重ねており，2023 年時点で 67 種の鉱物資源を特定。1 回目の 14 種から大幅にリストを拡大している[15]。

　中国も，重要産業の特定を進めている。2015 年に発表した「中国製造2025」では，次世代 ICT 産業や工作機械・ロボット，航空宇宙・海洋設備，電気自動車（EV）を含む省・新エネルギー自動車など 10 の重点分野を指定。さらに，国務院直属の科技日報社が「中国が保有していない技術，他国に独占されている技術」として，上記 10 分野とも整合的な，先端半導体の製造装置の 1 種であるフォトリソグラフィーや，自動車分野で用いる燃料電池の主要原料やリチウム・イオン電池用ダイアフラムなど，35 の技術分野を列挙した。2024 年 2 月に発表した「未来産業」発展計画では，AI や量子技術，バイオ製造などの領域でも，産業育成を推進する方針を明らかにした[16]。

1-1 表　主要国政府が指定する戦略物資の例

半導体	人工知能 （AI）	量子 技術	EV 蓄電池
クリーン 技術	重要 鉱物	バイオ 技術	先端製造 新素材

（注）日本，米国，EU，中国が共通して重視する代表的な分野を抽出
（資料）各国政府公表資料などから作成

第2節　新たな通商観に基づくルールメイキング

1．保護主義的な色合いを持つ産業政策

　主要国が戦略分野の産業育成に向けた政策を立案，実施していく中で，最重要物資として白羽の矢が立ったのが先端半導体である。先端半導体は，AIや5G通信，量子コンピューティングなどの先端技術に欠かせない製品技術である。これらの技術は，民生利用のみならず，軍事上も重要であり，先端半導体を制することが技術的・軍事的なリーダーシップを保持するために必要となる。こうした理由から，主要国が半導体の産業支援策として，数兆円規模の公的予算を投入している（第4章第1節1.）。米国は，大規模な補助金を含む「CHIPSおよび科学法」（CHIPSプラス法，2022年8月施行）で，米国に投資する半導体関連企業に補助金を供与する条件として，中国を含む懸念国への投資を制限する「ガードレール条項」を盛り込んだ。EV振興策を含む米国のインフレ削減法（IRA）（2022年8月成立）でも，EV購入に対する最大7,500ドルの税額控除において，控除対象となる車両を北米域内で組み立てることや，車載バッテリー製造に使われる重要鉱物に関して，米国もしくは米国と自由貿易協定（FTA）を有する国での抽出または処理を求めるなどの制約を課す。米国の産業政策には，こうした保護主義的な要素が垣間見える。

　産業政策における保護主義傾向は，米国特有ではない。EU域内のEV振興策は，各加盟国が裁量を有し，EU27カ国が税制優遇または補助金に関わる制度を採用している[17]。そのうち，フランスのEV補助金には，製造・輸送過程の二酸化炭素（CO_2）排出量をベースに算定される「環境スコア」で閾値を超える必要があり，同スコアの算定において，国・地域ごとに固定の排出係数が設定されている[18]。クリーンエネルギー産業への支援としては，2024年2月にEU理事会と欧州議会との間で，「ネットゼロ産業法案」が暫定的な政治合意に達した。2050年までのカーボンニュートラル実現を目指す「欧州グリーン・ディール」の一環として，直接的な補助金ではないものの，特定産業の認定企業を優遇する行政手続きの迅速化などが約束される。加盟国域内で実施される公共調達については，指定技術の供給が単一の域外国からの輸入に50%

以上依存している場合，サプライチェーン強靭性に関わる諸要件が課される点で，保護主義的との指摘がある。EU は原則として，加盟国による特定企業に対する国家補助を禁止しているが，欧州グリーン・ディールの実施など一定の条件下で，国家補助を容認する「暫定危機・移行枠組み」を 2023 年 3 月に採択[19]。IRA によりクリーンエネルギー産業の生産が米国に移転してしまう懸念を解消すべく，自らの原則を修正している。

2．独自規制に走る輸出管理

経済安全保障を担保するには，産業政策を通じて育んだ技術を他の懸念国に流出させない対外政策が不可欠である。この筆頭となる手段が，輸出管理である。歴史的な取り組みとして，第二次世界大戦後，対共産圏輸出統制委員会（ココム）が組織され，冷戦終結後にはココムに代わる体制として，1996 年にワッセナーアレンジメント（WA）が設立された。42 カ国が参加する紳士協定で，通常兵器や軍事転用リスクのある民生技術を管理してきた。しかし，技術革新に伴い，軍事転用の恐れのある技術範囲が拡大する一方，ウクライナ侵攻を行ったロシアをメンバーに持つ WA では，規制対象の拡大協議が難しい事態に陥った。事態を踏まえ，主要国は独自の輸出管理に乗り出していく。

米国では，2018 年 8 月に「輸出管理改革法（ECRA）」が成立。従来の管理範囲でカバーしきれない「新興技術」や「基盤技術」を特定する義務が，管理を管轄する米国商務省に課された。エンドユーザー規制としては，2019 年5 月に中国 IT 大手の華為技術（ファーウェイ），2020 年 12 月に中国半導体最大手の中芯国際集成電路製造（SMIC）を輸出管理規則（EAR）上のエンティティ・リスト（EL）に指定。米国製品の（再）輸出には，輸出許可が通常不要の品目でも事前の許可申請を求め，申請は「原則不許可（presumption of denial）」の方針で審査するなど，厳しい制限を採用。米国の EL 指定は 2010年以降に急増し，直近 10 年（2014〜2023 年）で 4 倍超のペースで拡大（1-3図）。2023 年末時点で EL 指定数は 2,670 件に上る。半導体分野では，先端半導体および関連製品・製造装置などの対中輸出を原則不許可とした。輸出相手が EL 対象か否かを問わず，中国国内の先端半導体製造に関与する製品・技術の輸出を包括的に制限するエンドユース規制を導入するなど，特定技術や個別

1-3図　米国商務省によるエンティティ・リスト（EL）指定の動向（1997～2023年）

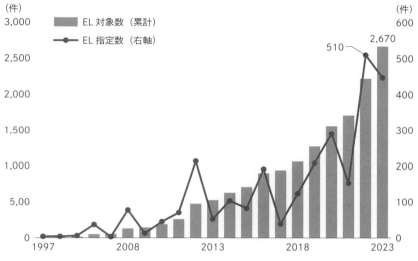

（資料）米国商務省「統合スクリーニングリスト（CSL）」より作成

事業者に絞った従来規制とは一線を画するアプローチを採用している（第4章第2節1.）。

　半導体製造装置が強いオランダと日本も，米国の措置後に輸出管理を強化。オランダを含むEUの輸出管理は，加盟国ごとに制度設計・運用を委ねる一方，規制対象については国際レジームなどをもとに，加盟国が最低限管理すべき範囲をEU基準として策定している。オランダのほかには，例えばスペインが量子コンピュータを，フィンランドが同コンピュータや3Dプリンターなどを独自に管理対象に追加している。なお，日本政府は，「外国為替および外国貿易法（外為法）」に基づき，WAを含む国際レジームにしたがって輸出管理を実施しているところ，近年の輸出管理の枠組みが転換点を迎えているとの認識を提示[20]。今後の方向性として，エンドユースやエンドユーザーに着目したキャッチオール規制の見直し・活用のほか，国際レジームの管理外品目に対する同盟国・同志国による先行的な輸出管理への参加などの方針を示している。

　輸出管理以外のツールとして，対内投資規制がある。安全保障上の懸念を理由に，域外からの投資を制限もしくは差し止める制度として，米国政府は省庁

横断の対米外国投資委員会（CFIUS）を有し，EU全27カ国中の22カ国や英国，日本，韓国，オーストラリア，ニュージーランドなども類似の規制（裁量）を有する。米国では，中国からの投資を差し止める措置が複数出ている（第7章第3節2.）。欧州でも，英国で2022年11月に中国企業傘下のオランダ企業による半導体工場の買収への撤回命令が出た[21]ほか，ドイツでも同月，中国系企業による半導体関連企業の買収への不許可が決定されている[22]。

3．受動的な対応が続く中国，対立激化の火種も

攻勢に出る西側先進諸国に対して，中国の対応はこれまでのところ抑制的である。中国政府は，貨物・技術・データ管理に関わる法規制を整備するとともに，西側への対抗措置を用意している（第8章第3節1.）。他方，規制の運用面では，主体的な措置は行わず，西側の対中措置の後に報復策を講じるといった，受動的な傾向が強い。例えば反外国制裁法に基づき，台湾に武器供与を行ったとして，米国企業のロッキード・マーチンやレイセオン・テクノロジーズに適用した例（2022年2月中国外交部発表）がある。これら2社（の関連会社）は2023年2月に中国商務部が管理する「信頼できないエンティティ・リスト」にも掲載され，中国との貿易投資や従業員の中国渡航などに制限が課されている[23]。

　半導体の分野では，米国が中国向けの輸出管理を強化して以降，2023年5月に米半導体大手マイクロン・テクノロジーに対して，サイバーセキュリティ上のリスクを中国政府が認定。同社製品について，中国の「重要情報インフラ運営者」に指定される事業者による調達を停止すると発表している。中国政府は，同社がサイバーセキュリティ上の要求を満たせなかったことを理由とした一方，共和党で米下院中国特別委員会のマイク・ギャラガー議員（当時）は，中国の措置が輸出管理を実行しようとする米国を脅すために設計された経済的威圧であると主張。別の中国政府の対応として，2023年7月に発表された，半導体の材料となるガリウム・ゲルマニウム関連製品への輸出管理についても，西側先進諸国の輸出管理への対抗措置を見る向きが強い[24]。

　今後の見通しとして，西側との対立激化に伴い，中国の措置が拡大する懸念はある。バイデン政権は2024年5月14日，中国からのEV輸入に対して

100％の追加関税を課す方針を表明。ほかにも EV 向けバッテリー・同部品や半導体，太陽光パネル，医薬品などにも高関税を賦課する。EU 側でも，欧州委が中国製 EV などの反補助金調査を進め，調査の結果，同年 7 月に最大37.6％の相殺関税を暫定発動した。調査会社ローディウム・グループは，中国製 EV などへの追加関税に対して，中国政府はいくつかの報復措置の選択肢があると指摘[25]。報復関税以外にも，米国のクリーンエネルギー産業に必要な設備などの輸出規制，中国が世界生産で高いシェアを占める希少鉱物に対する輸出管理の強化，公正取引委員会の裁量を有する中国国家市場監督管理総局（SAMR）による企業買収（M&A）への監督強化，特定の多国籍企業を標的とする措置（規制当局による中国市場へのアクセス制限や中国内の不買運動など）を挙げる。

4．取り組みは多国間へ拡大，対外投資スクリーニング創設が議論に

　欧米は，経済安全保障を軸に置いた通商政策の新機軸を国際枠組みにも反映させつつある。経済安全保障の枠組みとして，米 EU は 2022 年 12 月に，貿易技術評議会（TTC）を立ち上げた。2024 年 4 月までの約 1 年 3 カ月の間に 6 回の閣僚会合を開催するなど，積極的に協議を実施している。協議の成果として，新興技術上の連携（AI や量子技術などの標準策定）や半導体分野の協力（早期警戒システム，公的支援の実施状況に関わる情報共有），輸出管理（「共通優先品目」の策定・更新，輸出許可例外の付与）などが報告されている。

　2023 年 5 月，広島市で主催した G7 首脳会議では，「経済的強靭性および経済安全保障に関する G7 首脳声明」が採択された。サプライチェーンについては，重要鉱物や半導体，蓄電池といった個別品目を指定し，それらの確保に向けた連携を強化することに合意。また，経済的威圧への懸念を表明するとともに，同威圧に関わる早期警戒や情報共有，定期的な協議を行うための調整プラットフォームを立ち上げると宣言した。G7 の歴史において，経済安全保障が前面に出た声明の採択は初めてであり，米 EU のほか，日本や英国，カナダといった国を含めて，地政学リスクを軸に据えた政策を推進することに一定のコンセンサスが形成されたといえる。

　これらの国々が準備を控える新たな政策手段が，自国企業の対外投資に対す

る監督である。先行する米国では，バイデン大統領が 2023 年 8 月，米国企業による懸念国への投資規制の検討を財務省に指示（第 7 章第 3 節 2.）。連邦議会でも関連法案が提案されている。EU も経済安全保障戦略で対外投資のリスクに対処する方針を表明。2024 年にかけてリスク評価などを行い，対処の要否に関する判断を 2025 年秋に欧州委員会が行う予定である。G7 首脳も対外投資関連措置の重要性について一致しており，欧米以外にも措置が拡大していく可能性がある。

　なお，米国や日本，韓国，インド，オーストラリア，ニュージーランド，フィジーおよび ASEAN7 カ国[26] が参加するインド太平洋経済枠組み（Indo Pacific Economic Framework：IPEF）では，2024 年 2 月 24 日に「IPEF サプライチェーン協定」が発効。サプライチェーンの途絶時における具体的な連携手続きを規定する初の多国間協定として，重要物資に関わる行動計画や，途絶時の危機対応ネットワークの設置などが規定されている。

第 3 節　経済安全保障に関わる企業の対応と課題

1. 企業が対応を求められる範囲は拡大

　地政学リスクに関わる政策が乱立する中，企業の危機感は増している。ジェトロが日本国内で実施したアンケート（2022 年 9 月実施）によると，回答企業 595 社のうち，経済安全保障を経営課題として認識している割合は 78.8％に上る[27]。特に，関連する課題に対して「喫緊で対応（検討）が必要」との回答は 207 社（34.8％）を占める。経済安全保障上の対応は幅広い（1-4 図）。日々変化する規制動向を把握しつつ，企業内で保護すべき技術の選定やサプライチェーン上のリスクの特定が求められる。

　輸出管理では，取引する製品技術や取引先，最終的な用途に懸念がないかを点検し，必要に応じて規制当局の許可を得るなど，手続きを踏む場合もある。日本の外為法に加えて，他国の法令にも留意が必要である。特に，米国の輸出管理規則（EAR）については，米国原産品や米国製の部材を組み込んだ製品などを扱う場合に，日本から第三国への輸出（「再輸出」）でも EAR の対象と

第 1 章　経済安全保障　　31

1-4 図　企業における経済安全保障上の対応例

貿易投資	情報収集
・「取引に安全保障上の懸念はないか？」 　（製品技術 / 取引相手 / 最終用途など） ・「個人情報など重要データの移転がないか？」 　⇒管理対象の場合，規制当局による許可を取得 《参照すべき法規制の例》 輸出：外為法《日》，EAR《米》，輸出管理法《中》 投資：外為法《日》，CFIUS《米》，FDI 審査規則《EU》 データ：GDPR《EU》，個人情報保護法ほか《中》	・「社内で守るべき技術は？」 ・「サプライチェーンにリスクはないか？」 　（例：調達依存 / 人権デューデリジェンス） ・「規制が事業に与える影響は？」 ・「配慮すべき地政学リスクは？」 →反映
技術管理	リスク対応 / 経営判断
・「工場や営業で営業秘密を保護しているか？」 ・「従業員を通じた技術漏洩リスクは？」 ・「サイバー攻撃に対する対策はしているか？」 《参照すべき法規制の例》 営業秘密：不正競争防止法《日》 サイバーセキュリティ経営ガイドライン《日》 経済安全保障推進法（基幹インフラ保護）《日》	・サプライチェーン（調達 / 生産 / 販売）を 　多元化する ・対応に必要な社内体制，人員を整備する ・補助金など各国政府の支援を活用する ・有事の事業継続計画（BCP）をつくる ・リスクに備えて，契約内容を見直す

（資料）企業ヒアリングなどをもとに作成

　なり得る。ジェトロが 2024 年 3 月に実施したアンケートによれば，企業が情報収集を強化するテーマとして，日本の外為法・経済安保政策（17.4％）よりも EAR（19.5％）に注力する企業が多い[28]。企業からは「EAR の対中規制の内容がわかりづらい」，「（EAR の）確認作業が複雑なため社内関係部署の協力が得にくい」との声が上がる。なお，EU の輸出管理に関わる指令文書には，EAR のような再輸出は規定されていない。EU の対日ハイテク製品の輸出額（2022 年）は約 19 億ユーロであり，単純比較はできないものの，米国の日本への先端技術輸出額（760 億ドル，2023 年）よりも小さい。日本企業の実務では，外為法と EAR を確認・順守することが優先事項となっている。

　企業の競争力の源泉となるコア技術の流出防止策を講じることも重要となる。日本企業の海外拠点において，従業員を通じた技術漏えいのほか，製造委託先や取引先による漏えいといった事例が報告されており，個別事例ごとの損失額は数億円を超える[29]。技術漏えいリスクを想定し，工場の生産ラインでの情報管理の徹底や従業員との秘密保持契約の締結など，事前の対策が必要となる。

32　第1部　サプライチェーンに変革を迫る3つのイシュー

経済安全保障の領域では，個別取引や現場対応に加え，全社的な経営判断が必要な要素になりつつある。例えば取引先へのデューディリジェンスにおいて，一部の部署が対応方針を策定したとしても，他部署を含めた全社的な対応を実施しなければ，抜け漏れのリスクが発生する。こうしたリスクを防止するには，経営層が主導して方針を企業全体に浸透させる必要がある。企業の輸出管理担当者は「本来は現場サイドもリスクを自ら判断できることが理想」と指摘する[30]。

2．従来の経営視点と異なる判断に向けた体制整備が進展

サプライチェーンの途絶リスクを念頭に置いた多元化は，コンプライアンス（法順守）を超える課題として，企業の間で中長期的な取り組みと認識されつつある。前出のジェトロのアンケートでは，経済安全保障上の対応として，「情報収集の機能強化」（64.2％）と「全社共通の対応方針の策定・実施」（31.5％）に次ぎ，「サプライチェーンの多元化」（23.3％）が挙がる。中国以外に ASEAN の複数国に生産拠点を有する企業は，多元化は「コスト非効率的な生産拠点を用意する」場合もあるとした上で，「（多元化は）アピール材料になる」と述べる[31]。特定国での途絶リスクに備え，複数の供給源を持つことが，取引の維持拡大につながるという。

多元化には高度な経営判断が必要となる。これまで企業は，生産工程ごとにコスト効率的なサプライチェーンを目指し，生産・調達・販売に関わる選定を行ってきた（序章第1節2.）。多元化には，コスト効率を損なっても，規制への抵触や地政学リスクの顕在化を回避するために，調達先や生産地，取引相手を変更することが求められる。企業の経済安全保障担当も「必ずしも経済合理的ではない意思決定が必要になる」との見方を示す[32]。伝統的な企業経営の場合，リスクマネジメント部門がリスク回避を優先する提案をしても，これまで合理性を追求してきた他部署との調整が難航するケースがあるという。

こうした状況で，経済安全保障の専門部署を設置する動きがみられる。一例として，三菱電機や NEC，富士通，デンソーなどが「経済安全保障（統括）室」を設置している。ジェトロが複数企業に行ったヒアリングによると，専門部署では，輸出管理や法務などの担当者に加えて，経営企画や政策渉外，人事

労務など，幅広い部門で経験のある人材が登用されることが多い。登用の形態は，専任もあれば併任（兼務）もある。専門部署を設置する企業は，比較的リソースのある大手企業が多く，かつ事業範囲が経済安全保障や地政学リスクに敏感な業種などに限られる。日本のシンクタンクであるアジア・パシフィック・イニチアチブ（API）が日本企業 100 社に実施したアンケートによると，経済安全保障に取り組むと回答した 87 社のうち，専門部署を設置している割合は 23％にとどまる[33]。その他については，既存の体制において，関係部署で構成されるリスクマネジメント委員会を設置したり，安全保障貿易などを所掌する部署が所掌範囲を拡大したりという対応が目立つ。

3．中国ビジネスの見直しを含むサプライチェーン再編は途上

　サプライチェーン再編において，日本企業が難しい判断を迫られているのは中国ビジネスである。前出のジェトロによるアンケート（2024 年 3 月実施）では，地政学リスクを検討する際，最も関心の高い国・地域として，中国（72.0％）に回答が集中し，米国は 8.9％にとどまる。中国における日本企業の拠点数は 3 万 1,324 カ所と，米国（8,673 カ所）の 3 倍以上の規模を誇る[34]。他方，貿易面では，日本の対米輸出は 1,442 億ドル（2023 年）に達し，対中輸出額（1,265 億ドル，同年）を上回る。海外現地法人の売上高としても，米国（3,529 億ドル）が中国（2,653 億ドル）を超える[35]。同売上高について，米国と中国のシェアを合算すると，全世界の売上高の 5 割を占める計算となる。米中両国は日本企業にとって最大の海外市場であり，米中対立の影響を受けやすい。欧米の対中規制と中国の対抗措置を前に，中国事業の状況を「板挟み」と表現する企業は少なくない。

　企業の対中ビジネス方針は，既存事業を有するか否かで二分している。ジェトロによると，中国向けに輸出もしくは投資，業務・技術提携のいずれかを行う企業の 5 割以上が，現状の中国ビジネスを拡充する方針を示す[36]。他方，中国と既存ビジネスがない企業の 6 割は，今後も同国展開を行わない意向を示した。この傾向は，中国進出企業の投資姿勢とも整合的である。中国日本商会のアンケートによると，在中日系企業の 2024 年の投資額について，増加または前年並みとの回答が半数超（56％）を占め，「投資を減らす」「今年は投資しな

い」比率はそれぞれ22％となった[37]。現地の欧州企業も同様で，64％の企業が過去平均以上の投資計画を有する[38]。米国企業は，約半数が投資増を見込む一方，投資を行わない割合は43％を占め，日欧に比べて慎重な姿勢がうかがえる[39]。これらを踏まえると，現地に進出するなど中国ビジネスを有する外資企業の多くが中国事業を縮小しているとは言い難い。

　対中戦略は，企業が扱う製品技術が，先端か汎用かによっても異なる。例えば半導体の分野では，外資企業による対中投資が大きく減少している（第4章第1節3.）。また欧米の顧客の要請で，台湾の電子機器メーカーはサプライチェーンにおける「脱中国」を求められ，ASEANへの移転を一部進めている（第10章第4節1.）。輸出管理や投資規制が標的とする分野は先端技術が主であり，多くの汎用品は規制の対象外となる。米国商務省・産業安全保障局（BIS）によると，米国の対中輸出額1,538億ドル（2022年）のうち，EARのリスト規制に該当するのは15.2％（234億ドル相当）に過ぎない[40]。リスト規制外の汎用品であっても，ELなどに輸出する際には輸出許可が必要となるが，BISは中国向けの輸出許可申請の7割超（4,553件中3,249件）を承認している[41]。さらに，許可申請を「原則不許可」扱いとしているファーウエイ向け輸出でも，5G未満の非先端技術は7割近くを認めている[42]。地政学リスク対応においては，こうした他社動向や規制運用などの状況を踏まえつつ，ケースバイケースで判断を行うことが重要となる。

　経済安全保障上の企業戦略として，中国事業を含めたサプライチェーンの再編は，まだ途上である。また，その対応に単一の最適解は存在せず，事業領域や企業規模，リソースなどに応じた個別解を模索する必要がある。一方，各社に共通するのは，主要国が地政学リスクを動機に行うルールメイキングによって，競争環境が変化しやすい時代に突入したという点である。企業には，一定の自由貿易を前提とした競争環境を想定するのではなく，将来の多様なリスクに対応可能な，強靭なサプライチェーンの構築が求められる。その中では，これまでの効率性に重きを置いた視点とは異なる経営判断が重要であり，経営層の一層の関与が欠かせない要素になってくる。

（藪　恭兵）

第 1 章　経済安全保障　35

注

1　ホワイトハウス「Remarks by National Security Advisor Jake Sullivan on Renewing American Economic Leadership at the Brookings Institution」2023 年 4 月 27 日付。

2　欧州委員会「President von der Leyen presents the European economic security strategy and the revised multiannual EU budget」2023 年 6 月 20 日付。

3　ジェトロ「米トランプ政権，対中政策の実施状況を報告，長期的な敵対関係を想定」『ビジネス短信』2020 年 5 月 29 日付。

4　欧州理事会「Remarks by President Charles Michel following the European Council meeting of 29 and 30 June 2023」2023 年 6 月 30 日付。

5　Hillman（2023），p. 408.

6　European Parliament（2024），p. 5.

7　USTR（2024），p. 16.

8　WTO ウェブサイト（Follow disputes and create alerts, https://www.wto.org/english/tratop_e/dispu_e/find_dispu_cases_e.htm，2024 年 4 月 25 日閲覧）。

9　同上。

10　CSIS（2023），p. 20.

11　OECD（2024），p. 6.

12　ホワイトハウス「Remarks by President Biden and Prime Minister Rishi Sunak of the United Kingdom in Joint Press Conference」2023 年 6 月 8 日付。

13　ジェトロ「バイデン大統領，サプライチェーン強化に向けた大統領令に署名」『ビジネス短信』2021 年 2 月 26 日付。

14　ジェトロ「欧州委，経済安保上のリスク評価に向け重要技術を選定，中国への言及は避ける」『ビジネス短信』2023 年 10 月 6 日付。

15　欧州委員会ウェブサイト（Critical raw materials, https://single-market-economy.ec.europa.eu/sectors/raw-materials/areas-specific-interest/critical-raw-materials_en，2024 年 5 月 1 日閲覧）。

16　ジェトロ「『未来産業』発展計画を発表，重点6分野で育成強化」『ビジネス短信』2024 年 2 月 7 日付。

17　ACEA（2024）.

18　ジェトロ「EV 補助金制度を改正，製造・輸送過程の CO2 排出量を適用条件に」『ビジネス短信』2023 年 9 月 25 日付。

19　ジェトロ「欧州委，国家補助緩和策を採択，グリーン・ディール産業計画に資する製造業を支援へ」『ビジネス短信』2023 年 3 月 15 日付。

20　経済産業省（2024），1-4 ページ。

21　ジェトロ「英政府，中国系企業による英半導体工場の買収撤回を命令」『ビジネス短信』2022 年 12 月 6 日付。

22　ジェトロ「中国系企業によるドイツ半導体工場の買収，ドイツ政府が不許可に」『ビジネス短信』2022 年 11 月 11 日付。

23　ジェトロ「中国，『信頼できないエンティティー・リスト』初運用，米 2 企業を掲載」『ビジネス短信』2023 年 2 月 20 日付。

24　Politico「China threatens to curb mineral supply to West amid widening tech war」2023 年 7 月 4 日付。

25　Rhodium Group（2024）.

26　ブルネイ，インドネシア，マレーシア，フィリピン，シンガポール，タイ，ベトナムの 7 カ国を指す。

27　ジェトロ主催ウェビナー「経済安全保障（入門編）」（2022 年 9 月 14 日）の参加者に対して実施

36　第1部　サプライチェーンに変革を迫る3つのイシュー

したアンケートに基づく。
28　ジェトロ主催ウェビナー「経済安全保障〜世界の動向と日本政府・企業の対応」（2024年3月7日）
　　の参加者に対して実施したアンケートに基づく。
29　経済産業省（2020），5-7ページ。
30　日本国内での筆者インタビューに基づく（実施日：2024年5月9日）。
31　ベトナムにおける筆者インタビューに基づく（実施日：2023年12月18日）。
32　日本国内における筆者インタビューに基づく（実施日：2023年5月9日）。
33　API（2021）.
34　外務省「海外進出日系企業拠点数調査（2022年）」。
35　経済産業省「海外現地法人四半期調査」（長期時系列表）。
36　ジェトロ（2024）。
37　中国日本商会（2024），32ページ。
38　中国EU商会（2024），3ページ。
39　中国米国商会（2024），42ページ。
40　米国商務省・産業安全保障局（2023），6ページ。
41　同上，11ページ。
42　米国連邦議会下院外交委員会（2021）。

参考文献
アジア・パシフィック・イニチアチブ（API）（2021）「経済安全保障に関する100社アンケート」。
経済産業省（2020）「中国における営業秘密管理マニュアル」。
経済産業省（2024）「産業構造審議会　通商・貿易分科会　安全保障貿易管理小委員会　中間報告」。
ジェトロ（2024）「日本企業の海外事業展開に関するアンケート調査（2023年度）」。
中国EU商会（2024）「Business Confidence Survey 2024」。
中国日本商会（2024）「会員企業　景況・事業環境認識アンケート結果　第3回」。
中国米国商会（2024）「China Business Climate Survey Report 2024」。
米国商務省・産業安全保障局（2023）「2022 Statistical Analysis of U.S. Trade with China」。
米国連邦議会下院外交委員会（2021）「McCaul Brings Transparency to Tech Transferred to
　　Blacklisted Chinese Companies」。
ACEA（2024），Electric cars: Tax benefits and incentives.
CSIS（2023），Deny, Deflect, Deter: Countering China's Economic Coercion.
European Parliament（2024），EU-China relations: De-risking or de-coupling -the future of the EU
　　strategy towards China.
Hillman, A. Jeniffer（2023），"China's Entry into the WTO-A Mistake by the United States?"
　　in Henry Gao, Damian Raess and Ka Zengby（eds.），*China and the WTO: A Twenty-Year
　　Assessment*, Cambridge University Press.
OECD（2024），Trade impacts of economic coercion.
Rhodium Group（2024），US-China Trade War, Volume 2.
USTR（2024），2023 Report to Congress on China's WTO Compliance.

第2章

ビジネスと人権

はじめに

　企業にとって，グローバルなサプライヤー，取引先，進出国の従業員などとの関係を通じて，海外の人権状況に影響を及ぼしていないかを確認し適切な対応を取ることの必要性が，ここ数年で一層強く認識されるようになってきている。人権配慮を含む「社会（Social）」のみならず，「環境（Environment）」，「企業統治（Governance）」を含むESGが，企業のサステナビリティ（持続可能性）実現に向けて取り組むべき主要課題として考えられるようになってきたことも背景にある。中長期的な視点で企業価値を評価する際に，ESG要素を含む事業活動のサステナビリティを考慮することが重要であるという認識が，幅広い投資家の間で広まっている。また，上場企業を中心に，投資家を含むステークホルダーへの説明責任の観点から，ESG課題への取り組みを加速させ，情報開示を充実させる動きが広まっている。特にEUでは，企業持続可能性報告指令（CSRD）が2023年1月5日に発効し，EU加盟国は2024年7月6日までの国内法制化を義務付けられた。CSRDの適用対象は大企業とすべての上場企業で，2024会計年度から段階的にESG情報の開示要件の適用が始まっている。CSRDに基づく具体的な開示基準は欧州持続可能性報告基準（ESRS）により別途規定されている。ESRSでは，人権配慮に関しても「社会」の中で，「自社の従業員（ESRS S1）」「バリューチェーンにおける労働者（ESRS S2）」などの開示基準を規定している。

　加えて，人権デューディリジェンスについては欧州を中心に法制化により義

務付ける国が増えてきた。中でも，EU では，自社の活動やサプライチェーン上の取引先において，人権や環境への悪影響を予防・是正する義務を企業に課す企業持続可能性デューディリジェンス指令を 2024 年 7 月 25 日に発効させ，EU 加盟国は 2026 年 7 月 26 日までに国内法制化することを義務付けられた。また，米国では，強制労働に依拠した製品の輸入を 1930 年関税法第 307 条に基づき禁止する措置の運用強化や，さらには中国の新疆ウイグル自治区で採掘・生産・製造が行われた製品の輸入差し止め措置，すなわちウイグル強制労働防止法が 2022 年 6 月 17 日に施行され，水際措置が強化されてきた（第 2 章補論参照）。この動向は EU にも波及し，欧州議会が強制労働により生産された製品の EU 域内での流通，EU 域外への輸出を禁止する規則案を 2024 年 4 月 23 日に承認，EU 理事会（閣僚理事会）の承認を待っている状況である。このように，自社の活動やサプライチェーン上の取引先において，人権配慮への取り組み，すなわち人権デューディリジェンスを怠ると，最終製品の取引ができなくなる，輸出入時に差し止めになるといったリスクが拡大しつつある。

　こうしたサプライチェーン上における人権配慮の必要性の高まりについて，第 1 節では，国際的な枠組みのもとでの自主的な取り組みに関する企業の責任について整理し，第 2 節では，企業に人権デューディリジェンスを義務付ける最新の法制化動向を，第 3 節では，企業の取り組み動向を紹介する。

第 1 節　企業に人権対応を促す国際的な枠組み

1．企業に人権デューディリジェンス実施に関する責任を求める国際的な原則・指針・宣言

　近年，グローバルなサプライヤー，取引先，進出国の従業員などとの関係を通じて，企業が海外の人権状況に影響を及ぼしていないかを確認し，適切な対応を取る必要性が強く認識されるようになってきている。これまでも，国際的な原則や宣言，ガイダンス（2-1 表）などの枠組みのもとで，多国籍企業を中心に，人権デューディリジェンスの自主的な取り組みが求められてきた。すなわち，企業の責任として，自社の活動やサプライチェーン上の取引先におい

て，強制労働や児童労働などの人権侵害が行われていないかを把握し，予防策や是正策，救済措置を講じる取り組みへの要請である。主要な国際原則や宣言は，企業が人権尊重に関し，責任ある行動を取るための指針であり，法的義務の有無にかかわらず，自主的に実践すべき有用な内容を示唆している。

2-1表　人権に関する主要な国際原則・宣言等と概要

主要な原則・宣言等	時期	概要
労働における基本的原則及び権利に関する ILO 宣言	1998 年	ILO 総会でを採択。グローバル化の進んだ現代世界にあって最低限順守されるべき基本的権利（ILO 中核的労働基準）として，結社の自由・団体交渉権の承認，強制労働の禁止，児童労働の禁止，差別の撤廃の4分野にわたる労働に関する最低限の基準を定めた。
国連グローバル・コンパクトの 10 原則	2000 年	国連グローバル・コンパクト（UNGC）が，世界的に採択・合意された普遍的な価値として国際社会で認められている4分野（人権，労働，環境，腐敗防止）に関して定めた 10 原則。UNGC の署名企業はトップ自らのコミットメントのもと，その実現に向けて努力を継続することが求められる。
国連ビジネスと人権に関する指導原則	2011 年	人権に関するグローバルなビジネス活動の影響防止・軽減のため，政府と産業界の義務と責任を概観した初めての国際的な枠組み。①人権を保護する国家の義務，②人権を尊重する企業の責任，③救済へのアクセス，の3本柱で整理。企業の責任では，企業方針によるコミットメント，人権デューディリジェンスなどを要請。
OECD 多国籍企業行動指針	2011 年	OECD は 1976 年，多国籍企業に対して，責任ある行動を自主的にとるよう勧告するための「多国籍企業行動指針」を策定。2011 年の改訂で，企業には人権を尊重する責任があるという内容の人権に関する章を新設。リスクに基づいたデューディリジェンスを実施すべき等の規定が新たに盛り込まれた。また，2023 年の改訂では，企業がサプライチェーンの上流のみならず，下流でも販売前や販売時点でデューディリジェンスを実施する重要性を明確にした。
ILO 多国籍企業及び社会政策に関する原則の三者宣言（多国籍企業宣言）	2017 年	ILO 理事会が 1977 年に採択。2017 年の改訂で，ディーセント・ワークの課題に対応する原則を強化。企業活動の模範的ガイドラインになるもので，国際労働基準から導き出される労働の基本原則を企業がどのように適用すべきか，国家はどのようにこれを促進すべきか，勧告と指針を提供。
責任ある企業行動のための OECD デュー・ディリジェンス・ガイダンス	2018 年	OECD は，企業が OECD 多国籍企業行動指針を実施するため，人権，雇用・労使関係，環境，贈賄・賄賂要求・金品強要防止，消費者利益，情報開示など，事業運営とサプライチェーンに含まれる様々なリスクに対処する実務的方法を提示。デューディリジェンスの実施手順（リスク特定・評価・対策実施・実施状況・調査結果・公表・伝達）も規定。

（資料）ILO，国連，UNGC，OECD の各原則・宣言等資料から作成

中でも，国連人権理事会は2011年，「ビジネスと人権に関する指導原則」を全会一致で支持する決議を行い，人権に関するグローバルなビジネス活動の影響防止・軽減のため，政府と産業界の義務と責任を概観した初めての国際的な枠組みを策定した。同指導原則は，ビジネスと人権の関係を，①人権を保護する国家の義務，②人権を尊重する企業の責任，③救済へのアクセス，の3本柱で整理した。第2の柱である「人権を尊重する企業の責任」においては，人権方針の策定や，人権リスクの特定，予防，軽減，救済のための人権デューディリジェンスの実施が企業の責任であることを明確にした。

また，経済協力開発機構（OECD）は，多国籍企業に対して責任ある行動を自主的にとるよう勧告した1976年の「OECD多国籍企業行動指針」を2011年に改訂した際，企業には人権を尊重する責任があるという内容の「Ⅳ. 人権」に関する章を新設した。同章において，自企業および取引先の活動などにおいて，適切に人権デューディリジェンスを実施すべきとする規定を盛り込んだ。また，OECDは2023年6月8日には，「OECD多国籍企業行動指針」を12年ぶりに改訂し，企業がサプライチェーンの上流のみならず，下流でも販売前や販売時点でデューディリジェンスを実施する重要性を明確にした。

国際労働機関（ILO）は1977年理事会で採択した「多国籍企業及び社会政策に関する原則の三者宣言（以下「ILO多国籍企業宣言」）」を2017年3月に改訂し，国家の人権保護義務や企業の人権尊重責任を盛り込んだ。多国籍企業宣言は，企業活動の模範的ガイドラインになるもので，国際労働基準から導き出される労働の基本原則を企業がどのように適用すべきか，国家はどのようにこれを促進すべきか，勧告と指針を提供するものである。

こうした国際的な原則や指針，宣言は世界共通の枠組みとなっており，企業はこうした国際的な枠組みに沿って行動することが求められている。また，先行して国内法制化をしている国々でも，国連指導原則や，OECD多国籍企業行動指針に沿って，人権デューディリジェンスに関する法制が策定されている。

2．日本政府は実務的なガイドラインや実務参照資料を提供

日本政府は，国連指導原則を踏まえ，2020年に「『ビジネスと人権』に関する行動計画（2020−2025）」を策定・公表した。2021年11月には，この行動

計画のフォローアップの一環として，経済産業省と外務省が共同で実施した「日本企業のサプライチェーンにおける人権に関する取組状況のアンケート調査」の結果を公表。同調査では，日本政府によるガイドラインの策定などへの強い要望が示されたほか，人権方針をまだ策定しておらず，かつ人権デューディリジェンスを実施していない企業群からは，「具体的な取り組み方法が分からない」という回答が48％と半数近くを占めた。日本政府は，このような状況を踏まえ，国際スタンダードを踏まえた企業による人権尊重の取り組みをさらに促進すべく，経済産業省において「サプライチェーンにおける人権尊重のためのガイドライン検討会」を2022年3月に設置し検討を重ね，同年9月に「責任あるサプライチェーン等における人権尊重のためのガイドライン」[1]を策定・発表した。同ガイドラインは，国連指導原則，OECD多国籍企業行動指針およびILO多国籍企業宣言をはじめとする国際スタンダードを踏まえ，企業に求められる人権尊重の取り組みについて，日本で事業活動を行う企業の実態に即して，具体的かつわかりやすく解説したものである。企業のより一層の理解を助け，その取り組みを促進することを目的としている。経済産業省はさらに，同ガイドラインを実務レベルで実践していくための一助となる「責任あるサプライチェーン等における人権尊重のための実務参照資料」[2]を策定し，2023年4月に公表した。

　例えば，国連指導原則は，人権への悪影響の特定，防止，軽減，および開示義務が企業のサプライチェーン全体に及ぶことを明確にしているが，実際にどのように適用するかについての具体的なガイダンスを提供していない。そのため，企業の自主的な取り組みを促す意味で，政府のガイダンスや実務参照資料は有用な情報となり得る。

第2節　欧州を中心に進む人権デューディリジェンス法制化の動き

1．企業の自主的な取り組み奨励から法制化に至ったドイツの事例

　欧州を中心とする人権デューディリジェンスの法制化で先行する国々でも，当初は企業の自主的な取り組みを奨励してきた。例えば，ドイツでは，連邦政

府が 2016 年に国連指導原則に基づき，「ビジネスと人権に関する国別行動計画（NAP）」を公表，NAP では，2020 年までに従業員数 500 人以上のドイツに拠点を置く企業の 50％が自主的にデューディリジェンスを実施することを目標にした。目標未達の場合には，連邦政府はデューディリジェンスの法制化を含めた検討を行うことも盛り込んだ。2018 年，キリスト教民主・社会同盟（CDU/CSU）および社会民主党（SPD）の連立協定に「NAP2020 の効果的かつ包括的なレビューにより，企業の自主的なコミットメントが十分でないと結論付けられた場合，国内の立法措置を講じるとともに EU 全体の規制化を提唱する」との記述が入った。その後，ドイツ連邦政府は 2018 年に試行的に，2019 年と 2020 年には本格的な NAP モニタリング（企業調査）を実施した。2019 年の NAP モニタリングの調査結果（第 1 回本調査）では，有効回答数が 3,325 社中 465 社で NAP の第 3 章で定める人権デューディリジェンスの基準を満たした企業は 17〜19％，基準を満たしていない企業は 78〜81％だった。基準を満たしていない企業のうち NAP への対応に向けた準備中の企業は 9〜12％，導入計画中が 2〜3％だった。続く 2020 年の NAP モニタリングの調査結果（第 2 回本調査）では，有効回答数は 2,254 社中 455 社となり，人権デューディリジェンスの基準を満たした企業は 13〜17％，基準を満たしていない企業は 83〜87％で，後者のうち NAP 対応に向けて準備中の企業は 10〜12％，導入計画中が 1％未満だった[3]。このように 2020 年までの 50％という目標が大幅な未達となる調査結果が出たことを受け，企業の自主的な人権デューディリジェンス実施は不十分と判断。連立協定に基づき，2021 年に経済協力・開発省（BMZ）と労働・社会省（BMAS）が共同でサプライチェーン上の人権に関するデューディリジェンス法案を策定した。同法案は同年 3 月 3 日に閣議決定され，連邦議会（下院）で 6 月 11 日に可決，連邦参議院（上院）で同月 25 日に「サプライチェーン・デューディリジェンス法」として承認，成立した。欧州を中心に人権デューディリジェンスの法制化が進んできた背景には，当初数年間は企業の自主的な取り組みを進めてきたものの，企業の人権デューディリジェンスの導入が期待したほど進まなかったことが背景にある。

2．法制化で先行する国々でもそれぞれ異なる法制内容

自主的な取り組みから法制化に至った象徴的な事例として，ドイツの事例を第2節1.で説明したが，人権デューディリジェンスを法制化により義務付ける国のこれまでの動向を整理すると，2-2表の通りとなる。法制化の動きは，2010年代までは，米国カリフォルニア州のサプライチェーン透明法（2012年1月施行），英国の2015年現代奴隷法（2015年7月施行），フランスの親会社および発注企業の注意義務に関する法律（以下，注意義務法，2017年3月施行），オーストラリアの2018年現代奴隷法（2019年1月施行）など，一部の国や地域に限定されていた。

内容的にも，英国の2015年現代奴隷法は，年間売上高が3,600万ポンド以上の営利団体・企業を対象に，奴隷労働や人身取引がないことを確実にするための対応の声明公表を義務付けたもので，強制労働などに焦点を当てたものであった。

オーストラリアの2018年現代奴隷法も，年間収益1億豪ドル超の企業などの事業体を対象に，その運営とサプライチェーンにおける現代的な奴隷制度の存在に焦点を当てて調査し，リスク評価の方法とその軽減措置についての報告書を連邦内務省のオンラインサイトに登録・提出することを義務付けている。オーストラリアではシドニーを州都とするニューサウスウェールズ州でも，州レベルでの2018年現代奴隷法が2022年1月から施行されており，年間収益5,000万豪ドルから1億豪ドルまでの企業についても，連邦法に基づく自主的な報告を奨励する内容となっている。

フランスの注意義務法は，直接，間接的な従業員数5,000人以上を雇用する企業などに対し，サプライチェーンを含む人権・環境デューディリジェンスを初めて義務付けたもので，ドイツのサプライチェーン・デューディリジェンス法が施行されるまでは，最も幅広い内容を網羅するものであった。それでも政府が経済一般評議会（CGE）に2019年5月に委託した評価報告では，①対象企業の要件に売上を追加，②注意義務法を所管する1つの部署に情報と権限を集中，③注意義務法の欧州レベルへの拡大と義務事項の共通化，などが勧告事項として指摘されていた。

ドイツでは，第2節1.で記載した通り2021年6月11日に，サプライチェー

ン・デューディリジェンス法が成立。ドイツ国内の従業員数 3,000 人以上の企業を対象に，2023 年 1 月より間接的な取引先も含め自社のサプライチェーンに関わる国内外のすべての企業が人権や環境をリスクにさらさないよう注意義務を課した。2024 年 1 月からは，従業員数 1,000 人以上の企業に対象を拡大した。従業員数にはドイツ国内の株式法上の関連会社の従業員数も含む。主な内容は，対象企業の社内に人権に関するリスク管理体制を確立すること，リスク分析や予防措置の実施，人権侵害に関する苦情処理の仕組み構築，人権報告書の作成・公表などである。

　オランダでは児童労働デューディリジェンス法（2019 年 10 月公布）が成立しているが，施行日が未定のままとなっている。同法は，オランダ市場で製品・サービスを提供・販売する企業に対して，サプライチェーンにおける児童労働のリスクを特定し，防止するためのデューディリジェンスを行ったことを示す声明文の提出を義務付けている。声明文の提出は施行から 6 カ月以内に規制当局宛てに行う必要がある。他方，その後のオランダ政権内では，児童労働にとどまらない，より広範な人権デューディリジェンス法案の成立を模索する動きや，EU の企業持続可能性デューディリジェンス指令（後述）を国内法の基礎とし，EU 指令の迅速な導入に向けて働きかけていくことなどが示されていた。EU の企業持続可能性デューディリジェンス指令が 2024 年 7 月 25 日に発効，2026 年 7 月 26 日までの国内法制化が義務付けられたこともあり，児童労働注意義務法がその前に施行される可能性は低いとみられている。

　EU 加盟国以外では，ノルウェーで，2022 年 7 月 1 日より，企業の透明性および基本的人権とディーセント・ワーク（働きがいのある人間らしい仕事）条件への取り組みに関する法律（透明性法）が施行された。同国に所在し，国内外に商品・サービスを提供する大企業を対象に，OECD 多国籍企業行動指針に従い人権およびディーセント・ワーク条件に関するデューディリジェンスを実施し，その内容を説明，公表するとともに，情報開示要求などに対応することを義務付けた。

　スイスでは，2022 年 1 月に改正スイス債務法（第 964j 条〜第 964l 条）および関連する「紛争鉱物と児童労働に関するデューディリジェンスおよび透明性に係る施行令」が施行され，1 年間の移行期間を経て 2023 年 1 月から報告義

第2章　ビジネスと人権　　45

2-2 表　欧米などの人権デューディリジェンス法制の概要

国・地域	法規制の名称	施行時期	内容
米国 カリフォルニア州	カリフォルニア州 サプライチェーン 透明法	2012 年 1 月	同州で事業を行う年間収益が 1 億ドル超の小売業者と製造業者を対象に，サプライチェーンにおける奴隷労働や人身取引の根絶努力に関する情報を開示することを義務付け
英国	2015 年現代奴隷法	2015 年 7 月	年間売上高が 3,600 万ポンド以上の営利団体・企業に，奴隷労働や人身取引がないことを確実にするための対応に関する毎年の声明公表を義務付け
フランス	親会社および 発注企業の注意義務 に関する法律	2017 年 3 月	従業員数が一定規模以上の企業に対し，親会社が海外子会社やサプライチェーン上で及ぼす人権・環境に対する悪影響についての注意義務に関する計画書の作成・実施・有効性評価・開示を義務付け
オーストラリア	2018 年現代奴隷法	2019 年 1 月	同国で事業を行う年間収益が 1 億豪ドル超の事業体に対し，サプライチェーンと事業活動における現代的な奴隷制度の存在を調査し，リスク評価方法とその軽減措置を毎年報告することを義務付け
EU	紛争鉱物資源の輸入業者に対するサプライチェーン・デューディリジェンス義務規則	デューディリジェンス義務は 2021 年 1 月適用	スズ，タンタル，タングステン，金の鉱石や金属を「紛争地域および高リスク地域」から調達する EU の精錬事業者や輸入事業者に対し，調達する鉱物資源が紛争や人権侵害を助長していないことを確認するデューディリジェンスの実施を義務付け
オーストラリア NSW 州	2018 年現代奴隷法	2022 年 1 月	年間収益が 5,000 万豪ドル超から 1 億豪ドルまでの企業などの事業体も，連邦法に基づく自主的な報告を奨励
ノルウェー	企業の透明性および基本的人権とディーセント・ワーク条件への取り組みに関する法律	2022 年 7 月	一定の条件を満たす同国所在企業に対し，デューディリジェンスを実施し，同内容を説明，公開するとともに，情報開示要求等に対応することを義務付け
ドイツ	サプライチェーン・デューディリジェンス法	2023 年 1 月	従業員数が一定規模以上の企業に対し，間接的な取引先も含め自社のサプライチェーンに関わる国内外の全企業が人権・環境リスクにさらされないようデューディリジェンスと人権報告書の作成・公表などを義務付け
スイス	紛争鉱物および児童労働に関するデューディリジェンス法	デューディリジェンス義務は 2023 年 1 月適用（2022 年 1 月施行）	一定の条件を満たす同国所在企業に対し，紛争鉱物や児童労働に関するサプライチェーン方針の策定やトレーサビリティシステムの構築等の報告作成・保持・公表を義務付け
カナダ	サプライチェーンにおける強制労働と児童労働との闘いに関する法律の制定および関税率の改正法	2024 年 1 月	一定の条件を満たす政府機関や企業に対して，強制労働や児童労働のリスク評価や管理のために講じた措置などを，連邦政府の所管大臣に報告することを義務付け　また，従来の強制労働による製品に加え，児童労働による製品の輸入を禁止
EU	企業持続可能性デューディリジェンス指令	2024 年 7 月	一定の条件を満たす企業に対して，バリューチェーンも含めた事業活動における人権や環境への悪影響を予防・是正するデューディリジェンスを義務付け
オランダ	児童労働デューディリジェンス法	未定 （2019 年 10 月公布）	同国市場に製品・サービスを提供・販売する企業を対象に，サプライチェーン上における児童労働の問題を特定し，防止するためのデューディリジェンスを行ったことを示す声明文の提出を，施行から 6 カ月以内に行うことを義務付け

（資料）各国法制などから作成

46　　第1部　サプライチェーンに変革を迫る3つのイシュー

務の適用が開始された。初回報告義務は2022会計年度分からとなった。同施行令は，スイスに拠点を構える企業・個人などが，①サプライチェーンを通じて直接的・間接的に，紛争地域やリスクの高い地域を起源とする鉱物や金属を所有し，その出荷・処理・最終製品の加工に関与している，または，②児童労働を利用して製造・提供されたと疑うに足る合理的な根拠がある製品・サービスを提供している場合に対象となる。対象企業・個人は，紛争鉱物と児童労働に関するサプライチェーン方針の策定，デューディリジェンスの実施，サプライチェーンにおけるトレーサビリティーシステムの構築，苦情処理措置の構築，リスクマネジメント，紛争鉱物に関する監査，デューディリジェンス義務の実施状況を報告する年次統合報告書などが求められる。

　さらに，欧州以外ではカナダで，2023年5月11日に「サプライチェーンにおける強制労働と児童労働との闘いに関する法律の制定および関税率の改正法（以下，サプライチェーン強制労働・児童労働対策法）」が公布，2024年1月から施行されている。特定の条件を満たす政府機関や企業に対して，強制労働や児童労働のリスク評価や管理のために講じた措置などを，連邦政府の所管大臣（公共安全・緊急事態準備相）に報告することが義務付けられる。対象企業は，①カナダ証券取引所の上場企業，②カナダに事業拠点を有し，直近の2会計年度のうち，少なくとも1会計年度で，a.総資産額2,000万カナダドル以上，b.年間売上高4,000万カナダドル以上，c.年間平均従業員250人以上，のうち，2つ以上を満たす企業，③同法で定める企業（公布時点では未定），のいずれかで，かつ④カナダまたはその他の地域で物品を生産，販売または流通する事業体，⑤カナダ国外で生産された製品を同国に輸入する事業体，⑥④または⑤に記載された活動に従事する事業体を管理する事業体，のいずれかの条件を満たす企業となる。

3．2年3カ月の審議を経て，EUの人権・環境デューディリジェンス指令が成立

　第2節2.で人権デューディリジェンスを法制化により義務付ける国の法制内容をみてきたが，その内容は各国により異なっており，法制内容の違いは企業にとっては負担となる。また，EU加盟国においてさえも違いがある。この

ため，EUでは，2022年2月23日に，加盟国法の調和を目指したEU企業持続可能性デューディリジェンス指令が提案され，2年3カ月の審議を経て2024年5月24日にEU理事会の承認を得て成立した。欧州議会とEU理事会の両議長が6月13日に署名，7月25日に施行された。加盟国の国内法が異なると，企業はそれぞれの国内法に対応しなければならなくなり，追加コストとなる。そのため，加盟国法の調和がEU企業持続可能性デューディリジェンス指令の目的の1つであった。

EUで最終的に成立した企業持続可能性デューディリジェンス指令によるデューディリジェンス実施義務の対象となるのは，EU加盟国法に基づいて設立された企業（EU企業）については，①全世界での年間準売上高が4億5,000万ユーロ超，かつ②平均従業員数が1,000人超の企業。日本を含む域外国法に基づいて設立された企業（EU域外企業）については，EU域内での年間純売上高が4億5,000万ユーロ超の企業で，従業員数基準は課されない。なお，企業が単独で同基準を満たさない場合でも，グループ全体でこの基準を満たす場合，最終親会社は義務化の対象となる。同指令は，対象企業のうち，大規模企業から段階的に適用開始される予定で，指令発効の3年後から年間売上高15億ユーロ超，かつ従業員5,000人超の企業が対象となる。続いて，同4年後から年間売上高9億ユーロ超，かつ従業員3,000人超の企業が，同5年後から年間売上高4億5,000万ユーロ超，かつ従業員1,000人超の企業が対象となる。なお，加盟国は同指令の施行により，2026年7月26日までに国内法制化することを義務付けられており，適用は各国法を通じて行われる。対象企業は，指令で特定された人権や環境被害を監視，予防，救済するためのリスクベースのシステムを実装することが求められる。対象となる企業の活動範囲は，上流での製品生産やサービスの提供から，下流での製品の流通，輸送，保管まで多岐にわたる。第1節1.で記載したOECD多国籍企業行動指針の12年ぶりの改訂で，企業がサプライチェーンの上流のみならず，下流でも販売前や販売時点でデューディリジェンスを実施する重要性を明確にしたことに触れたが，EU指令の審議内容が先行して盛り込まれた格好となっている。

48　第1部　サプライチェーンに変革を迫る3つのイシュー

第3節　求められるサプライチェーン上のトレーサビリティ確保

1．人権デューディリジェンスへの取り組みは企業規模により差異

　ここまで人権デューディリジェンスの実施についての企業の責任に関する国際的な枠組みと，企業に対して人権デューディリジェンスの実施を義務付ける先行国の法律概要をみてきた。第3節では，日本企業とドイツ企業の人権デューディリジェンスの取り組み状況をみていく。ジェトロが2023年11〜12月に実施した2023年度日本企業の海外事業展開に関するアンケート調査結果[4]によれば，人権デューディリジェンスを実施する大企業（中堅企業[5]を除く）[6]の割合は52.5％と，前年度調査の47.2％から5.3ポイント上昇し，5割を超えた（2-1図）。

　第2節1．でドイツがNAPで当初掲げた人権デューディリジェンス実施の目標値が50％であったことを記載した。ドイツでの目標値50％の対象企業は従業員数500人以上であったことや企業規模の分類が異なるため，ジェトロの調査結果をドイツのNAPモニタリングとは単純に比較はできないが，日本の大企業の人権デューディリジェンスの取り組みは相応に進展している結果が示された。他方，中堅企業は20.7％，中小企業（小規模企業[7]を除く）[8]は9.7％，小規模企業は4.9％と，前年から微減，もしくは横ばいとなり，また，企業規模が小さくになるにつれて，人権デューディリジェンスの実施率が低下する傾向が明らかになった。このように日本国内だけをみても，企業規模により，人権デューディリジェンスの取り組みには差異があり，サプライチェーン上の取引先には，大企業のみならず，中堅企業や中小企業（小規模企業を除く），小規模企業が含まれるという点に注意する必要がある。

　人権デューディリジェンスの難しさは，自社の活動のみならず，サプライチェーン上の取引先においても人権への負の影響を予防・是正する責任が企業にはあり，法制化されている国では，法制の直接対象となる大企業にはその義務があるという点である。また，最近の欧州の法制では環境への配慮を求める環境デューディリジェンスも含まれている特徴がある。サプライチェーン上の取引先という点では，直接取引のある1次取引先については，人権デュー

第2章 ビジネスと人権

2-1図 日本企業の人権デューディリジェンスの実施状況

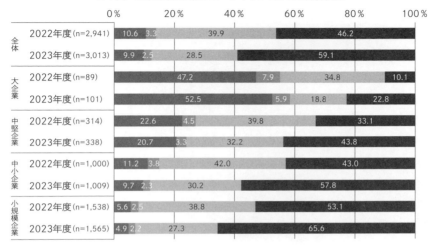

- ■ 人権DDを実施している
- ■ 人権DDを実施していないが、1年以内に実施予定
- ■ 人権DDを実施していないが、数年以内の実施を検討中
- ■ 人権DDを実施する予定はない

(資料) 2023年度ジェトロ日本企業の海外事業展開に関するアンケート調査

ディリジェンスを取引契約の条件に加えたり、アンケート調査で実施状況を直接確認したりすることが可能だが、これが2次取引先、3次取引先のように間接的な取引先になると、1次取引先を通じて確認、協力を求めることになり、実施のハードルが高くなる。ジェトロが2022年11～12月に実施した2022年度日本企業の海外事業展開に関するアンケート調査の結果でも、特に既に人権デューディリジェンスを実施している企業が海外で人権尊重するサプライチェーンを構築する上での課題として「1社だけでは解決できない複雑な問題がある」が最上位（32.8％）に挙がったことからも裏付けられている。既に人権デューディリジェンスを法制化している国でも、その直接的な対象は大企業としており、対象外の企業は、人権デューディリジェンスに関して責任はあるが当該法制に対しての直接的な義務は課されていない。しかしながら、直接的な対象となる大企業は、サプライチェーン上の直接対象ではない企業も含めたすべての取引先の人権配慮を管理していくことが求められている。他方、サプライヤーである取引先は条件を満たさなければ、特に法制の対象となる大企

業との取引機会を失うリスクが人権デューディリジェンスの進展，普及に伴い年々高まっていることも事実である。

２．サプライチェーン上の取引先の把握に努める先行企業

　サプライチェーン上での取引先における人権配慮に関するトレーサビリティの確保について，ジェトロ調査部が国際労働機関（ILO）駐日事務所とともに，2022年夏以降に実施した日本とアジア３カ国（バングラデシュ，カンボジア，ベトナム）における人権デューディリジェンスに関する共同調査では，いくつかの取り組み事例を「責任ある企業行動と人権デューディリジェンス：日本企業のグッドプラクティス」[9]として取りまとめた。その中から，取引先でのトレーサビリティ確保に向けたアシックスとファーストリテイリングの事例を紹介する。

　アシックスは，自社がサプライチェーンの中で重要な役割を担っていると認識しており，その透明性を高めることは，すべてのステークホルダーに対する同社にとって不可欠の責務であると考えている。こうした考え方の下，アシックスは，直接の契約関係にある調達先工場（Tier1）と，調達先工場（Tier1）にとっての主なサプライヤー（工場）（Tier2）をリストにして公開している。また，アシックスは，特定の原材料について優先的に，調達先工場（Tier1）との取引のサポートを得ている仲介業者に対して依頼して調査してもらう方法により，２次サプライヤー企業（Tier2），３次サプライヤー企業（Tier3），さらには４次サプライヤー（Tier4）まで把握できるように踏み込んで調べている。仲介業者への依頼に際しては，なぜトレーサビリティを確保する必要があるかを丁寧に説明したり，情報を集約する作業シートを併せて提示したりすることで，仲介業者の理解を得て適切な情報収集を行えるように努めている。このように，幅広いサプライチェーンの中の直接・間接のすべてのサプライヤーを把握することは困難である中，アシックスは，特定の原材料について優先して，仲介業者の協力を得て４次サプライヤーまでの把握にも取り組んでおり，サプライチェーンの透明性の確保に努めている。

　ファーストリテイリングは，サプライチェーン全体の人権尊重，労働環境改善，環境保全などに，生産パートナーとともに取り組んでいる。そして，生

産パートナーリストを公開することで，ファーストリテイリングのサプライチェーンの透明性を高め，責任を果たす努力をしている。生産パートナーの公開のためには，そもそもサプライチェーンにおける取引先を把握しておく必要がある。アパレル産業では，一般的に，服飾製造販売業者にとっての直接取引先である縫製工場（Tier1）の上流に，生地工場（Tier2），紡績工場（Tier3）などが存在し，サプライチェーンが複雑化している。また，例えば，縫製工場の中には，生地商社を経由して，シーズンごとに異なる生地工場（Tier2）から生地を調達するケースもあり，こうした場合には，特にTier2以降の取引先を把握することが難しくなる。こうした状況を踏まえ，ファーストリテイリングは，縫製工場（Tier1）との間で，商品の企画段階において仮にその商品を製造する場合に縫製工場がどの工場から生地等を調達するかを確認し，管理することで，最終的に自社が購入する製品の生産や品質を安定させるとともに，Tier2やTier3の生産パートナーについても可能な限り把握し，そうした生産パートナーとの間でも人権尊重の取り組みを長期的な視点で実施できるように努めている。人権デューディリジェンスを実施するにしても，自社にとって間接的な取引先（Tier2/Tier3など）については，把握することも難しい場合が多い。ファーストリテイリングは，業界の状況も踏まえ，直接の取引先（Tier1）と協議して，その取引先による調達先候補を確認し，管理することで，間接的な取引先のトレーサビリティを確保することができるように努めている。

3．間接的な取引先でのトレーサビリティ確保は日独共通の課題

最後に広範な人権・環境デューディリジェンス法を義務付けるドイツの運用状況と企業の対応動向を整理する。第2節2.で概要を記載した通り，ドイツでは，サプライチェーン・デューディリジェンス法が2023年1月1日から施行されている。

同法の履行確保を担当する連邦経済・輸出管理庁（BAFA）は2023年12月21日，施行1年を回顧するコメントを発表した[10]。発表によると，BAFAは，サプライチェーン・デューディリジェンス法が適用され，注意義務（デューディリジェンス）が課される企業は「大部分が同法の要求をきちんと実施し

ており，グローバルサプライチェーン上の人権状況の改善へ積極的に貢献している」と肯定的に評価。また，BAFA は 2023 年に合計 486 件の検査を実施した。対象企業の主な業種は自動車，化学，製薬，機械，エネルギー，家具，繊維，食品・飲料だった。BAFA へ寄せられた苦情[11] は 38 件で，うち 20 件はデューディリジェンス法による注意義務と関連がない，または根拠が不十分なものだった。

　問題点として，BAFA は一部のデューディリジェンス法の適用企業が注意義務の実施を契約上の保証などを通じてサプライヤーに転嫁しようとしていることを指摘。この問題点に対しては，BAFA は同法の直接的な対象でない中小規模のサプライヤー向けにガイダンスを作成。デューディリジェンス法は対象企業が注意義務を履行するためにサプライヤーなど直接的な対象でない企業に協力を求めることを想定している一方，当該企業に義務を課すものではないとの基本的な枠組みなどを説明している。

　ドイツ商工会議所連合会（DIHK）は 2023 年 12 月 22 日，BAFA のコメントを受け，企業側の負担増を警告した[12]。デューディリジェンス法は同法が適用されている従業員 3,000 人以上（現在は従業員 1,000 人以上に対象を拡大）の企業だけでなく，実際には直接的な対象でない中小企業も影響を受けていると指摘した。同法の対象でない企業でも対象企業と取引がある場合には，対象企業が定めるデューディリジェンス基準を満たすことを求められるためだ。ペーター・アドリアン DIHK 会頭は，「この問題についての潜在的な協力パートナーを説得し，より良い解決策を一緒に探さなければならないだろう」と指摘，南米，アフリカ，アジアなどの多くの地域が追いつきつつあり，自分たちよりも高い成長率を誇っているからこそ，今すぐサプライチェーンを多様化することが非常に重要で，信頼できる企業が必要だと訴えた。また，実際に自身の会社は大企業へ機械を納品しており，機械の製造には 157 の上流サプライヤーが関わっている。納品先のデューディリジェンス基準を全上流サプライヤーが満たしていることを検証する必要があるが，いくつかのケースでは単純に不可能だとして，困難さを訴えた。このように，間接的な取引先でのトレーサビリティの確保は，日本企業に限らず，ドイツ企業においても共通の課題となっている。

また，ドイツ国内の金属産業の使用者団体を取りまとめる，ゲザムトメタル（Gesamtmetall）[13] は 2023 年 5 月にサプライチェーン・デューディリジェンス法に関するアンケート調査を実施した。同アンケート調査では，サプライチェーン・デューディリジェンス法の影響を受けたかどうかを聞いており，「顧客やサプライヤーを通じて間接的に影響を受けた」が 64％で最も多く，「影響を受けていない」が 16％，「直接的な影響を受けた」が 14％で続いた。企業規模別では，従業員 1〜249 人では 70％，従業員 250〜999 人では 86％が「顧客やサプライヤーを通じて間接的に影響を受けた」と回答した。従業員 1,000人以上では，「直接的に影響を受けた」が 89％，「間接的に影響を受けた」が 7％と，合わせて 96％が影響を受けていることが判明した。このようにサプライチェーン・デューディリジェンス法の直接的な対象企業でなくても，多くの企業が間接的な影響を受けたことがわかる。

さらに，サプライチェーン・デューディリジェンス法に対応するための年間費用に対する質問では，従業員 1〜249 人（回答企業 188 社）では平均 2 万9,818 ユーロ，250〜999 人（同 108 社）では平均 6 万 8,781 ユーロ，1,000 人以上（同 78 社）では平均 20 万 6,188 ユーロとの回答となり，間接的な影響であったとしても，その対応には相応の費用が伴う。加えて，同法への対応のため，新たに従業員を採用または採用予定とした企業も 18％に上り，専門的な人材リソースの必要性も高まってきている。

サプライチェーン・デューディリジェンス法が顧客やサプライヤーとの関係に及ぼした影響（複数回答可）では，「追加費用を捻出するため価格を引き上げざるを得なかった」が 26％，「サプライヤーからの調達を中止せざる得なかった／中止を計画している」が 15％，「環境・人権関連のガバナンスが弱い国からの撤退した／する予定である」が 14％，などとなった。また，サプライチェーン・デューディリジェンス法が企業の競争力に与えた影響（複数回答可）としては，「競争力の低下」と「投資や貿易における不確実性の増大」がともに 64％，「強靭（きょうじん）性・多様性の低下」が 54％などとなった。サプライチェーン・デューディリジェンス法の実施が，企業の競争力の低下や強靭性・多様性の低下につながっている可能性の指摘は重要であり，企業競争力を維持しながら，人権デューディリジェンス実施のためのコストを確保し，

企業としての人権配慮に関する責任を果たすこととの両立が一層求められる状況となっている。

（田中　晋）

注

1　ビジネスと人権に関する行動計画の実施に係わる関係府省庁施策推進・連絡会議（2022）。
2　経済産業省（2023）。
3　ドイツ連邦労働・社会省，ビジネスと人権 NAP モニタリング（https://www.csr-in-deutschland. de/DE/Wirtschaft-Menschenrechte/NAP/Ueber-den-NAP/Monitoring/monitoring.html）。
4　ジェトロ（2024），63 ページ。
5　ジェトロ日本企業の海外事業展開に関するアンケート調査における中堅企業の定義は，製造業・その他で，資本金額又は出資総額が 3 億円超，10 億円未満，又は従業員数が 300 人超，3,000 人以下，卸売業で，資本金額又は出資総額が 1 億円超，3 億円以下，又は従業員数が 100 人超，1,000 人以下，小売業で，資本金額又は出資総額が 5,000 万円超，3 億円以下，又は従業員数が 50 人超，1,000 人以下，サービス業で，資本金額又は出資総額が 5,000 万円超，3 億円以下，又は従業員数が 100 人超，1,000 人以下。
6　ジェトロ日本企業の海外事業展開に関するアンケート調査における大企業の定義は，中小企業（小規模企業を含む）以外の企業で，中堅企業を除く。
7　ジェトロ日本企業の海外事業展開に関するアンケート調査における小規模企業の定義は，製造業・その他で，資本金額又は出資総額が 5,000 万円以下，又は従業員数が 20 人以下，卸売業，小売業，サービス業で，資本金額又は出資総額が 1,000 万円以下，又は従業員数が 5 人以下。
8　ジェトロ日本企業の海外事業展開に関するアンケート調査における中小企業の定義は，製造業・その他で，資本金額又は出資総額が 3 億円以下，又は従業員数が 300 人以下，卸売業で，資本金額又は出資総額が 1 億円以下，又は従業員数が 100 人以下，小売業で，資本金額又は出資総額が 5,000 万円以下，又は従業員数が 50 人以下，サービス業で，資本金額又は出資総額が 5,000 万円以下，又は従業員数が 100 人以下で，小規模企業を除く。
9　小林・田中（2024），151-152 ページ。
10　ドイツ連邦経済・輸出管理庁（BAFA）（https://www.bafa.de/SharedDocs/Pressemitteilungen /DE/Lieferketten/2023_21_1_jahr_lksg_-_bafa_zieht_positive_bilanz.html）
11　ジェトロ（2023b），36-37 ページ参照。
12　ドイツ商工会議所連合会（DIHK）（https://www.dihk.de/de/aktuelles-und-presse/aktuelle- informationen/lieferkettengesetz-der-staat-macht-es-sich-zu-einfach--109508）
13　ゲザムトメタルは，1890 年の設立。ゲザムトメタルの傘下には 22 の金属・電機産業関連の使用者団体があり，これら使用者団体に加盟する企業数は 7,100 社，従業員数は 240 万人以上に及ぶ。

参考文献

経済産業省（2023），『責任あるサプライチェーン等における人権尊重のための実務参照資料』。
小林有紀・田中晋（2024），『責任ある企業行動と人権デューディリジェンス：バングラデシュ，カンボジア，ベトナムで活動する日本企業のグッドプラクティス，貿易，投資と労働，今後に向けて』国際労働機関（ILO），日本貿易振興機構（ジェトロ）。
ジェトロ（2022），「第Ⅳ章 持続可能な社会を目指す政策とビジネス　第 1 節 世界の主要政策とルール」『世界貿易投資報告 2022 年版』。

ジェトロ（2023a），「第Ⅳ章 持続可能な社会を目指す政策とビジネス　第1節 持続可能な社会に向け進展するルール形成と主要国・地域の政策」『世界貿易投資報告 2023 年版』。

ジェトロ（2023b），「『サプライチェーンと人権』に関する政策と企業への適用・対応事例（改定第九版）」。

ジェトロ（2024），『2023 年度 日本企業の海外事業展開に関するアンケート調査』。

ビジネスと人権に関する行動計画の実施に係わる関係府省庁施策推進・連絡会議（2022），『責任あるサプライチェーン等における人権尊重のためのガイドライン』。

補論

ウイグル強制労働防止法の
サプライチェーンへの影響

第 1 節　法制度の概要

　米国のウイグル強制労働防止法（Uyghur Forced Labor Prevention Act：UFLPA）は，(1) 中国の新疆ウイグル自治区で物品の採掘・生産・製造が行われた場合，または，(2) UFLPA 事業体リスト（UFLPA エンティティ・リスト）で指定された企業・団体が物品の採掘・生産・製造に関与した場合に，強制労働の利用があるとの推定の下，合衆国法典第 19 編 1307 条（1930 年関税法 307 条）に基づき，当該物品の米国輸入を禁止する法律だ。本補論では，UFLPA 成立に至るまでの経緯，同法に基づく差し止め措置の執行動向，サプライチェーンに与える影響を解説する。

　そもそも米国が貿易相手国の労働者の権利の保護に取り組むのは，国連の世界人権宣言を含めて，国際的に認められた普遍的価値としての人権を保護すること，また，強制労働などが関与する物品との競争から国内産業を保護することなどが目的にある。米国では UFLPA 成立以前から，1930 年関税法第 307 条に基づく措置が講じられてきた。同条は，強制労働や児童労働，囚人労働，刑罰による契約労働などを利用して採掘・生産・製造されたあらゆる物品の米国輸入を禁止する。同条に基づき，米国税関・国境警備局（Customs and Border Protection：CBP）が，事実確認調査の上で強制労働などの関与を推定する場合に，「違反商品保留命令（Withhold Release Order：WRO）」を発令し，輸入を差し止める。差し止められた物品に対して，輸入者は米国へ輸入せずに他国へ輸出するか，差し止めに対して異議を申し立てることができる。

補論　ウイグル強制労働防止法のサプライチェーンへの影響　57

CBP が最終的に当該物品に強制労働などの関与を認定（Finding）した場合には，当該物品が押収・没収される。2024 年 4 月時点で 52 件の WRO が発令され，そのうち中国が 36 件と，国別で最多件数を占める[1]。

　近年，1930 年関税法 307 条の規則や執行体制は強化されてきた。例えば，以前は強制労働などが関与する物品でも，同等の物品が国内で生産・製造されていない，もしくは国内での生産能力が国内需要を満たしていない場合には，執行対象の例外とされてきた。しかし，2016 年 2 月に成立した 2015 年貿易円滑化・貿易執行法により，この例外条項は削除された。体制面では，2016 年 4 月に CBP に強制労働などを利用して製造された物品の輸入禁止に取り組む貿易執行タスクフォース（Trade Enforcement Taskforce）が創設された。2018 年 1 月には，CBP に 1930 年関税法第 307 条に基づく事実確認調査を担う強制労働課（Forced Labor Division）が設置された。

　こうした規則や体制の強化を経て，2021 年 12 月 23 日に成立，2022 年 6 月 21 日に施行されたのが UFLPA だ。あらゆる物品について，その製造などが新疆ウイグル自治区または UFLPA エンティティ・リストで指定する企業・団体の関与が疑われる場合には，言わば「問答無用」で米国への輸入を禁止する。禁止は，その関与がどれほどわずかであっても例外扱いされない。事前の個別調査を必要としない点で，UFLPA は WRO より迅速かつ強力な措置と位置づけられるだろう。

第 2 節　UFLPA の執行状況

　強制労働などを理由とした措置の執行件数・金額は，2020 年度（2019 年 10 月～ 2020 年 9 月）以降に大きく増加している（補-1 図）。2022 年度以降は，同年度途中に施行された UFLPA に基づく措置が執行件数・金額の多くを占める。このことから，米国の強制労働に対する差し止めは，UFLPA の成立・施行を境に，1930 年関税法 307 条に基づく措置から，UFLPA に基づく措置へと，執行の重点がシフトしていることがうかがえる[2]。なお，WRO の発令件数を見ると，2020 年度の 13 件をピークに減少し，2023 年度および 2024 年度

補-1図　強制労働などを理由とした措置執行件数・金額の推移

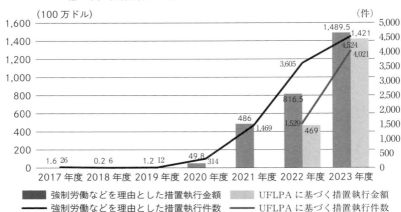

(注) 強制労働などを理由とした措置の法的根拠には、1930年関税法307条に基づくWROやそれに基づく認定 (Finding)、UFLPA (2022年度以降) が含まれる。
(資料) CBP公表資料より作成

補-1表　新規のWRO発令件数

2017年度	2018年度	2019年度	2020年度	2021年度	2022年度	2023年度
0件	2件	6件	13件	7件	6件	1件

(資料) CBP公表資料より作成

(4月時点) はそれぞれ1件の発令にとどまる (補-1表)。

次に、UFLPAに基づく措置の執行動向を詳細に分析する。CBPはUFLPAに基づく措置の執行実績を状況 (許可：Released、否認：Denied、保留：Pendingの3形態) 別、月別、産業分野別、国別に公表・更新している。状況別には、同法が施行された2022年6月～2024年4月に8,142件の物品が差し止められ、うち約4割 (3,469件) が許可、約4割 (3,262件) が否認、約2割 (1,411件) が保留となっている[3]。月別の推移を見ると、執行年月が新しくなるに従って、許可および否認の件数が減少し、保留の件数が増加する傾向にある。これは、CBPが当該物品を差し止めたのち、輸入者が異議を申し立てないしCBPが同異議への審査などを行っている段階であるためだ。

なお、CBPは2022年6月に公表した「輸入者向けの運用ガイダンス」の

中で，新疆ウイグル自治区またはUFLPAエンティティ・リストで指定する企業・団体が関与する場合に「強制労働の利用がある」との推定は反証可能（rebuttable presumption）であるとしている[4]。反証を行う場合，輸入者は差し止め通知日から30日以内に，明確かつ説得力ある証拠を用いて，新疆ウイグル自治区またはUFLPAエンティティ・リストで指定される企業・団体は関与するが，強制労働の関与はないとする異議をCBPに申し立てる。この際に輸入者は，適切にデューディリジェンスを実施していることや，サプライチェーンをマッピングした資料の提示などを通じた，立証困難な「無いことの証明」を求められる[5]。このように強制労働の関与を否定する異議はハードルが高い中で，差し止められた物品の4割が輸入を許可されたのは，別の方法，即ち，強制労働の関与を否定するのではなく，そもそも新疆ウイグル自治区やUFLPAエンティティ・リストで指定される企業・団体の関与はないとして，適法性の審査を申し立てた結果と推測される。CBPは2023年2月，前出のガイダンスの補足資料を公表し，輸入者がCBPに適法性審査を申し立てるに際して，提出する資料に含めるべき内容のベストプラクティスを示した。具体的には，(1) 物品の原材料調達・製造・加工・輸送などサプライチェーンの全体像と各段階に関与した事業者を示す資料のほか，これらの証憑として (2) 各段階で行われた取引を示す請求書，発注書，契約書など資料，および (3) サプライチェーンを記録したパッキングリスト，船荷証券，原産地証明書など資料を示している[6]。また，太陽光パネルを引き合いに，資料の要約部分や目次部分に記載する具体的な内容を紹介している[7]。

第3節　産業分野・国別の執行動向

CBPを所管する国土安全保障省（Department of Homeland Security：DHS）は2022年6月，「UFLPA執行戦略」を公表した。その中で優先執行分野として，(1) アパレル，(2) 綿および綿製品，(3) ポリシリコンを含むシリカベース製品，(4) トマト・同製品の4分野を明示した[8]。実際に，UFLPAに基づく産業分野別の執行実績を見ると，ポリシリコンを原料に用いる太陽光

発電製品を含むエレクトロニクス（4,087 件，27 億 3,191 万ドル）が執行件数・金額ともに最多を占める。アパレル・履物・繊維（1,405 件，5,592 万ドル），工業・製造材料（1,191 件，7,174 万ドル），農産物・調整品（410 件，2,009 万ドル）が続き，優先分野において重点的な執行が見られる（補-2 図）。

　優先分野以外については，工業・製造材料や，卑金属（ベースメタル），消費財，医薬・化学品，機械，自動車・航空宇宙分野に対しても執行されている。DHS は，UFLPA 施行から 1 年が経過した 2023 年 6 月以降，2024 年 4 月までの間に 4 回にわたって計 10 企業・団体（併せて指定されている子会社や関連組織を除く）を UFLPA エンティティ・リストに追加した。追加された企業・団体には，優先分野に含まれないビニール製品や鉛バッテリーを製造する企業・団体が含まれる。また，DHS は 2023 年 8 月，UFLPA 執行戦略を更新し，優先分野に明示的に追加しなかったものの，鉄・アルミニウム製品や自動車部品などの 8 分野を監視する必要性を指摘しており[9]，執行対象の産業分野は拡がりを見せている（補-2 表）。

　米国議会上院財政委員会のロン・ワイデン委員長（民主党，オレゴン州）は 2022 年 12 月以降，日系企業を含む米国で事業展開する自動車・同部品メーカーに対して質問状を送付するなどして，自動車サプライチェーンの新疆ウ

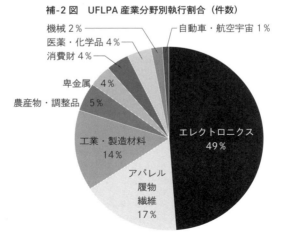

補-2 図　UFLPA 産業分野別執行割合（件数）

（資料）CBP 公表資料より作成。

補論　ウイグル強制労働防止法のサプライチェーンへの影響　61

補 -2 表　強制労働のリスクが潜在的にあると特定された分野

(1)　レッドデーツおよびその他農産物
(2)　ビニール製品
(3)　アルミニウム製品
(4)　鉄鋼製品
(5)　鉛・リチウムイオンバッテリー
(6)　銅製品
(7)　エレクトロニクス
(8)　タイヤおよびその他自動車部品

（資料）DHS の UFLPA 執行戦略（2023
年 8 月）より作成

イグル自治区との関係性の調査を行っている[10]。質問にあたって，英国シェフィールド・ハラム大学が 2022 年 12 月に公表した調査結果を参考にしたという。同大学が 2023 年 5 月に公表した資料によると，UFLPA 優先 4 分野のほか，新疆ウイグル自治区で生産・製造などされる農産品（クルミ，ブドウ，デーツ，マリーゴールド，ピーマン・パプリカ・トウガラシ，その他香辛料），食品添加物，医薬品・医療製品（サプリメント，漢方薬，マスクなど保護具），化学品（ポリ塩化ビニール，プラスチック，マグネシウム肥料），鉱物（石炭，マグネシウム合金，アルミニウム合金，バーミキュライト），鉛・リチウムイオンバッテリー，自動車・鉄道部品，家具・家電製品，毛髪製品などが，強制労働のリスクが高いと指摘されている[11]。

　また，米国調査会社のカロン（Kharon）が 2022 年 6 月に公表した報告書によると，UFLPA 優先 4 分野のほか，同自治区で生産・製造などされるホップ，クルミ，胡椒，レーヨン，カルシウムカーバイド，ベリリウム，風力タービンなどが，強制労働のリスクが高いと指摘されている[12]（なお，中国政府は 2023 年 12 月，同社が新疆ウイグル自治区に関する機微な情報を収集し，米国政府に提供したことを理由に，反外国制裁法に基づき制裁を科したと発表している）[13]。

　UFLPA 執行戦略では，世界のポリシリコンの半数，綿の 5 分の 1 が新疆ウイグル自治区産であることなど，サプライチェーンの上流における同自治区への依存度の高さを指摘している[14]。直接的・間接的な取引先から，知らず知らずのうちにサプライチェーンに新疆ウイグル自治区や UFLPA エンティティ・

62 第1部 サプライチェーンに変革を迫る3つのイシュー

補-3表 国別の執行上位5産業分野（件数ベース）

順位	中国	ベトナム	マレーシア	タイ
1	アパレル・履物・繊維 (730件, 2,152万ドル)	エレクトロニクス (1,398件, 8億2,073万ドル)	エレクトロニクス (1,928件, 14億6,189万ドル)	エレクトロニクス (716件, 4億2,117万ドル)
2	工業・製造材料 (417件, 2,954万ドル)	工業・製造材料 (770件, 4,150万ドル)	機械 (1件, 31万ドル)	自動車・航空宇宙 (8件, 2万ドル)
3	農産物・調整品 (398件, 1,950万ドル)	アパレル・履物・繊維 (429件, 2,032万ドル)	消費財 (1件, 1万ドル)	機械 (1件, 4万ドル)
4	卑金属 (371件, 1億6,220万ドル)	消費財 (4件, 38万ドル)	なし	なし
5	消費財 (365件, 2,895万ドル)	機械 (1件, 93万ドル)	なし	なし

（資料）CBP公表資料より作成

　リストで指定された企業・団体が関与する可能性を考慮した人権デューディリジェンスが求められる中，こうした学術機関，民間企業，NGOなどが公表している資料は，重要な参考資料となるだろう。

　また，UFLPAの特徴の1つが，いわゆるデミニミスルールや付加価値基準が存在しないことだ。即ち，いかに少量であっても，その物品に新疆ウイグル自治区から調達した原材料やUFLPAエンティティ・リストで指定される企業・団体が加工した原材料などが含まれる場合には，それに実質的変更を加えるよう加工した場合においても，UFLPAの執行対象となる。実際に，国別の執行件数では，中国（2,629件，3億4,852万ドル）が最多だが，金額ベースでは，マレーシア（1,929件，14億6,221万ドル），ベトナム（2,602件，9億386万ドル），タイ（725件，4億2,123万ドル）のASEAN諸国が中国を上回っており，中国原産品だけでなく付加価値を加えられた第三国経由の物品に対しても執行が及んでいる。国別の執行件数上位の産業分野を見ると，中国はアパレル・履物・繊維を筆頭に幅広い産業分野が対象となる一方，ベトナム，マレーシア，タイではエレクトロニクスに執行が偏っていることが特徴だ（補-3表）。

第4節　企業はリスクに基づく継続的な対応を

　米国の輸入統計を見ると，太陽光パネル製品〔関税分類（HTS）番号8541

類〕の対中輸入額は，UFLPA 施行後に減少したほか，対照的にベトナム，マレーシア，タイからの輸入が増加した。こうした動向について，米国太陽光発電協会は 2023 年の年次報告書で，東南アジア製品に対する関税減免措置 [15] が東南アジア製品の価格競争力を上昇させた影響や，輸入業者が UFLPA の適法性審査プロセスに順応した影響などを指摘しており [16]，UFLPA に他の力学も加わって中国を中心とするサプライチェーンの再構築が進む様子もうかがえる。

　衣料品（HTS 番号 61～63 類）の輸入額を見ると，対中輸入額は 2023 年に前年比でやや減少するも，他国を上回って国別にはトップを維持している。実際に米国ファッション産業協会とデラウェア大学が 2023 年 7 月に公表した，米国に本社または主要拠点を置くファッション企業を対象に実施した年次のアンケート調査の結果では，回答企業の 97％が中国から調達を行っていると回答しており，中国への依存度は大きい。他方で，86％が UFLPA への対応として「中国からの綿製衣料品の調達を減らした，または減らす予定」と回答している。また，ベトナムやバングラデシュ，インド，カンボジアのアジア諸国や中米諸国からの調達額または調達量を「増やす」と回答した企業は 40％を超えた [17]。このことからも，企業が中国を重要な調達先としつつ，他地域に調達先を多元化することで対中依存度を下げ，リスク管理を図る考えも見える。

　最後に，強力な執行力を持つ UFLPA の施行は，米国および中国と関係を持つ日本企業に「人権リスクは海の向こうの話」と言えないことを強調しており，人権への負の影響の特定・防止・軽減・対処を継続的に図る人権デューディリジェンスの実践があらためて求められている。また，実践にあたっては，人的・経済的リソースの制約があること，人権リスクは膨大にあり得ることなどを踏まえ，サプライチェーンにおけるリスクが最も深刻と想定される部分などから優先的に取り組むことが肝要だ。優先順位を考慮する際，本補論で解説した UFLPA の優先分野や執行動向のほか，学術機関，民間企業，NGO などが公表する資料などのリソースも活用し得るだろう。

（葛西泰介）

64 第 1 部 サプライチェーンに変革を迫る 3 つのイシュー

注

1 CBP ウェブサイト（Withhold Release Orders and Findings List, https://www.cbp.gov/trade/forced-labor/withhold-release-orders-and-findings, 2024 年 4 月 24 日閲覧）。

2 CBP は 2024 年 4 月，中国企業の製造する作業用手袋に対して新規の WRO を発令した。CBP のトロイ・ミラー局長代行は，「すべての強制労働に対処する，あらゆる法律を強力に執行する」旨の発言をしており，UFLPA のみならず WRO の引き続きの活用も示唆している。CBP「CBP issues Withhold Release Order on Shanghai Select Safety Products and its Subsidiaries」2024 年 4 月 10 日付。

3 CBP ウェブサイト（Uyghur Forced Labor Prevention Act Statistics, https://www.cbp.gov/newsroom/stats/trade/uyghur-forced-labor-prevention-act-statistics, 2024 年 4 月 24 日閲覧）。

4 CBP (2022), p. 9.

5 反証を認めた場合，CBP は米国連邦議会の適切な委員会に通知するとともに，その決定から 30 日以内に反証を認めるに至った根拠を広く一般に公開するとしている。ただし，2024 年 4 月時点で，ジェトロではそうした事例は把握できていない。

6 CBP (2023a), p. 1.

7 CBP (2023b), pp. 2-3.

8 DHS (2022), pp. 27-28.

9 DHS (2023), p. 16.

10 United States Senate Committee on Finance「Senate Finance Committee Chair Wyden Questions Major Automakers About Supply Chain Links to Forced Labor in Xinjiang, China」2022 年 12 月 22 日付。

11 Sheffield Hallam University Helena Kennedy Centre (2022), p. 2.

12 Kharon (2022), pp. 14-15.

13 中国外交部「Foreign Ministry Spokesperson Mao Ning's Regular Press Conference on December 26, 2023」2023 年 12 月 26 日付。

14 DHS (2022), p. 13.

15 ジョー・バイデン大統領は 2022 年 6 月，ベトナム，マレーシア，タイ，カンボジアから米国に輸入される太陽光発電製品に対して関税を免除する大統領布告を発表した。なお，免除期間は 2022 年 6 月〜 2024 年 6 月。

16 Solar Energy Industries Association (2024), p. 5.

17 United States Fashion Industry Association (2023), pp. 8, 26, 27.

参考文献

CBP (2022), Operational Guidance for Importers.

CBP (2023a), Best Practices for Applicability Reviews: Importer Responsibilities.

CBP (2023b), Guidance on Executive Summaries and Sample Tables of Contents.

DHS (2022), Strategy to Prevent the Importation of Goods Mined, Produced, or Manufactured with Forced Labor in the People's Republic of China.

DHS (2023), 2023 Updates to the Strategy to Prevent the Importation of Goods Mined, Produced, or Manufactured with Forced Labor in the People's Republic of China.

Kharon (2022), The Uyghur Forced Labor Prevention Act: Proactive Risk Management for Supply Chain Exposure.

Sheffield Hallam University Helena Kennedy Centre (2023), Products Made with Uyghur Forced Labour.

Solar Energy Industries Association (2024), U.S. Solar Market Insight Executive Summary 2023 Year Review.

United States Fashion Industry Association (2023), 2023 Fashion Industry Benchmarking Study.

第3章

サプライチェーンの脱炭素化

はじめに

　「気候の時限爆弾が時を刻んでいる」[1]。2023年3月，アントニオ・グテーレス国連事務総長が気候変動に関する政府間パネル（Intergovernmental Panel on Climate Change：IPCC）による第6次評価報告書（AR6）の統合報告書発表記者会見に寄せた，ビデオメッセージの中の一節だ。2015年の国連気候変動枠組み条約第21回締約国会議（COP21）におけるパリ協定の合意を経て，世界100カ国以上で2050年前後までにカーボンニュートラルを目指す目標が掲げられ，温室効果ガス（GHG）排出削減・脱炭素化への施策が急ピッチで進められている。政府主導の施策と同時に企業など産業部門の脱炭素化への対応も不可欠で，特に大企業では自社の脱炭素化のみならず，サプライチェーン全体の脱炭素化が取り組みの主流となっている。各国・地域では気候変動関連の情報開示を義務化する動きも進む。企業規模に関わらず，排出削減・脱炭素化への取り組み，関連情報の開示は，迫りくる「時限爆弾」の爆発阻止に向け，必須かつ急務となっている。

　本章では，第1節で，COPを中心に脱炭素化に対する国際的な取り組みを振り返るとともに，サプライチェーン全体の排出削減が標準化されつつある背景を解説する。第2節では，企業による気候変動関連の情報開示に関する国際的イニシアチブや各国における情報開示義務化の動きを整理する。第3節では先進的な取り組みを進める企業や業界を紹介する。

第1節　世界の脱炭素化目標と達成に向けた課題

1．気候変動に対する国際的枠組みの変遷

　国際的な気候変動に対する取り組みは，1992年にブラジルで開催された地球サミットにおいて，国連気候変動枠組み条約（United Nations Framework Convention on Climate Change：UNFCCC）が採択されたことから始まる。1997年には京都でCOP3が開催され，2008年から2012年の5年間で，GHG排出量を先進国全体で少なくとも1990年比5％の削減を目指すことなどを定めた京都議定書が採択された。GHGの削減目標が国際的に採択されたのはこれが初めてである。2015年のCOP21では，京都議定書の後継として，2020年以降のGHG排出削減等のための新たな国際的枠組みとなるパリ協定を採択した。パリ協定では，発展途上国を含めたすべての参加国・地域に「GHG排出削減・抑制目標」を定めることを義務付けた。世界の長期目標として「世界の平均気温上昇を産業革命以前に比べて2度より十分低く保ち，1.5度に抑える努力をする（1.5度目標）」とともに，「今世紀後半に温室効果ガスの人為的な発生源による排出量と吸収源による除去量との間の均衡を達成する」ことに合意した。パリ協定が定める実施期間が始まる節目の開催となったCOP26（2021年開催）[2]では，「グラスゴー気候合意」が採択され，「1.5度目標」に向けた努力を追求することなどが明記された。また，パリ協定の実施指針（ルールブック）における同協定6条（市場メカニズム）に関する基本的な基準についても合意に達し，これによってパリ協定が完全に運用されることとなった。

　世界各国のGHG排出削減への取り組みが進む半面，ネットゼロ目標達成に向けた見通しは厳しいのが実態だ。IPCCが2023年3月に発表した「第6次評価報告書（AR6）統合報告書」[3]において，2011年から2020年で地球の平均気温は工業化前と比べて既に1.09度上昇している[4]とし，「2021年から2040年の間に1.5度以上上昇する可能性は高い」[5]と指摘した。また，国際エネルギー機関（IEA）が2023年10月に発表した2023年版の「世界エネルギー見通し」によると，2022年の世界の二酸化炭素（CO_2）排出量は369億トンと過去最高を記録した。同じくIEAが2023年9月に発表したCO_2排出ゼロに

向けたロードマップ「Net Zero by 2050」の更新版では，新型コロナ禍後の経済活動の回復，エネルギー効率化政策の実施の遅れを背景に，2030年時点のCO_2排出量やエネルギー最終消費量が増えた点を指摘。クリーンエネルギー技術の向上によりCO_2排出の主因となる化石燃料の需要は今後10年間のうちにピークを迎えるとしつつも，「2050年までのネットゼロ達成への道筋は，当初のロードマップよりも険しい」と警鐘を鳴らす[6]。

2．標準となりつつある「サプライチェーン排出量」

パリ協定の目標達成には，政府の施策に加えCO_2に代表されるGHG排出主体である企業活動における排出削減，脱炭素化に向けた取り組みの推進が不可欠だ。それも，自社の直接的な排出だけでなく，自社事業に伴う間接的な排出も対象とし，事業活動に関係するあらゆる排出を合計した排出量（サプライチェーン排出量）を対象に削減に取り組む考え方が世界的な原則となりつつある。サプライチェーン排出量の算定にあたっては，世界資源研究所（WRI）と持続可能な開発のための世界経済人会議（WBCSD）によって共同設立されたGHGプロトコルが作成した各種基準が国際的なデファクトスタンダードとなっている。GHGプロトコルによる基準[7]では，事業者自らによるGHGの直接排出（燃料の燃焼，工業プロセス）をスコープ1，他社から供給された電

3-1図　サプライチェーン排出量の分類

（資料）環境省，経済産業省などから作成

気，熱・蒸気の使用に伴う間接排出をスコープ2，スコープ1および2以外の間接排出（事業者の活動に関連する他社の排出）をスコープ3と定めている。スコープ3は15のカテゴリーに分かれており，原材料の調達，原材料や製品の輸送，廃棄物の輸送，従業員の出張や通勤，製品の使用などが含まれる。スコープ1～3のすべての排出量の合計がサプライチェーン排出量となる

　2022年11月，国連の専門家グループが「非国家主体のネットゼロ宣言に関するハイレベル専門家グループによる報告書」を発表した。同報告書では，ネットゼロ達成に向けて企業，金融機関，自治体といった非国家主体が取るべき行動を10の提言にまとめており，最終消費時における排出を含めたバリューチェーン全体（スコープ1～3の合計）のネットゼロを目指すことが示されている。また，同報告書の結論として示された「行動への道筋」では，中小企業による脱炭素化の取り組みを非国家主体が支援する体制の重要性が強調された。特に，中小企業は大企業のバリューチェーンの一部であり，スコープ3排出量に関わることから，大企業による中小企業支援が目標達成には不可欠だとしている。AR6統合報告書でも，産業部門の排出削減について「バリューチェーン全体にわたって協調的な行動を必要とする」と記載され，自社の排出量削減のみに注力するのでは不十分という考えが主流となっている。

　サプライチェーン排出量では，原材料調達など上流のサプライチェーンが注目される機会が多いが，消費者を含む下流のサプライチェーンも忘れてはいけない。製品・サービスの購入や消費時に環境を含むサステナビリティを意識しているかどうかを問う消費者向けの意識調査は，近年多数行われている。例えば，米国のシンクタンク，ピューリサーチセンターが2021年9月に発表した調査では，日本を含む17の先進国・地域の約2,600人のうち，80％が「世界的な気候変動による影響を減らすために自身の生活や仕事を変える意思がある」と答えている。環境や社会に配慮したライフスタイルを志向する消費者に向けた新しい製品やサービスの開発・提供に舵を切る企業の事例もみられるようになってきた。ジェトロが2022年12月から翌3月にかけて世界8都市[8]で現地消費者を対象に実施したサステナブル消費に関する座談会調査では，欧米の消費者を中心に「グリーンウォッシュ（実質を伴わない環境訴求）」に対する懸念を強く抱く意見も聞かれ，企業の環境や社会に配慮した取り組みに厳し

い目が向けられるようになってきている。

　こうした流れから，大企業を中心に気候変動に対応した情報開示，目標設定の動きは加速度的に増加している。投資家や金融機関による投資決定においても，サステナビリティに関する企業の情報開示の内容を考慮に入れることは珍しくない。また，環境や社会への配慮を意識する消費者が増えていくことも予想できる。企業は今後，さまざまなステークホルダーに対し，気候変動対策のため脱炭素化への取り組みを開示していかなければ，サプライチェーンの中で居場所を失うリスクが各段に高まると推測される。

第2節　気候変動関連の情報開示等に関する動向

1．情報開示や目標設定に関する国際イニシアチブの動き

　企業による気候変動対策に関する情報開示は，1990年代頃からCSR（企業の社会的責任）の一環として自主的に行われてきた。企業に対して気候変動関連の情報開示が要請されるようになったきっかけの1つは，CDP（英国の環境NGO，表参照）による活動だろう。CDPは，機関投資家が投資の際の企業評価の1つの基準として気候変動情報を活用できるようにすることを目的に，2003年から世界の大企業に対して気候変動関連情報の開示を求める質問書の送付を開始した。2024年時点で署名機関は700（資産総額142兆ドル）を超える[9]。質問書にはGHG排出量情報に加えて，気候変動による事業へのリスクや機会の評価，事業戦略における気候変動問題の考慮の状況など，投資家の目線から重要と考えられる質問項目が盛り込まれている。サステナビリティ投資への関心の高まりを反映して回答企業は年々増加し，2023年は自主回答を含め，世界の時価総額の3分の2に当たる2万3,000社超が回答した。CDPは開示情報をもとに評価を行い，最も高いAスコアを取得した企業を認定・公表している。2023年の気候変動質問書Aスコア取得企業は全世界で362社[10]となった。CDPは，企業に対して「気候変動関連の情報開示する理由」として，約6兆4,000億ドルの調達支出を行う（2023年時点）330社を超える主要購買企業が自社のサプライヤーに情報開示要請をしていることや，サプライ

チェーンから排出される GHG は自社のみの排出量の約 11.4 倍にも上ることなどに言及し、適切な情報開示の必要性を強調している。

情報開示の枠組みとして CDP に並び代表的な国際イニシアチブが、2015 年に発足した気候関連財務情報開示タスクフォース（TCFD）だ。TCFD は 2017 年に最終提言（TCFD 提言）を発表し、企業に対して「2 度シナリオ」を用いた分析を行い、気候変動がもたらすビジネスへのリスクと機会に関わる「ガバナンス」、「戦略」、「リスク管理」、「指標と目標」を、財務報告書の中で開示することを推奨した。TCFD 提言に基づいた開示は各国・地域の基準設定の基礎とされ、開示基準統合の動きの中でも同提言をベースとした制度設計がなされている（本節 3. 参照）。

情報開示以外にも、気候変動関連の目標設定に関する国際的なイニシアチ

3-1 表　気候変動関連情報開示，目標設定に関する主な国際的イニシアチブ

種別	イニシアチブ名	概要	企業・団体数
情報開示	CDP	2000 年に英国で設立された非営利団体。	署名機関（機関投資家）：700 機関超 うち、日本企業 29 機関 質問書回答企業：2 万 3,000 社超 うち、日本企業 1,985 社 （2024 年 2 月時点、ただし日本の署名機関数のみ 2023 年 3 月時点）
		署名機関に代わり、CDP が企業に対して気候変動関連情報開示を要請、質問書送付。結果を署名機関に開示。	
		質問書は、気候変動、水セキュリティ、フォレスト（森林）、生物多様性、プラスチックに増え、2024 年からは統合質問書に移行。	
	TCFD （気候関連財務情報開示タスクフォース）	2015 年に金融安定理事会（FSB）により発足。	賛同機関数：4,925 社・機関うち、日本企業 1,488 社・機関（2023 年 11 月 24 日時点）
		気候変動関連リスクと機会に関し、「ガバナンス」、「戦略」、「リスク管理」、「指標と目標」の項目について開示を推奨。	
		TCFD が担っていた企業の気候関連情報開示の進捗に関する監視を行う責任を 2024 年から ISSB に委譲。TCFD は解散。	
目標設定	RE100	2014 年発足。	加盟社・企業数：429 社・機関 うち、日本企業 86 社 （2024 年 5 月 22 日ウェブサイト閲覧時点）
		2050 年までに事業を 100% 再生可能エネルギー電力で賄うことを目標とする取り組み。	
		消費電力量が年間 100GWh（日本企業は 50GWh）以上であることなどの加盟要件あり。	
	SBTi （Science Based Targets itiative）	2015 年発足。	SBT 認定企業：5,433 社 うち、日本企業 1,084 社 コミット企業※：2,860 社 うち、日本企業 82 社 ※ 2 年以内に SBT 認定を取得することを宣言した企業。（2024 年 5 月 22 日ウェブサイト閲覧時点）
		パリ協定が求める水準に科学的根拠に基づいて整合した、5〜15 年先を目標年として企業が設定する GHG 排出削減目標。	
		要件を満たした目標は SBT により認定。	
	EP100	2016 年発足。	加盟社・企業数：128 社・機関 うち、日本企業 4 社 （2024 年 5 月 22 日ウェブサイト閲覧時点）
		事業のエネルギー効率を倍増させること（省エネ効率を 50% 改善等）を目標とする取り組み。	
	EV100	2017 年発足。	加盟社・企業数：157 社・機関 うち、日本企業 7 社 （2024 年 5 月 22 日ウェブサイト閲覧時点）
		事業活動で使うモビリティーを 100% ゼロエミッションにすることを目標とする取り組み。	

（資料）各イニシアチブのウェブサイトから作成

ブが続々と発足した。2014年には2050年までに事業を100％再生可能エネルギー（再エネ）電力で賄うことを目標とするRE100，2015年にはパリ協定と科学的根拠に整合したGHG削減目標の設定を促すSBTi（Science Based Targets initiative）が発足した。そのほか，エネルギー効率倍増の目標を定めるEP100（2016年発足），2030年までに電気自動車（EV）への移行やインフラ整備などの普及に取り組むEV100（2017年発足）などがある。

2．各国における情報開示義務化の動き

　気候変動を含むサステナビリティ関連の情報開示義務を強化する世界的な動きは，2020年代以降活発となっている。EUでは，欧州委員会が2021年に発表した企業持続可能性報告指令（CSRD）案が2022年11月に正式に承認され，2024年1月1日から始まる2024会計年度から一部大企業を対象に開始された。CSRDは，2014年より運用されていた非財務情報開示指令（NFRD）を改正したもので，情報開示が義務付けられる対象企業は，NFRDでは1万社程度だったが，CSRDでは約5万社に広がる見込みだ[11]。EU加盟国では2024年7月6日までの国内法制化が義務付けられている。CSRDは，サステナビリティ情報の信頼性確保等の課題に対応し，企業の説明責任の向上，投資家にとって必要な情報開示促進などを図ることが目的。大企業と上場中小企業に対し，環境権，社会権，人権，ガバナンス要因などに関して，別途規定された欧州持続可能性報告基準（ESRS）に基づき報告することが義務付けられる。ESRSは，第1弾として全セクター共通の横断基準が2023年12月25日に施行されている。セクター別基準，中小企業基準，域外企業基準などが含まれる第2弾は2026年6月までに採択される予定だ。CSRDは企業規模などに応じて段階的に適用されていくが，2028会計年度からはEU域外企業も対象となる。日本企業もEU域内にある子会社を含めて対象となる可能性があり，確認が必要だ。CSRDを順守しなかった場合の罰則は，EU加盟国ごとに法的枠組みを通じて設けられる。フランスは2023年12月6日にEU加盟国で初めてCSRDを国内法制化した。違反に対しては最高7万5,000ユーロの罰金のほか，さらに5年の禁固刑が科される可能性がある厳しい罰則が導入された[12]。また，EUでは，一定の条件を満たす企業に対してバリューチェーンも含めた

事業活動における環境および人権への悪影響を予防・是正する義務を課すため，2022年2月23日に企業持続可能性デューディリジェンス指令（CSDDD）案（以下，指令案）が発表された。同指令案はEU理事会での正式な採択がされなかったことを受け，対象企業の基準を引き上げ，義務の対象となる企業数を絞り込んだ妥協案にて，欧州議会で2024年4月24日に採択となり，EU理事会が採択すれば施行となる見通しだ[13]。EU域内で設立された企業は全世界での年間純売上高4億5,000万ユーロ超かつ平均従業員数が1,000人超の企業，EU域外で設立された企業は，EU域内での年間純売上が4億5,000万ユーロ超の企業が義務の対象となる。大規模企業から段階的に適用が開始され，2029年以降は対象となるすべての企業に適用される。対象企業は，企業方針へのデューディリジェンス方針の取り込み，人権・環境への悪影響の特定，予防行動計画や是正措置計画の策定・実施などを行う必要がある。策定した各計画の順守は，取引先に対しても契約上の保証を求めることとなっており，義務対象外の企業にも影響が及ぶ。CSDDDは2024年7月25日に発効し，その後2026年7月26日までに実施された加盟国による国内法化を経て適用される。

　米国では，米国証券取引委員会（SEC）が2022年3月21日，米国で上場する企業に対して，気候変動に関連するリスクとGHG排出量などの開示を求める規則案を発表した。2024年3月6日に最終規則を採択し，2025年12月31日に終了する年度から，年次報告書および登録届出書に気候関連の開示を行うことを義務付けた。最終規則では，開示対象となるGHG排出量からスコープ3が外されるなど，当初の規則案から変更が発生した。しかし，規則に異議を唱える訴訟が相次いだことから，2024年4月4日，規則の施行は司法判断が出るまで停止すると決定され，控訴裁（高騰裁判所）審理の終結を待つことになっている。一方で，カリフォルニア州では2023年10月，3つの気候変動に関連する開示法令に州知事が署名した。これをもって，同州内で事業を展開し，年間売上高が一定の基準を満たす企業等には，スコープ3を含むGHG排出量や気候変動関連の財務リスクなどの気候関連情報等の開示が義務付けられた。最も適用開始が早い法令では2024年1月1日から適用対象期間が始まっている。ほか2つの法令も，2025会計年度の情報から開示する必要がある。

　このほか，シンガポールは2025年1月1日以降に開始する2025会計年度か

らすべての上場企業に対して気候変動関連の情報開示を義務化する方針を示す。2027 会計年度からは売上高が 10 億シンガポールドル以上の非上場企業にも対象を拡大することを検討している。インドでは 2023 年 7 月，インド証券取引委員会（SEBI）がサステナビリティ情報報告（開示および保証）の義務付けを公表し，2023 会計年度から時価総額上位 1,000 社の上場企業の開示が義務化された。英国では，2023 年 8 月に英国サステナビリティ開示基準（UK-SDS）策定に向けた枠組みを発表，2024 年 7 月までの策定を目指している。オーストラリアでは，2025 年 1 月 1 日から一定の要件を満たす企業を対象に気候関連開示の義務化段階的に適用される[14]。カナダでは，2024 年 3 月にカナダサステナビリティ開示基準（CSDS）の公開草案が発表され，同年中の最終決定を目指し夏頃より審議が始まる予定だ。アジアや中南米，アフリカ諸国などにおいても情報開示義務化に向けた提案や方針が示されており，情報開示義務化の波は世界的な潮流となりつつある。

3．情報開示基準統合の動き

　国際的なイニシアチブの普及や気候変動関連情報開示に関する法制化が進む一方で，開示基準の乱立や国・地域による法制の違いへの対応など，投資家，企業双方に負担が増加したことから，2020 年頃より複数の基準設定団体の間で統合に向けた議論が行われてきた。大きな動きは，2021 年 11 月に国際的な会計基準設定機関である国際財務報告基準（IFRS）財団が，投資家の情報ニーズを満たす持続可能性開示基準の包括的なグローバル・ベースライン開発を目的に，国際サステナビリティ基準審議会（ISSB）を設立したことである。ISSB の設立により，気候変動開示基準委員会（CDSB），国際統合報告フレームワーク（IIRC），サステナビリティ会計基準審議会（SASB）は組織的に統合され，グローバル・レポーティング・イニシアチブ（GRI）とは用語やガイダンスを可能な限り統一することで覚書（MOU）を締結している。

　ISSB は，2023 年 6 月に最終化されたサステナビリティ開示基準として「サステナビリティ関連財務情報の開示に関する全般的要求事項（IFRS S1 号）」，「気候関連開示（IFRS S2 号）」を公表した[15]。IFRS S1 号では，投資家の情報ニーズを満たすため，サステナビリティ関連のリスクと機会に関する重要性

のある情報を財務情報と共に開示することを要求している。IFRS S2 号では，IFRS S1 号との併用を前提に，気候関連の物理的リスクと移行リスク，企業が利用可能な気候関連の機会の開示，SASB 基準[16] を基礎とした付属ガイドラインに基づいた産業別開示を求めている。主な開示範囲としては，戦略および意思決定，現在および予想される財務的影響，気候レジリエンス[17]，スコープ1 から 3 の排出量，産業別開示，気候関連の目標などが定められた。IFRS S1号および S2 号共に，TCFD 提言の 4 つの構成要素（ガバナンス，戦略，リスク管理，指標と目的）が採用され，概ね整合性が取れた内容となっている[18]。ISSB 基準（IFRS S1 号および S2 号）は，2024 年 1 月 1 日以降に開示する年次報告期間から適用が可能となる。IFRS 財団によると，ISSB 基準に基づいて情報開示をする企業は同時に TCFD 提言についてもすべてを満たした開示をしているとみなし，今後も TCFD 提言に基づいた開示を希望すること，または各国法令において必要な場合は TCFD 提言に基づく開示を続けることを奨励している[19]。

　ISSB 基準の採用は各国の判断にゆだねられているが，適用が開始されたことにより，既存の情報開示の取り組みや各国・地域の法制度では，ISSB 基準に整合していく動きがみられる。CDP では 2024 年から開始する統合質問書について，気候変動に関する質問を IFRS S2 号に整合させた[20]。欧州では，ERES を作成した欧州財務報告諮問グループ（EFRAG）と IFRS 財団が 2024年 5 月 2 日，「ESRS-ISSB 基準相互運用性ガイダンス」を発行し[21]，ISSB とCSRD の両基準を適用する企業に対する複雑さや重複の軽減，情報開示の効率化を図っている。また，カナダ，オーストラリア，日本，中国では ISSB 基準を参考とした国内基準を採用，香港やブラジルなどでは ISSB 基準を採用する方針で進められている。他方で，米国（SEC）では TCFD と類似した基準，インドでは自国のサステナビリティ報告枠組みである「企業責任とサステナビリティ報告（BRSR）」基準を採用するなど，国・地域により差異がある。日本では，サステナビリティ基準委員会（SSBJ）が，2024 年 7 月末まで ISSB基準に相当する国内基準の公開草案へのコメントの募集を行っており，確定基準は 2025 年 3 月末までの公表を目標としている。また，SSBJ 基準による情報開示の義務化についても議論されており，現行案では東京証券取引所プラ

76　　第1部　サプライチェーンに変革を迫る3つのイシュー

イム市場上場企業のうち，時価総額3兆円以上の企業を2027年3月期から，1兆円以上の企業を2028年3月期から対象とし，2030年代にプライム上場企業全社への義務化を目指す方針が検討されている。

第3節　サプライヤーへの脱炭素化を求める業界および企業の動向

1．企業によるサプライヤーへの脱炭素化要請の動き

　基準の統合化が加速し，企業では開示基準に基づいた社内情報の確認，準備の必要性が高まっている。多くの国・地域でスコープ3を含むサプライチェーン排出量が開示対象に含まれ，サプライヤーに対して，GHG排出量の削減目標の設定など，具体的な脱炭素化への取り組みを促す企業が，大企業を中心に増加している。CDPが提供する「企業環境アクショントラッカー」の2022年のデータによると，「気候変動に関連する問題について，バリューチェーンと協力していますか」という質問に対して，CDP回答企業[22]の4社に3社程度がサプライヤーまたは顧客，または両方と協力していると回答している。

　サプライヤーへの脱炭素化要請については，調達基準やサプライヤー行動規範に盛り込む動きと，脱炭素化に取り組むサプライヤーへの支援を行う動きに大別できる。前者はGHG排出量等の規制が先行する自動車業界などで採用される傾向がみられ，規制順守のためにサプライヤーへの対応を求める「守り」の動きといえる。他方，後者では，社会的な要求となっているサプライチェーン全体のカーボンニュートラルを早期に達成することで，ビジネスチャンスや先行者利益を獲得しようする「攻め」の意図が背景の1つにあると考えられる。調達基準に脱炭素化を盛り込む動きでは，2020年12月にメルセデス・ベンツが自社サプライヤー約2,000社に対して2039年までにカーボンニュートラル実現を求め，同年までに未達成の企業はサプライヤーから除外する方針を示した[23]。2021年には，フォルクスワーゲンが2050年までのカーボンニュートラル達成など定めたロードマップをもとに包括的戦略を策定し，EVを中心にCO$_2$排出量が少ない部品サプライヤーを契約時の重要な基準とすることなどを示した[24]。ポルシェは，新車プロジェクト向けのサプライヤーに対して

100％再エネを使用した生産を義務化することなどを発表[25]。自動車部品メーカーのボッシュも 2022 年以降はサプライヤーの CO_2 削減状況などを新規調達先の選定時に考慮すると発表している[26]。脱炭素化を調達条件とする動きは，欧州におけるゼロエミッション車の普及への機運の高まりなどを背景に，主にドイツの自動車関連企業で採用されている。主要な日系自動車メーカーでは，CO_2 排出量の削減要請や目標設定等に係る国際的イニシアチブへの参加推奨という形でサプライヤーに脱炭素化を促す動きが進む。サプライヤー行動規範にサステナビリティの要件を盛り込むことや，RE100 や SBTi への参加を求めることなども，企業の対応事例としてみられる。RE100 が 2019 年に発表した年次報告書によると，RE100 参加企業の 44％が再生エネルギーの調達について「サプライヤーとの対話を実施済み」，17％が「今後 2 年以内にサプライヤーとの対話を実施する」と回答し，合わせて約 6 割の企業がサプライヤーに対して再エネ調達を促す働きかけを始めており，同報告書では今後も増加するだろうとしている[27]。

　サプライヤーの脱炭素化を支援する動きも広がる。米小売り大手のウォルマートは，2017 年にサプライヤーを含めた CO_2 排出量を 2030 年までに 2015 年比で 1 ギガ（10 億）トン削減することを目標とした「プロジェクト・ギガトン」を展開。2021 年からは排出削減に取り組むサプライヤーに対して融資を受けやすい仕組みを導入するなどの支援策を講じ，2024 年 2 月時点で 10 億トンの削減を達成。次のステップとして，2040 年の CO_2 排出量ゼロ実現を目指す[28]。アップルは 2022 年 10 月，2030 年までにグローバルサプライチェーン全体のカーボンニュートラルを目指すことを発表した[29]。目標達成に向け，主要な製造パートナーによるアップル関連事業の脱炭素化の取り組みを評価し，進捗状況を追跡する。無料の E ラーニングとライブトレーニングを提供し，サプライヤーのさらなる脱炭素化を後押ししているという。アップルでは，2023 年 9 月に同社初のカーボンニュートラル製品としてアップルウォッチの新モデルを発売し，世界に向けて自社の脱炭素化の取り組みをアピールしている。

2．業界による気候変動関連情報開示への取り組み

　サプライチェーンにおける気候変動対応に業界として取り組む動きもみられる。金融業界では，日米欧など主要国の銀行監督当局で構成されるバーゼル銀行監督委員会（BCBS）が，2021年頃から気候関連金融リスクについて規制，監督，開示の包括的な取り組みを進めている。ISSB基準の公表を受け，国際的に活動する銀行を対象に，同基準を補完する形で，主に気候変動のリスクに重点を置いた情報開示を2026年1月1日から適用する提案が議論されている。

　製造業では，デジタル化を前提としたデータ連携の枠組みの一環として，サプライチェーン排出量や再エネの活用状況などの把握を目的としたデータ共有が組み込まれる事例がみられる。気候変動対応に加え，人権対応やサプライチェーンの安定化・強靭化など，さまざまな観点からサプライチェーン可視化の重要性が高まっていることも背景にあるだろう。例えば，欧州の自動車業界向けのデータ流通に関する取り組みとして，ドイツで2021年に発足した「カテナエックス（CATENA-X）自動車ネットワーク」は，自動車製造の川上から川下，リサイクルに至るまでのあらゆる段階の事業者が，安全で信頼性のあるデータ交換を平等な立場で行い，サプライチェーンの可視化を目指すコンソーシアムだ[30]。欧州企業を中心に自動車および自動車部品，関連産業のプレーヤーが参画し，179社・団体がメンバーとなっている（2024年4月17日時点）。気候変動対応の観点では，カーボンフットプリントに関するデータや，循環経済に資する製造に関するデータの連携が検討されている。特に，2024年7月から段階的に施行される欧州のバッテリー規則において，ライフサイクル・アセスメントベースでのCO_2排出量の申告義務付けや排出上限を定める動きもあり，EVなどのバッテリー関連のサプライチェーンにとって対応が急務であることも，カテナエックスの発足の背景にある。半導体業界では，フランスの電気機器大手シュナイダーエレクトリックが2023年に発足した「カタライズ（Catalyze）」[31]がある。主要な半導体および装置メーカーではインテル，アプライドマテリアルズ，ASMなどが協力し，業界全体でサプライチェーン排出量の削減と再エネ導入加速を目指す。日本では，経済産業省が主導し，産業分野における企業，業界，国境をまたぐ横断的なデータ共有やシステム連携を目指すイニシアチブである「ウラノス・エコシステム」が進めら

第3章　サプライチェーンの脱炭素化　　79

れており，脱炭素化に関するデータ共有の取り組みが組み込まれている。

おわりに

　ISSB 基準および各国・地域の情報開示に関する法制度（案を含む）の多く
は，開示対象となる GHG 排出量にスコープ3が含まれており，かつ将来の財
務状況に重大な影響を及ぼす気候変動リスクを示す指標として捉えられてい
る。情報開示義務化・強化の動きが進むことで，自身が開示義務の対象でなく
とも，取引先企業が対象となっていればスコープ3の排出元として情報提供が
求められていくことになる。リソースが限られる企業では対応へのハードルを
感じるだろう。こうした点に考慮して，ISSB 基準では，スコープ3の測定な
どを含む技術要求の高い開示要求については，「報告日時点で企業が過大なコ
ストや労力をかけずに利用可能な，すべての合理的で裏付け可能な情報を用い
ることが要求される」としている。CDP では従業員 500 名未満かつ年間売上
高が 5,000 万ドル未満を対象に，完全版の質問書より質問数が少ない中小企業
版の質問書がある。自主回答を行う場合は，条件に合えば中小企業版から始め
るのも一案だろう。SBTi では，企業規模，売上高，業種などの一定の条件を
満たす企業に対して，中小企業向け目標検証ルートを通じた目標設定も可能と
なっている[32]。日本では，RE100 加盟要件を満たさない企業等を対象に 100％
再エネに転換する意思と行動を示すことができる枠組みとして，2024 年 3 月
に「再エネ 100 宣言 RE Action」が発足し，企業・自治体など 364 団体が参
加している[33]。このように，企業の規模や体制などに配慮した枠組みも整備さ
れつつある。
　今日，企業は，政府，金融機関や株主，取引先企業，消費者，労働者など，
あらゆるステークホルダーによる脱炭素化に向けた取り組みを求める圧力を受
けている。気候変動への対応待ったなしの状況の下，圧力は強まりこそすれ，
後退することはないだろう。取引条件として脱炭素化を要請する企業の増加や
消費者意識の高まりなどを考えれば，早期の対応はリスクを軽減するだけでな
く，他社との差別化，先行者利益を得ることにもつながる。ただし，一方で実

態を伴わない過剰な宣伝や表現は「グリーンウォッシュ」として，非難される
リスクもあり，注意が必要だ。法規制に定められる対応必須となるボーダーラ
インを注視しつつ，自社のリソースに応じた対応を早期に行っていくことが肝
要だ。

（田中麻理）

注

1　IPCC プレスカンファレンス（2023 年 3 月 20 日付）。
2　COP26 は本来 2020 年に開催される予定だったが，新型コロナウイルス感染症の流行に伴い，2021 年に延期された。
3　2021 年 8 月から 2022 年 4 月にかけて発表した AR6 第 1 作業部会（WG1）から第 3 作業部会（WG3）までの統合報告書。
4　IPCC（2023），p. 42.
5　IPCC（2023），p. 92.
6　ジェトロ「IEA，2050 年までのネットゼロに向けたロードマップの最新版を公表」（2023 年 9 月 29 日）。
7　GHG プロトコルが 2011 年 11 月に発効した「Corporate Value Chain（Scope3）Accounting and Reporting Standard」。
8　マドリード（スペイン），ベルリン（ドイツ），サンフランシスコ（米国），台北（台湾），シンガポール，バンコク（タイ），ホーチミン（ベトナム），ニューデリー（インド）。
9　CDP ウェブサイト（2024 年 5 月 13 日閲覧）。
10　うち，日本企業は 112 社。
11　ジェトロ「欧州委，非財務情報開示指令の改正案発表，対象企業が大幅に拡大」（2021 年 4 月 23 日）。
12　フランス法務省，"Ordonnance n° 2023-1142 du 6 décembre 2023 relative à la publication et à la certification d'informations en matière de durabilité et aux obligations environnementales, sociales et de gouvernement d'entreprise des sociétés commerciales"（2023 年 12 月 6 日）
13　ジェトロ「EU 理事会，人権・環境デューディリジェンス法の妥協案を承認，対象企業を大幅減」（2024 年 3 月 21 日）。
14　オーストラリア財務省メディアリリース，"New legislation to strengthen financial system and boost investment in cleaner cheaper, energy"（2024 年 3 月 27 日）
15　IFRS S1 および IFRS S2 は，2024 年 2 月に IFRS 財団から日本語訳が公表された。
16　SASB 基準は 11 セクター・77 業界における投資家の意思決定に最も関連するサステナビリティ関連の問題を特定している。2022 年 8 月に ISSB が SASB から引き継ぎ，IFRS S1 および S2 の重要な構成要素となっている。
17　気候関連の変化，展開および不確実性に対する企業の戦略およびビジネスモデルへのレジリエンス。
18　IFRS 財団は 2023 年 7 月に，TCFD と IFRS S2 号との比較に関する資料「Comparison IFRS S2 Climate-related Disclosures with the TCFD Recommendations」を発表。IFRS S2 号の方が，より詳細かつ追加的な開示事項が含まれている。
19　東京証券取引所（JPX）ISSB セミナーシリーズ第 2 回（2024 年 3 月 11 日）「IFRS S2 気候関連

開示とTCFD提言との比較（登壇者：ISSB小森博司理事）」。

20　CDPウェブサイト（2024年5月13日閲覧）。

21　IFRS Foundation, "IFRS Foundation and EFRAG publish interoperability guidance"（2024年5月2日）

22　「企業環境アクショントラッカー」で集計対象になっている企業は，CDPの回答企業からCDPの基準によってフィルタリングが行われており，母数はすべての回答企業ではない。2022年の集計対象企業数は1万2,336社。同年の気候変動質問書に回答した企業数は1万8,636社。

23　Mercedes-Benz, "Next Milestone Ambition 2039: The global Mercedes-Benz supply chain is becoming CO2 neutral"（2020年12月7日）

24　フォルクスワーゲンウェブサイト（2024年5月13日閲覧）。

25　ジェトロ「ポルシェ，再生可能エネルギー100％での生産を部品供給メーカーに義務化」（2021年7月13日）。

26　ジェトロ「ボッシュ，2022年からサプライヤーのCO2削減を新規調達先選定の基準に」（2021年8月3日）。

27　RE100（2019），p. 10.

28　Walmart, "Walmart Suppliers Lead the Charge, Help Deliver Project Gigaton Goal More Than Six Years Early"（2024年2月21日）

29　アップル「Apple，グローバルサプライチェーンに対して2030年までに脱炭素化することを要請」（2022年10月25日）。

30　ジェトロ（2022b），20ページ。

31　Schneider Electric, "Schneider Electric Partners with Intel and Applied Materials to Help Decarbonize the Semiconductor Value Chain with New Catalyze Program"（2023年7月12日）

32　SBT, "Set a Target as a Small or Medium-Sized Enterprise (SME)"（2024年5月14日閲覧）

33　再エネ100宣言RE Actionウェブサイト（2024年5月10日閲覧時点）。

参考文献

IFRS財団（2023a），「IFRS S1号サステナビリティ関連財務情報の開示に関する全般的要求事項」（2023年6月）。

IFRS財団（2023b），「IFRS S2号気候関連開示」（2023年6月）。

榎堀都（2019），「CDPが促進する環境情報開示と金融市場におけるその活用」『日本LCA学会誌』Vol. 15, No. 3。

環境省（2024），「脱炭素化を巡る政策動向（中小企業等における脱炭素化の推進）」『環境省主催工場・事業場における脱炭素セミナー』（2024年2月1日）。

金融庁（2024），「第2回金融審議会サステナビリティ情報の開示と保証のあり方に関するワーキング・グループ参考資料」（2024年5月14日）。

国連（2022），"Report from the UN's high-level expert group on the Net Zero emissions commitment of non-state entities"（2022年11月）。

ジェトロ（2022a），「ジェトロ世界貿易投資報告2022年版」。

ジェトロ（2022b），「南部ドイツを中心とした次世代自動車の電動化・デジタル化など対応に関する最新動向」（2022年3月）。

ジェトロ（2023a），「欧州企業の持続可能な調達方針に関する調査報告書」（2023年3月）。

ジェトロ（2023b），「ジェトロ世界貿易投資報告2023年版」。

ジェトロ（2023c），「日英シンガポールなどで国際基準に基づくESG情報開示基準整備へ」（2023年9月5日）。

山崎大・北祐樹・木野佳音・坂内匠・野村周平・神戸育人・庄司悟・金子凌・芳村圭（2022），「世界はなぜ脱炭素に向けて舵を切ったのか？」『水文・水資源学会誌』第35巻第3号。

CDP (2024), "Mapping IFRS S2 to CDP's 2024 Questionnaire".

IEA (2023a), "Net Zero Roadmap 2023 Update".

IEA (2023b), "World Energy Outlook 2023".

IPCC (2018), "Global Warming of 1.5℃: An IPCC Special Report on the impacts of global warming of 1.5℃ above pre-industrial levels and related global greenhouse gas emission pathways, in the context of strengthening the global response to the threat of climate change, sustainable development, and efforts to eradicate poverty".

IPCC (2023), "AR6 Synthesis Report: Climate Change 2023".

Pew Research Center (2021), "In Response to Climate Change, Citizens in Advanced Economies Are Willing To Alter How They Live and Work".

RE100 (2019), "Annual Report".

SBTi (2022), "SBTi Monitoring Report 2022".

第 2 部

サプライチェーンを巡る
注目トピックス

第**4**章

半導体サプライチェーンの再編と今後の見通し

はじめに

　新型コロナ禍以降のグローバルサプライチェーンの変容の中で，とりわけ急速かつ際立った動きを見せるのが，半導体産業におけるグローバル企業の生産立地や調達・供給網の再編であろう。2020年半ばから2年ほど続いた全世界的な半導体の供給不足は，パンデミックの進行に伴う断続的な操業規制，物流網の混乱，さらには自然災害や主要工場の火災など，多くの混乱要因と重なり，幅広い産業分野でのサプライチェーンの途絶を招いた。今日の主要国・地域の産業政策において，半導体の安定供給の確保によるサプライチェーン途絶リスクの解消は，最重要かつ喫緊の課題に位置づけられる。

　加えて，近年の米中間の技術覇権争いなどを背景に，先端半導体は経済安全保障政策上の最も重要な戦略物資となり，その技術力と供給能力の高さが，国際枠組みにおける中長期的な競争力の源泉として認識されるようになった。主要国・地域の政府は自国内・域内における半導体確保の安定化を目的に，多額の補助金や税制措置などを伴う産業誘致競争を繰り広げる。また，米国や日本，EUなどを軸に，同志国が連携して半導体のサプライチェーンを可視化しようとする取り組みも進む。経済安全保障の確保も念頭に，懸念国向けのデュアルユース品目や関連技術の貿易管理強化などの面で結束を強める狙いもある。

　その中で，米国政府が2022年後半から2023年にかけて相次いで発表した半導体の輸出管理や投資に関わる規則は，世界の半導体関連産業の投資・輸出戦

略，サプライチェーンに少なからず影響を及ぼすことが見込まれる。台湾企業や韓国企業を含むグローバル半導体企業の間では，米国による一連の政策への対応として，中国との取引に関わる半導体のサプライチェーンの再編を模索する動きが進展しつつある。

　本章では，第1節において，半導体セクターにおける近年の海外直接投資のフローの変化と投資をけん引するグローバル企業の動きを概観し，その動向に深く関わる主要国・地域の産業政策をレビューする。第2節では，近年の米国の輸出管理強化や，米国補助金の受給企業に対する懸念国向け投資の制限措置がグローバル企業の貿易・投資戦略に与える影響について分析する。最後に，第3節で，日本の半導体関連企業が直面する課題と将来展望について考察する。

第1節　グローバル半導体産業の変化

1．世界の半導体関連投資

　新型コロナ禍以降，世界全体で海外直接投資（FDI）の停滞が長期化している。パンデミックに伴うサプライチェーンの混乱，地政学的な緊張の高まり，インフレや金利の上昇などの資金調達環境の悪化などを背景に，製造業の幅広い業種で，大規模な設備投資を控える傾向が見られる。国境を越えたグリーンフィールド投資を捕捉するフィナンシャル・タイムズのデータベース「fDi Markets」の集計によれば，2021〜23年の3年間に捕捉された世界全体のグリーンフィールド投資案件は47,281件で，新型コロナ禍前の2017〜19年の48,628件よりも少ない件数にとどまる[1]。

　その中で，半導体分野の投資プロジェクトは2021〜23年は394件と，2017〜19年の270件から1.5倍近くに増加している（4-1図）。また，プロジェクト1件当たりの投資額は2017〜19年の平均2億6,800万ドルから，21〜23年は同7億3,400万ドルに拡大し，新型コロナが発生した2020年の前後で，投資の大型化が急速に進展していることが分かる。

　2021年以降の半導体分野のFDIの増加およびプロジェクトの大型化をけん

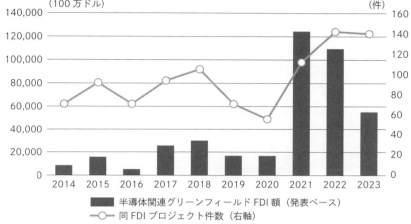

4-1図　世界の半導体関連グリーンフィールド投資件数および金額

（注）発表ベースに基づく集計値
（資料）fDi Markets（Financial Times）データより作成

引するのは，垂直統合型デバイス製造企業である米国インテルや韓国サムスン電子，受託生産企業（ファウンドリー）の世界最大手である台湾 TSMC をはじめとする世界の主要半導体メーカーによる巨額の投資計画である。例えばインテルは，2021年以降，米国内に加え，欧州向けを中心に大規模な FDI プロジェクトを推進。22年3月には，同社が欧州において計画している総額800億ユーロの投資計画の第1弾として，ドイツでの最先端半導体製造・組み立て工場建設に170億ユーロ，アイルランドでの工場増設に120億ユーロを投資する計画を発表。加えて，フランスでの研究開発およびデザイン拠点設立や，イタリアにおける後工程の組立て・パッケージ拠点などの建設計画を示した[2]。韓国のサムスン電子は2024年4月，テキサス州テイラーにおける最先端ロジック IC，先端パッケージングを含む包括的な半導体クラスターの建設ならびに同オースティン工場の拡張のために400億ドルを超える追加投資計画を発表[3]。韓国の半導体メモリー大手の SK ハイニックスも2024年4月，38億7,000万米ドルを投じ，生成 AI 処理向けの高速 DRAM（HBM）の後工程などを担う初の米国工場をインディアナ州に建設すると発表した[4]。

　TSMC は2024年4月，米国アリゾナ州に建設中の2工場に加え，最先端

ノードのチップ生産する第3工場を建設する計画を発表。3工場に対する設備投資総額は650億ドルを超え，米国史上最大のグリーンフィールド・プロジェク向けFDIとなる[5]。また2023年8月には，ドイツのボッシュやインフィニオン，オランダのNXPなど欧州企業との共同出資によりドイツに新た半導体工場を建設する計画を発表。TSMCが70％を出資し投資総額は100億ユーロ超を見込む[6]。TSMCは日本においても2024年2月，ソニー半導体，デンソー，トヨタ自動車との共同出資により，熊本県内に第2工場の建設を発表。第1工場と合わせた総投資額は200億ドルを超える見込みである[7]。

2．大型投資を誘引する主要国・地域の立地支援策

　2021年以降，グローバル半導体メーカーによるFDIが拡大する要因の1つに，アジア地域の特定国に集中する先端半導体の生産を分散し，サプライチェーン途絶のリスクを軽減しようとする意識の高まりがある。とりわけ，受託生産のハブである台湾では，委託元の企業から台湾のファウンドリに対する域外へのリスク分散要請が強まっており，それを受けた台湾域外への投資分散の流れがある[8]。そして，もう1つの大きな要因として，海外の主要国・地域政府による，立地補助金や税制優遇を含む手厚い立地支援策の存在が挙げられる。以下の4-1表は，米国，EU，日本政府による半導体産業向けの支援策の概要を一覧で示したものである。

　米国で2022年8月に施行された「CHIPSおよび科学法（H.R.4346）」（以下，CHIPSプラス法）では，一定条件の下，半導体関連企業の米国内への設備投資に対し，総額390億ドルの補助金を用意するほか，最大25％の税額控除を適用する。

　EUでは，2023年9月に施行された欧州半導体法の下，EU国家補助規制で原則禁止されている加盟国による国家補助を，先端半導体の生産施設などを対象に承認する。EUおよび加盟国による財政支援と民間投資を合わせ430億ユーロの投資を確保する計画である。

　日本政府も，改正5G（第5世代移動通信システム）促進法（特定高度情報通信技術活用システムの開発供給及び導入の促進に関する法律，2022年3月施行）などに基づき，国内における高性能半導体生産設備の整備に対する助成

第 4 章　半導体サプライチェーンの再編と今後の見通し　89

4-1 表　米国，EU，日本の半導体産業支援策

国・地域	政策・根拠法	支援内容
米国	「CHIPS および科学法」（CHIPS プラス法）（2022 年 8 月施行）	・半導体の設計，製造，研究開発のための国内施設・装置の建設，拡張または現代化への補助金（390 億ドル相当） ・商務省管轄の半導体関連研究開発プログラム推進（110 億ドル） ・半導体製造に関わる投資に対する最大 25％の税額控除 ・補助金の受給企業に対し，一定期間，中国を含む懸念国での半導体関連の新規投資や拡張投資を制限する「ガードレール」条項を規定
EU	「欧州半導体法」（2023 年 9 月施行）	・1）半導体の研究開発，生産への財政支援策「欧州半導体イニシアチブ」，2）半導体の生産施設への優遇措置，3）半導体サプライチェーンの監視と危機対応，で構成 ・加盟国による半導体企業への財政支援，各種許認可の迅速化などを実現 ・EU と加盟国による財政支援と民間投資の合算で 430 億ユーロを見込む。そのうち 2027 年までに割り当てられる EU 予算は，欧州委が提案した 33 億ユーロに限定
日本	「特定高度情報通信技術活用システムの開発供給及び導入の促進に関する法律及び国立研究開発法人新エネルギー・産業技術総合開発機構法の一部を改正する法律」（22 年 3 月施行）	・高性能な半導体生産施設整備等に係る計画認定制度創設。 ・認定された計画の実施に必要な資金に充てるための助成金交付，および助成金交付のための基金の設置 ※2022 年度第 2 次補正予算では，半導体産業の強靭化に合計 1.3 兆円を計上。さらに 2023 年度補正予算は，国内の半導体生産能力増強のための補助金を含む半導体関連の予算 1 兆 9,867 億円を計上（2024 年 11 月，経済産業省）

（資料）各国・地域政府の発表資料，ジェトロビジネス短信などに基づき作成

金などを通じて，半導体産業を育成・強化する。2023 年度補正予算（2023 年 11 月 29 日成立）では，「先端半導体の国内生産拠点の確保」（6,322 億円）を含む半導体関連の予算として 1 兆 9,867 億円が計上されている。

3．投資の流れとサプライチェーンの変化

　世界全体で見ると，新型コロナのパンデミック発生前後で，半導体関連 FDI のフローはどのように変化しているのであろうか。前出の fDi Markets の登録データをもとに，新型コロナ発生以前の 2017〜19 年の 3 年間，新型コロナ発生以降の 2021〜23 年の 3 年間のそれぞれの期間に発表された投資プロジェクトの件数および金額を投資受入国別に集計し，上位 20 カ国を示したも

90　第2部　サプライチェーンを巡る注目トピックス

のが以下の 4-2 表である。

　2017～19 年の 3 年間に捕捉された世界の半導体関連 FDI プロジェクトの投資先は，中国が件数・金額ともに最大であった。中国は件数ベースで世界全体の 19%，金額ベースで同 45% を占めている。

　一方，2021～23 年は，米国向け投資件数が 2017～19 年比 2.6 倍の 39 件に増加。金額ベースでは，実に 28 倍の 574 億 7,800 万ドルにのぼり，最大の FDI 受入国となった。そのほかドイツ向けの投資額は 11 倍，日本向けの投資額は 116 倍に大幅な増加を示した。半面，中国向けの投資額は約 4 分の 1 に減少している。

　米国半導体産業協会（SIA）は，CHIPS プラス法成立の可能性が浮上し始めた 2020 年 5 月以降，米国内で発表された半導体関連の投資案件をリスト化し公表している。同リストによれば，2024 年 4 月時点までに，25 州に跨る合計

4-2 表　2017～19 年（左表），2021～23 年（右表）の半導体関連 FDI 受入れ上位国

受入れ国	対内投資額	投資件数	受入れ国	対内投資額	投資件数
中国	32,786.5	51	米国	57,477.6	39
イスラエル	10,126.2	6	ドイツ	50,532.7	35
アイルランド	5,072.8	4	日本	36,837.4	24
ドイツ	4,648.5	17	インド	31,720.5	47
シンガポール	4,139.3	15	イスラエル	25,061.6	3
オーストリア	2,568.5	6	マレーシア	22,058.2	24
米国	2,048.2	15	アイルランド	14,450.0	7
カナダ	1,362.8	4	シンガポール	11,592.9	19
台湾	1,210.6	15	中国	8,892.7	27
インド	1,198.7	20	イタリア	6,127.4	8
フィンランド	1,136.4	7	ポーランド	4,670.2	3
韓国	898.3	9	サウジアラビア	4,261.8	2
フランス	706.9	9	ベトナム	2,443.4	13
イタリア	636.9	4	スペイン	2,155.2	8
ブラジル	629.6	6	フランス	1,821.8	8
フィリピン	515.4	3	韓国	1,806.2	7
英国	445.9	22	台湾	1,650.0	22
マレーシア	419.0	5	フィンランド	1,457.1	5
オランダ	380.7	6	メキシコ	566.0	7
日本	317.0	6	スイス	519.6	2
総計	72,247.8	270	総計	289,226.8	394

（資料）fDi Markets（Financial Times）データより作成

80件以上，総額4,500億ドル規模の半導体関連民間投資プロジェクトが発表され，それらを通じ約5万6,000人の新規雇用創出が見込まれているという。なお，米国商務省は，2023年12月にBAEシステムズESに対する最大3,500万ドルの助成金認定を皮切りに，マイクロチップ，グローバルファウンドリーズ，インテルなどの米国半導体メーカーへの助成金認定を発表。インテルに対しては，アリゾナ州やニューメキシコ州，オハイオ州，オレゴン州などにおける国内複数の半導体製造プロジェクト向けに，最大85億ドルの資金を支給することを認定している。2024年4月には，米国企業に加え，TSMCやサムスン電子への助成金支給も相次ぎ認定している[9]。

日本では，経済産業省が，前出のTSMCの第1工場に対する最大4,760億円（2023年6月17日付認定），第2工場に対する同7,320億円（2024年2月24日付認定）の助成を含め，2024年3月時点までに，日本国内での計6件の半導体工場建設計画への助成金の認定を行っている。

第2節　米中対立の影響を受けるグローバルサプライチェーン

1．厳しさを増す米国の輸出管理法制

半導体を巡る米中間の技術競争では，米国商務省産業安全保障局（BIS）が2019年5月，中国の華為技術（ファーウェイ）と関連企業を輸出管理規則（EAR）に基づくエンティティ・リスト（EL）に掲載し，これら企業への米国製品（物品，ソフトウエア，技術）の輸出・再輸出などを原則不許可とする措置を導入。さらに2020年8月，米国の技術・ソフトウエアに基づき米国外で製造された直接製品に関し，①ファーウェイが購入者や使用者である場合，②ファーウェイが調達する部品・装置の開発または製造に使用される場合，については BIS の事前許可取得の対象とする規制強化を行った[10]。さらに BIS は，同年12月には中国の中芯国際集成電路製造（SMIC）を EL に追加したことを発表[11]。同社向けの米国製品の輸出・再輸出に対して，事前許可の取得が必要となったほか，線幅10nm以下の集積回路を生産するための設備については輸出することが原則不可となった。

さらに，2022年10月には，BISが対中輸出管理規則のさらなる強化措置を発表[12]。先端半導体，先端半導体を含むコンピュータ関連製品，それらの製造装置などを中国に輸出・再輸出・移転することが原則不許可となった。同措置は，輸出相手に関わらず中国国内の先端半導体製造に関与する製品・技術の輸出を包括的に不許可とするエンドユース規制を導入した点において，過去に導入された輸出管理規則とは一線を画す極めて厳格な内容である。同措置の導入以降，米国の半導体製造装置最大手3社であるアプライドマテリアルズ，ラムリサーチ，KLAなど各社が，中国向けの先端半導体製造装置の輸出，ならびに装置の設置・メンテナンスなどに関する各種サービス提供を停止するなど，中国国内の設備投資およびサプライチェーンに一定の影響が及んだ[13]。なお，日本も2023年7月，高性能な製造装置など23品目を輸出管理の対象に追加している[14]。

　これらの措置は規制対象となる先端半導体や製造装置を生産する米国メーカーのみならず，中国に生産拠点を有するグローバル半導体メーカーによる工場拡張や設備増強の阻害要因になり得る。また，既存の中国拠点を持たない企業にとっても，中国への新たな工場進出の抑制につながる可能性がある。

2．米国の補助金受給企業に対する投資制限

　中国を念頭に置いた米国の規制は，輸出管理にとどまらない。前出のCHIPSプラス法は，米国の補助金を受給して米国内に投資を行う企業に対し，中国を含む懸念国への投資や既存設備の拡張を制限する条項を規定している。同条項は，中国に既に生産拠点を有する半導体メーカーや，将来的に米国や中国への事業展開を図る半導体関連企業に対し，投資戦略の見直しや，中国を含むサプライチェーンの再構築を迫る可能性がある。

　米国商務省は2023年9月22日，CHIPSプラス法に基づく半導体産業向けの資金援助プログラムに関し，受益者が順守すべき安全保障上のガードレール条項に関する最終規則を公表。11月24日より発効した。プログラムを統括する国立標準技術研究所（NIST）のCHIPSプログラム室によれば，最終規則では，（1）受益者が懸念国で半導体製造関連の実質的な拡張投資を10年間制限する条項（拡張ガードレール）と（2）受益者が懸念ある外国事業体と共同研

究またはそれらへの技術ライセンシングを制限する条項（技術ガードレール）について，詳細を定めており，これら条項への違反が発覚した場合，商務省は受益者から資金援助を引き揚げることができる。

このうち，先端的半導体施設の拡張について，基準規制の対象となる「実質的な拡張」の定義は「既存施設の製造能力を，5%を超える割合で増強すること」とした。また，レガシー半導体施設の拡張については「新たなクリーンルームや生産ラインの増設を行い，結果として製造能力が10%を超える割合で増強される場合は対象となる」ことが明記された。なお，新規の施設の場合は，同施設の生産の最低85%が，当該半導体が生産される懸念国で消費される製品に組み込まれる場合は対象外となる。

2024年4月，米国商務省は，TSMCの米国子会社との間で，CHIPSプラス法に基づき最大66億ドルの助成金を提供するための予備覚書（PMT）に署名[15]。商務省は同月，サムスン電子との間でも，最大64億ドルの助成金を提供するためのPMTに署名している[16]。TMSCに対する助成金は，前出のアリゾナ州フェニックスに建設する3件の最先端ロジック半導体工場建設計画に対する合計650億ドル規模の投資計画を支援する。またサムスン電子に対しては，前出のテキサス州での半導体クラスターの建設ならびに工場拡張のための合計400億ドル超の投資計画を支援する。

他方，TSMCの場合，中国の江蘇省南京市に大口径の12インチシリコンウエハーを用いた半導体の量産工場を有する。またサムスン電子については，中国国内で西安にNANDフラッシュメモリの生産，蘇州にパッケージングの拠点を有する。両社に対する上述の助成金が計画通り支給されれば，今後，それぞれの中国拠点の拡張や追加投資に対して，上記ガードレール条項の規定する制限が適用されることになる。

半導体の国際業界団体に所属する在台湾アナリストは，CHIPSプラス法のガードレール条項に，たとえレガシー半導体施設の場合でも10%超の生産能力増強が規制対象となることが明記されたことなどを受け，「CHIPプラス法の制限措置により，今後，TSMC南京工場で追加投資が行われることはないだろう」（2024年2月）と推察する[17]。また，中国の半導体産業に精通する香港金融機関のアナリストは，「中国地場企業を除く多国籍半導体企業では，中

国外に生産拠点を移管する動きがある。加えて，中国国内での工場建設・増設は後工程も含めて回避する傾向が見られる。これは米国による対中規制が何かしら該当する可能性について不安や懸念を持っているためだろう」（2024年2月）と話す[18]。

3．自国内の生産能力強化を図る中国

新型コロナ禍以降，グローバル半導体メーカーによる中国向け FDI が件数，金額ともに大幅に減少する半面，中国地場の半導体メーカーによる工場建設や設備投資は増勢を強めている。国際業界団体 SEMI が世界の半導体前工程製造施設における投資・操業計画や支出見通しを報告する World Fab Forecast レポート（2024年第1四半期版，2024年3月12日）によれば，2024に中国国内で新たに稼働を開始する前工程の半導体工場は23件を数える。国・地域別の件数では中国が最大であり，同年に世界全体で新たに稼働する前工程工場（44件）の半数以上が中国国内に立地することとなる。また2025年についても，世界全体で稼働する25件の工場のうち10件が中国に立地する。なお，2024〜25年に新たに稼働する工場は，いずれも中国地場企業によるものであり，FDI は含まれていない[19]。

また，中国は2023年半ば以降，半導体製造装置（HS8486項）の輸入を増やしており，2023年第4四半期（10〜12月）の輸入額は，四半期ベースで過去最高額に達した。世界の半導体製造装置の輸入上位4カ国・地域（中国，台湾，韓国，米国）の2020年〜2023年の輸入額の推移（四半期別）を比較すると，中国のみが2023年後半にかけて大幅に輸入額を伸ばしていることが分かる（4-2図）。

なお，中国の主要輸入先である日本およびオランダは，それぞれ2023年7月23日，同年9月1日より，中国向けの特定先端半導体製造装置の輸出管理規則を導入していることから，同管理規則の対象外となる半導体製造装置の輸入が増加しているものと見られる。2023年後半の製造装置輸入の急増から推察される中国の地場半導体産業による設備投資の増強は，既に中国が一定の競争力を有する旧世代のプロセス技術の半導体製造能力をさらに高める狙いがあると考えられる。

第4章　半導体サプライチェーンの再編と今後の見通し

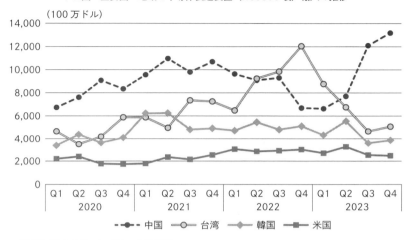

4-2図　主要国・地域の半導体製造装置（HS8686項）輸入の推移

（資料）Global Trade Atlas より作成

　中国の生産能力増強を後押しする動きとして，2024年5月，中国国内では過去最大，3,440億元規模の新たな投資ファンド「国家集成電路産業投資基金三期」が設立された。資本金は過去最大の3,440億元。中国の企業情報サービス「企査査」などによれば，同ファンドの筆頭株主は財政部（出資比率は17％）で，そのほか国家開発銀行子会社（10％），上海市政府傘下の投資会社（9％）などの国有企業が主な出資母体となる。国家の強力な後押しを受けた今後の中国地場企業による投資の増勢は，中国国内外市場におけるグローバル企業と中国地場企業との間の競合激化につながると推察される。台湾の政府系シンクタンクである産業情報研究所（MIC）シニア産業アナリストは，米国による対中輸出管理強化やCHIPSプラス法に基づく補助金受給企業への対中投資制限措置が，むしろ中国の国内半導体産業の発展を促すと指摘する。それらの措置を受け「中国が国策として，より効率的なICデザインやアプリケーション作成に集中し，競争力を高めることにより，台湾や日本，韓国企業との競合が激化する可能性がある」との見解を示している[20]。

第3節　日本の半導体関連企業が直面する課題と将来展望

1．過熱する人材獲得競争

　半導体産業界にとって最大かつ喫緊の課題といえるのが，世界全体での大規模な生産キャパシティの拡大に見合う人材の不足である。例えば米国やドイツでは，前出の通り，100億ドルを超える規模の半導体工場建設計画が相次ぎ発表されている半面，製造業分野における人材不足は深刻度を増している。進出日系企業を対象とするジェトロの調査（2023年11月）でも，米国では進出日系製造業の4分の3，ドイツでは同約7割が現地で人材不足の問題に直面していることが明らかとなっている[21]。また，TSMCの米国・アリゾナ工場や，ドイツ・ドレスデン工場では，人材不足による現地工場の建設の遅れなどを理由に，操業開始予定時期が当初計画から先延ばしされている実態がある。例えばアリゾナ工場は，第1工場の操業開始が2024年から2025年前半に，第2工場は2026年から2027年以降に，それぞれ稼働時期が後ろ倒しされる旨が報告されている[22]。

　半導体関連の人材不足が喫緊の課題となっている事情は日本も同様である。経済産業省の「半導体・デジタル産業戦略」（2023年6月改定）によれば，日本では半導体関連事業所の減少に伴い，半導体製造に関わる従業員数は過去20年間で約3割減少している。他方，電子情報技術産業協会（JEITA）半導体部会の政策提言書（2023年5月）によれば，同半導体部会の政策提言タスクフォースに属するメンバー8社のみで，今後10年間で40,000人の半導体人材を追加的に必要とし，同8社以外の半導体関連企業も含めるとさらに多くの半導体人材が必要な状況にある[23]。

　人材不足の課題に対する地域レベルの取り組みでは，九州において，TSMCの合弁会社であるJASM，九州大学，熊本高専など76機関が参加する産学官連携の九州半導体人材育成等コンソーシアムを組成。地元高専において半導体に関するカリキュラムの実践などが進む。同様のコンソーシアムはキオクシアが所在する東北地方や中部地方，マイクロンが進出する中国地方にも広がっている。

第4章　半導体サプライチェーンの再編と今後の見通し　97

　JEITA も前出の政策提言書の中で，初等教育から大学まで一貫した半導体人材育成策を講じる必要があるとし，半導体デバイス，装置，材料も含めた全国大のオープンな半導体人材育成ネットワークの構築や，出前授業などの教育の場の提供，必要なカリキュラムの整備など，半導体業界全体で人材育成と獲得に向けた体制を整える意思を示している。また日本政府に対しては，機微技術に携わる人材流失やセキュリティ面における海外への人材流出を防止するための特別報酬制度等の公的ガイドラインの整備，海外の優秀な人材に対する所得税免除等の制度拡充，半導体産業の特徴であるシリコンサイクルを考慮した国内生産基盤維持のための政府による雇用維持支援，地方自治体との連携による地方の人材や技術者の育成，即戦力シニアの雇用延長や人材確保などを要請している。

2．地政学リスクに呼応する輸出管理規制強化の流れ

　米国発の先端半導体や製造装置に対する輸出管理の適用範囲の拡大や執行強化に伴い，日本企業を含めたグローバル企業にとっては，取引先や取扱品目の用途，取引の形態など関する精査など，実務上で対応すべき領域，業務上の負担が増大する傾向にある。なお，米国の輸出管理規則には，米国外で生産された製品についても，輸出規制対象の米国製部材などを一定割合以上使用した製品を輸出する場合には，米国政府の許可を必要とする再輸出規制がある。また，特定の米国製技術・ソフトウエアを用いている場合は管理対象とする「外国直接製品（FDP）ルール」の設定が可能であり，2022 年 10 月以降の先端半導体関連の輸出管理規則にも同 FDP ルールが導入されている。対象製品の生産に関わる企業は，生産地を問わず，製造装置や設計に利用する技術やソフトウエアに遡り，該否を確認する必要に迫られることになる。

　一方，米国内では，連邦議会などを中心に，現状の中国に対する輸出管理は不十分であるとの認識から，規制の厳格化を提言する報告書が出されるなど，対中強硬論が強まる傾向にある[24]。米国の戦略国際問題研究所（CSIS）は 2024 年 2 月，中国向け半導体関連製品の輸出管理の効果を検証するレポートの中で，中国企業がパートナー企業やペーパーカンパニーを通じて米国および同盟国の輸出管理を迂回しているほか，輸出管理が施行されるまでの期間を

利用して在庫を積み増している実態を報告。こうした要因から，「先端半導体に関して"Small Yard High Fence"を追求する米国の輸出管理体制の実態は穴だらけである」と指摘した。加えて，「日本，韓国，欧州の半導体関連企業は，中国との戦略的競争という米国の考えを必ずしも共有していない」として，米国企業と同盟国の企業との間のコンプライアンス上のギャップが存在するとの見方を示した[25]。

　日本企業が懸念するのは，米国内の強硬論を受けた輸出管理規則のさらなる適用拡大や日本を含む同盟国による協調の動きである。

　複雑なルールを適切に理解し，頻繁な変更をフォローし，実務対応のための体制構築を行うためには，相応の人員とコストが必要である。そのためのリソース不足や，法令違反リスクに対する過度な萎縮から，本来のビジネス機会を断念するケースも聞かれる。中国向けにセンサーなどを含む数多くの部品を輸出する電子部品メーカーは，「米国の貿易上の取引制限リストが拡大する中，輸出品の用途や最終需要者など，社内の確認作業の負担が増大。また規制に抵触する可能性が少しでもある場合は取引を控えるなど，中国向けビジネスへの委縮姿勢が生まれている」と話す（2024年1月）。

　中国市場へ輸出を行う日本国内半導体製造装置メーカーは，「経済安全保障の観点から，ビジネスの実態に即していない管理や規制の導入が進み，特定企業が板挟みとなる事態は望ましくない。中国による対抗措置にも警戒が必要」とする。同時に，「中国に対する輸出管理の強化や適用範囲の拡大は，中国が自前の製造能力を高め，キャッチアップするスピードを加速度的に高めるだろう。中国が自律性を高め，市場独占を強める事態は回避すべきである」とし，過度な規制の導入に警鐘を鳴らしている[26]。

3．化学物質の使用制限強化への対応

　近年，環境保護の観点から，欧州や米国を中心に，化学物質に対する管理規制の厳格化や新たな規制導入が進む。その中で，日本の半導体材料メーカーや半導体装置メーカーにとって影響が大きいものが，有機フッ素化合物（PFAS）に対する包括的な規制導入の動きである。PFASは，半導体技術の核心に関わる液状フォトレジストなどの半導体関連材料に含まれるほか，デバイスの製造

第4章　半導体サプライチェーンの再編と今後の見通し　99

に使用される化学物質，半導体製造装置，工場インフラに至る半導体の製造プロセス全体で必要不可欠な物質となっている。SEMIによれば，現時点において，サプライチェーンの複数の箇所とサプライチェーンの複数の用途でPFASを利用できなければ，半導体チップと関連デバイスを製造することはできない。また医療，自動車，家電，航空，その他の分野でもPFASへの同様の依存が見られるという[27]。

　欧州では2023年1月，ドイツ，デンマーク，オランダ，ノルウェー，スウェーデンのEU5カ国が，欧州経済領域（EEA）域内の化学物質管理規制であるREACH規則の中で，PFAS関連物質を包括的に制限する規則案（PFAS制限案）を提出。その後，欧州化学品庁（ECHA）が2023年3～9月の6カ月間，同制限案に対するパブリックコンサルテーションを実施した。ECHAは同期間中に合計5,642件のコメントを受け取り，コメントの一覧リストと共に公開[28]。このうち日本の企業や団体，個人から提出されたコメントは938件にのぼる。提出元の国・地域別の件数では，EU域内のスウェーデン（1,369件），ドイツ（1,298件）に次ぎ，3番目に多く，同規制の動向に対する日本企業の関心の高さ，制限内容が日本企業に与える影響の大きさを表している。2024年4月現在，ECHAのリスク評価委員会（RAC）と社会経済性評価委員会（SEAC）が同コンサルテーション期間中のパブリックコメントをもとに，PFAS制限案の最終意見書の取りまとめを行っている。今後，制限案が欧州委員会へ提出され，欧州委員会で採択・発効されれば，発効から18カ月後に規制の適用が開始されるスケジュールとなる。

　日本フルオロケミカルプロダクト協議会（FCJ）では，既に規制されているペルフルオロオクタンスルホン酸（PFOS）やペルフルオロオクタン酸（PFOA）と同等の懸念物質として，難分解であることを根拠に，10,000種類を超えるPFASを一括りに規制する提案は，過剰な措置であるとの認識に基づき，制限案の不整合性への懸念を表明するとともに，PFASサブカテゴリー（物質）ごとの規制からの除外を提案している[29]。また経済団体連合会も2023年6月，科学的根拠に基づく適切なリスク評価や代替物質の有無などに応じ，規制の対象を慎重に選定することや，グローバルなサプライチェーンの混乱や国際貿易への悪影響を回避し，WTO（TBT委員会等）の手続きを通じた議論

を尽くすこと，日本をはじめ関心を有する国の政府，民間と十分に対話しその意見を規制に反映すべきことなどを提言している[30]。

PFAS に関しては，米国でも，2021 年 10 月に環境保護庁（EPA）が戦略ロードマップ（PFAS Strategic Roadmap）およびアクションプランを公表し，製造や使用の規制強化に取り組んでいる。2023 年 10 月には，2011 年以降に PFAS を含む製品を製造・輸入した事業者に対し，それぞれの PFAS 含有量，廃棄量，環境・健康影響情報等を遡及して報告・記録することを求める規則案を公示。さらに 2024 年 1 月には，有害物質規制法（TSCA）の下で「不活性（Inactive）」として登録されている 329 種類の PFAS の製造または使用する際，EPA への事前申請・承認を義務付ける「重要新規利用規則（SNUR）」を公表し，3 月より施行している[31]。

欧米諸国を中心に，PFAS の使用に関しては今後数年で，関連規制が一層強化されることが想定される。関連化学物質を使用する企業は，施行される規制の対象範囲や運用規則に適切に対応すると同時に，長期的に使用可能な代替物質の調査や研究に取り組むことが求められる。また，新たな規制導入の動きを注視し，取引企業や業界団体と連携し，規制当局に対し，科学的根拠に基づく適切な制限範囲の設定を提言していく姿勢が必要だろう。

おわりに

これまで述べてきた通り，新型コロナ禍以降，世界の半導体産業をめぐる情勢は大きく変貌した。グローバル企業の間では特定国に集中する先端半導体の生産を分散し，供給途絶のリスクの軽減を図る動きが進む。また主要国・地域政府による立地補助金や税制優遇を含む誘致競争が熾烈化し，投資の意思決定プロセスと実際の投資フローに多大な影響を及ぼす状況が生じている。また，高まる地政学リスクに対し「経済安全保障」の確保を動機とする半導体への貿易管理規則，投資制限措置の導入は，企業に輸出や投資戦略の再考を促し，世界規模でのサプライチェーンの再編が進行する。

今後，半導体のサプライチェーンはどう変化するのか。2024 年 5 月現在進

第4章　半導体サプライチェーンの再編と今後の見通し　101

行中の主要国のファブ建設プロジェクトや公表済みの投資計画から考察すると，最先端半導体チップの生産に関しては台湾・韓国への一極集中からの分散が徐々に進展し，米国や日本，欧州で新たな半導体エコシステムが徐々に形成されることが見込まれる。またパッケージなどの後工程を中心に，マレーシアやベトナムなどの東南アジア主要国やインドが，グローバルサプライチェーンの中で存在感を高めていくことになろう。

　中国を念頭に置いた米国の重要技術・新興技術の輸出管理や投資規制の強化の流れは今後ますます強化され，緩和の方向に転換する事態は想定しづらい。中国国内では，グローバル企業による大規模な新規投資や拡張投資が当面抑制される半面，官民一体で自前の生産能力と技術向上を加速させる取り組みが進展するものと見込まれる。特にレガシー半導体の分野では，国内の川下需要もあり，生産拠点としての中国の優位性は維持されるものと見られる。近い将来，中国が先端半導体の領域でも技術力や製造能力を加速度的に高め，グローバル規模での競合が一層激化する可能性も否定できない。現行の中国での設備投資増強のトレンドは，将来的に一部の技術ノードの全世界的な過剰生産や在庫過多，日本が強みを有する製造装置や川上領域での競合激化やサプライチェーンの再編を招くリスクもあり，その動向を注視しておく必要がある。

（伊藤博敏）

注
1　発表ベースの金額・件数の合計。2024年4月7日付時点の集計データに基づく。
2　インテル「Intel Plans Investments in Europe」（2022年3月15日）。
3　サムスン電子「Samsung Electronics to Receive up to \$6.4 Billion in Direct Funding under the CHIPS and Science Act」（2024年4月15日）。
4　SKハイニックス「SK hynix Signs Investment Agreement of Advanced Chip Packaging with Indiana」（2024年4月3日）。
5　TSMC「Third fab will produce the most advanced leading-edge semiconductors in the U.S., bringing TSMC's total investment in Arizona to over US\$65 Billion」（2024年4月8日）。
6　TSMC「TSMC, Bosch, Infineon, and NXP Establish Joint Venture to Bring Advanced Semiconductor Manufacturing to Europe」（2023年8月8日）。
7　TSMC「JASM Set to Expand in Kumamoto Japan」（2024年2月6日）。
8　伊藤（2024）。
9　CHIPSプラス法に基づく助成金支給の認定は，米国商務省のプレスリリース一覧に随時掲載（https://www.commerce.gov/news/press-releases）。
10　藪（2020）。

11 磯部（2020）。

12 BIS が 2022 年 10 月 7 日発表，同日施行，同月 13 日に官報公示。

13 アプライドマテリアルズ（2022 年 10 月 12 日），ラムリサーチ（同 10 月 19 日）決算報告資料，ロイター通信報道（2022 年 10 月 20 日）などに基づく。

14 経済産業省（2023 年 5 月 23 日公布，7 月 23 日施行），「輸出貿易管理令別表第一及び外国為替令別表の規定に基づき貨物又は技術を定める省令の一部を改正する省令」等の改正の概要について。

15 米国商務省「Biden-Harris Administration Announces Preliminary Terms with TSMC, Expanded Investment from Company to Bring World's Most Advanced Leading-Edge Technology to the U.S.」（2024 年 4 月 8 日）。

16 米国商務省「Biden-Harris Administration Announces Preliminary Terms with Samsung Electronics to Establish Leading-Edge Semiconductor Ecosystem in Central Texas」（2024 年 4 月 15 日）。

17 台北市内での筆者インタビューに基づく（実施日：2024 年 2 月 20 日）。

18 香港市内での筆者インタビューに基づく（実施日：2024 年 2 月 23 日）。

19 2024 年に新たに稼働する 23 件の工場には香港に本社を有する企業の工場 1 件を含む。

20 台北市内での筆者インタビュー結果に基づく（実施日：2022 年 12 月 16 日）。

21 ジェトロ（2023）。

22 TSMC（2024）。

23 JEITA（2023）.

24 Foreign Affairs Committee, Chairman Mccaul（2023）.

25 Sujai Shivakumar, Charles Wessner and Thomas Howel（2024）.

26 日本国内での筆者インタビュー結果に基づく（実施日：2024 年 3 月 12 日）。

27 SEMI（2024）.

28 ECHA（2023）.

29 FCJ（2023）.

30 経済団体連合会（2023）。

31 United States Environmental Protection Agency（EPA），https://www.epa.gov/newsreleases/search（2024 年 4 月 22 日閲覧）

参考文献

磯部真一（2020），「米商務省，中国半導体最大手 SMIC など 77 の外国事業体を輸出管理対象に追加」『ビジネス短信』ジェトロ，2020 年 12 月 23 日。

伊藤博敏（2024），「グローバルサプライチェーンの中の台湾半導体産業」『台湾リスクと半導体産業の今後』ITI 調査研究シリーズ No. 151，国際貿易投資研究所，第 5 章。

JEITA 半導体部会（2023），「国際競争力強化を実現するための半導体戦略 2023 年版」。

ジェトロ（2023），「2023 年度 海外進出日系企業実態調査 全世界編」。

日本経済団体連合会（2023），「EU における PFAS 規制案へのコメント」環境委員会環境リスク対策部会。

日本フルオロケミカルプロダクト協議会（FCJ）（2023），「欧州 PFAS 制限案に対する見解書」。

藪恭兵（2020），「米商務省，ファーウェイなどへの輸出管理を強化，第三者からの調達を制限」『ビジネス短信』ジェトロ，2020 年 8 月 18 日。

European Chemicals Agency（ECHA），Comments submitted to date on restriction report on PFAS（https://echa.europa.eu/comments-submitted-to-date-on-restriction-report-on-pfas，2024 年 4 月 20 日閲覧）

第4章　半導体サプライチェーンの再編と今後の見通し　103

Foreign Affairs Committee Chairman Michael McCaul (2023), Bureau of Industry & Security: 90-Day Review Report.

Ober, Christopher K., Florian Kafer and Jingyuan Deng (2022), "Review of essential use of fluorochemicals in lithographic patterning and semiconductor processing," *Journal of Micro/Nanopatterning, Materials, and Metrology*, Vol. 21, Issue 1, 010901.

SEMI (2024), The SEMI PFAS Initiative, A Supply Chain Resiliency Focused Initiative, SEMI EHS Summit.

SEMI PFAS Explainer, The Semiconductor Industry Responds (https://semi.org/en/ehs_PFAS/PFAS_in_Semiconductor_Mfg, 2024 年 4 月 18 日閲覧)

Shivakumar, Sujai, Charles Wessner and Thomas Howel (2024), Balancing the Ledger-Export Controls on U.S. Chip Technology to China.

SIA (2023), SIA Statement on New Export Controls.

TSMC (2024), Financial Results -2023Q4, Earnings Conference Transcript.

第5章

躍進する中国 EV メーカーの世界戦略

はじめに

2021年以降，急拡大した中国の新エネルギー自動車（以下，NEV）[1]市場。2023年のシェアは新車販売台数全体の31.6％を占め，初めて3割を超えた。世界最大のNEV市場は拡大を続けている。中国の自動車販売市場は2023年に3,009万台（輸出台数含む）となったが，内燃機関車が2017年をピークに2023年までの6年間で約750万台減少したのに対し，NEVは約870万台増加した。このような劇的な変化は中国の自動車市場特有の現象といえる。

NEV市場の急速な発展に中国政府の産業政策が大きな役割を果たしたことは間違いない。政策支援のもと産業化・市場化，技術のキャッチアップ，サプライチェーンの構築などが強力に推進されてきた。中国企業は鉱物資源の獲得にも戦略的に取り組んでおり，NEV産業に関連するサプライチェーンにおいて，世界的にも高い競争力と市場シェアを持つに至った。

これらを背景に自動車輸出も急増しており，2023年は日本を抜いて世界1位となる491万台に達した。うちNEV輸出は120万台超と，この2年間で4倍に拡大している。NEV企業の海外進出も加速しており，世界における存在感はますます高まっている。

折しもカーボンニュートラルの実現が世界的な至上命題となり，各国の自動車メーカーも電動化目標を掲げ，その実現に向けた取り組みを進める中，中国NEV企業の台頭は日本企業の海外ビジネスにとっても新たなチャレンジとなっている。

第5章　躍進する中国 EV メーカーの世界戦略　105

　本章では，第1節にて NEV 比率が高まる中国の自動車市場動向と特徴を整理し，第2節では中国 NEV 企業の輸出が現地の自動車市場にどのような変化をもたらしているのか，第3節では，同企業による海外進出が進出先国の産業や市場にどのようなインパクトをもたらしているのか，その中で日本企業が直面するビジネス課題とは何かにつき検討する。

第1節　中国の自動車市場動向〜NEV 比率の高まりとスマート化の進展

1．自動車産業が迎える「CASE2.0」の時代

　「CASE2.0」とは，デジタル化，知能化，電動化をトリガーに自動車産業がモビリティ産業に転換するという「CASE1.0」の技術の進化に，①環境問題，②コロナが引き起こした移動の新常態（行動の変容や移動要件の変化）によるデジタル化の加速という要素が掛け合わさり，CASE 革命が劇的に加速化するステージである（中西 2022，5ページ）。いわば，モビリティトランスフォーメーション（MX），グリーントランスフォーメーション（GX），デジタルトランスフォーメーション（DX）が AI の導入と共に同時進行する世界であり，これに各国政府の気候変動やビジネスと人権，経済安全保障など複数の政策目的が入り混じった下で進む，モビリティ産業の変化が「CASE2.0」なのである。

　5-1 表は日本，米国，EU，中国の温室効果ガス排出削減目標である。各国・地域ともカーボンニュートラル実現のための政策が既に実施されており，それぞれに注力する産業分野を示し，各種補助金などを通じた手厚い促進策が展開されている。

　特に NEV や蓄電池など自動車の電動化に関連する分野は，各政府ともゼロエミッションビークル目標（以下，ZEV 目標）を定め，2030 年もしくは 2035 年までの数値目標を打ち出している[2]。また，これらはカーボンニュートラルの実現のみならず，経済安全保障やサプライチェーンの強靭化の観点からも重要分野に位置づけられている。足もとでは NEV の成長を疑問視する声も聞かれるが，世界の温室効果ガスの約 20％が交通運輸部門から排出されているこ

106　第2部　サプライチェーンを巡る注目トピックス

5-1表　日米欧中の温室効果ガスの排出削減目標

国・地域	2030 年目標 （日本は年度）	カーボン ニュートラル 目標	主な政策・方針
日本	46％削減 （2013 年度比）	2050 年	・2050 年カーボンニュートラルに伴うグリーン成長戦略（2021 年 6 月） ・成長が期待される 14 の重要分野について，目標と実行計画を策定 ・自動車・蓄電池産業：電動化や蓄電池製造能力，充電インフラ設置などの 　目標を設定。サプライチェーン・バリューチェーン強化を盛り込む
米国	50〜52％減 （2005 年比）	2050 年	・インフレ削減法（IRA，2022 年 8 月）：気候変動対策・クリーンエネル 　ギー関連予算として，10 年間で 3,690 億ドルが拠出される見通し ・IRA に基づき，EV 税額控除要件（北米での最終組み立て）の適用開始 ・「懸念される外国事業体」に関する規則案発表（2023 年 12 月）
EU	少なくとも 55％減 → 2040 年に 90％減 （1990 年比，欧州委 員会 2024 年 2 月）	2050 年	・欧州グリーン・ディール（2019 年 12 月），Fit for 55（2021 年 7 月） ・グリーン・ディール産業計画（2023 年 2 月）：バッテリー，太陽光パネル 　などとこれらに必要な重要部品や素材などを対象に補助 ・欧州議会は，中国依存度の高いネットゼロ技術を公共調達から実質的に排 　除する立場を示す（2023 年 11 月）。EU 理事会も修正案となる立場を示す 　（同年 12 月）
中国	ピークアウト （減少に転じさせる）	2060 年	・2030 年までのカーボンピークアウトに向けた行動プラン（2021 年 10 月）， 　第 14 次 5 カ年規画など ・エネルギー改革を推進し，デジタル化の発展を加速。経済社会全体のグ 　リーンモデルチェンジ，グリーン低炭素の発展を推進 ・新エネルギー自動車産業発展規画，省・新エネ車技術ロードマップなど

（資料）各国・地域政府発表をもとに作成

と，その約 45％が乗用車からであることからも，NEV は脱炭素の主力を担う
ものであり，カーボンニュートラルの実現に不可欠であるといわれている。主
な自動車企業も ZEV 目標を発表しており，一部には目標を先延ばしする企業
もみられるものの，ZEV に向けた取り組みを継続かつ着実に行う方向性に変
わりはない。既に電動化（Electric）は ZEV 目標として，多くの政府や企業
が数値目標を対外公表する「公約」となっている。

　もっとも，各市場によって CASE の度合いは様々であり，それぞれの市場
にあった形で CASE が進んできている。その中で今の中国は，ネットワー
クとつながった車であるコネクティッド（Connected），自動運転や先進運
転支援システムを含む補助運転（Autonomous），そしてライドシェアに代表
されるシェアリング（Shared）が異業種やスタートアップ企業などとの連携
によって，非常に速いスピードで製品化，サービス化されている世界で最も
「CASE2.0」が社会実装されている市場といえよう。その市場が世界の自動車
販売の 3 分の 1 を占める巨大市場であること，その市場で生産された NEV が
今や大量に輸出され，さらには現地生産を行う動きを強めていることが，われ
われ日本企業が置かれている現在地なのである。

2. 中国 NEV 市場の発展と企業動向

中国は世界最大の自動車市場である。2023年の自動車販売台数は輸出分も含めると3,009万台に達した（5-1図）。これは世界市場の32.5％を占める規模である。NEV の台数は950万台と，全販売台数の31.6％を占めており，世界4位の自動車市場である日本の全販売台数の約2倍となっている。

中国市場の大きな特徴は，内燃機関車は販売台数がピークであった2017年から2023年までの6年間で750万台ほど減少したのに対し，NEV はこの期間で850万台ほど増加。急速に内燃機関車の縮小と NEV の拡大が反比例的に起きたことである。日系企業のように NEV 対応が遅れた企業は NEV 市場の拡大を享受できなかった。2022年，2023年は日系自動車各社の減産が続いた。三菱自動車は中国市場からの撤退を発表し，日産，ホンダの販売台数も2年連続で2桁減となるなど，日系各社は厳しい状況に置かれている。

現在の中国では NEV 比率の上昇は，CASE 対応の自動車比率が上昇することとほぼ同義ともいえ，市場の競争環境も大きく変化した。乗用車の国別シェアは，中国系が2021年以降急拡大し，2023年には56％となった。その一方でドイツ系17.8％，日系14.4％などの外資系は3年連続でシェアを落としてい

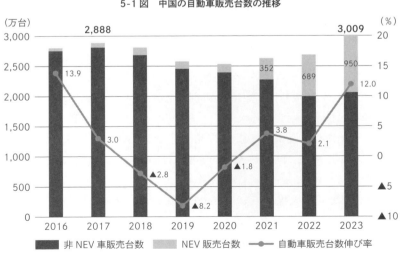

5-1図 中国の自動車販売台数の推移

（資料）中国汽車工業会，CEIC

る。市場全体では外資企業が5割弱を占めるのに対し，NEV市場に限ると3分の2以上を中国企業が占めている。NEV市場は中国企業の競争力が高い市場となっており，その中でも特に販売を大きく伸ばしているのがBYDである。

BYDは2022年，2023年と2年連続でNEV販売台数，ならびに内燃機関車も含めた全乗用車販売台数においても1位となっている。同社は2022年3月に内燃機関車の生産を停止した。2021年にはNEVの販売台数が内燃機関車を上回り，2022年，2023年ともにNEV市場の3割超のシェアを占める。中国汽車販売協会の発表によると，2023年は前年比で約120万台増となる302万台を販売し，2位のテスラ（95万台），3位の吉利汽車（49万台）を大きく引き離している。

3．中国NEV企業のスマート化とモビリティ製造の変化

中国のNEV市場は，車両の駆動がモーターになり，ガソリンがリチウムイオン電池に変わったという単純に電動化した市場ではない。「CASE2.0」の社会実装が急速に進む，中国企業がスマートNEVの開発とイノベーションを主導する市場である。

上海米国商会のビル・ルッソ自動車委員会委員長は，「特にNEV分野で質の高い車両を手頃な価格で提供する『中間への競争』（race to the middle）が起きている」と指摘する。「中間への競争」とは，競合他社や個人が中間の位置や水準に適応し，他の競合相手と似たような製品やサービスを提供しようとする現象をいう。競争の結果，価格競争や製品の特徴における均一化などをもたらす。中国では電動化と知能化が同時に進展するソフトウェア定義の自動車（Software Defined Vehicle：SDV）が普及し，既にユーザー目線の情報化（In-Vehicle Infotainment：IVI）が商品開発に実用化されている。この変容ぶりを多くの外国企業，特に本社の経営陣が目の当たりにしたのが，2023年4月に開催された上海モーターショーだった。

中国は世界でも最大規模のデジタル経済を有し，デジタル技術を駆使したユーザー体験を提供している市場である。自動車を含むモビリティ分野では，三大新興NEV企業といわれるNIO（上海蔚来汽車），Xpeng（小鵬汽車），Li Auto（理想汽車）がこうした環境下で生まれた代表的な企業である。他国

ではみられないほど多種多様なプレイヤー間の競争が起きている。これら新興 NEV 企業のほか，従来からの自動車ハードウェア企業である第一汽車や東風汽車，上海汽車，広州汽車などに代表される国有企業（地方の国有企業含む），吉利汽車や長城汽車，BYD などの民間企業，そしてファーウェイや小米，Banma（上海汽車とアリババの合弁），EcarX（吉利汽車と百度の合弁）などのスマートデバイスメーカーがある。各社が競合とも提携をしながら，デジタル技術や人間と機械が相互にやり取りできる仕組みであるヒューマンマシンインターフェース（HMI）に関して高度な取り組みを行っている。

　この取り組みの象徴的なアウトプットが，自動車の内装と AI などデジタル技術の融合であるスマートコクピットである。インパネの大きなタブレット型コントローラーや音声認証，スマホと連動したサービスエンターテインメント，運転支援などの機能である。スマートコクピットの内容如何が，特に若い世代（20〜30 代）の購買意欲に直結している。テクノロジーと新しい HMI に対する期待が高く，NEV 市場の成長を牽引しているのもこの世代である。

　車両のスマート化が進むにつれて，特に存在感を高めているのがスマートデバイスメーカーである。前掲のビル・ルッソ委員長は「サプライチェーンは Tier0.5 インテグレーターの登場という非連続変化（Disruption）に直面している」と指摘している。Tier0.5 はチップ等のハードウェアのほか，ミドルウェアやソフトウェアをインテグレート（一体化）させたスマートプラットフォームを構築し，自動車製造企業に売り込むことで車両開発に対し大きな影響力を持つようになった。例えばファーウェイは，自動車設計やユーザーエクスペリエンス（UX）など，自社開発の OS やスマートコクピット，LiDAR，カメラ，車内電源や熱管理部品などフルスタックのスマートソリューションを提供している。奇瑞汽車とは NEV ブランド「智界汽車（Luxeed）」を，賽力斯集団（SERES）とは「問界（AITO）」をそれぞれ共同運営している。また，上海汽車は 2015 年にアリババとともに Banma を設立し，Alios という OS を開発。MG や Roewe など上海汽車ブランドの NEV に搭載している。

　その一方で，外資企業はレガシーバイアスに苦労しており，NEV 開発が大きく遅れた。それでも 2023 年は，中国企業と連携を強化する動きが相次いでみられ，必死に追随している。フォルクスワーゲン（VW）は，2023 年 8 月に

110 第2部 サプライチェーンを巡る注目トピックス

Xpeng に約7億ドルを出資し，2026年までに VW ブランドとして中国市場で
BEV を販売すると発表。トヨタ自動車は，同年8月に中国トヨタ最大の R&D
拠点「トヨタ自動車研究開発センター（中国）有限公司」の社名を「トヨタ
知能電動車研究開発センター（中国）有限公司（IEM byTOYOTA）」に改名
し，電動化・知能化技術の現地化強化に取り組んでいくと発表した。また，
2024年4月の北京モーターショー開催のタイミングに合わせ，トヨタはテン
セントと，日産は百度と，ホンダはファーウェイとそれぞれ業務提携を発表し
ており，外資企業も中国企業をうまく活用しつつ，中国市場に対応した製品開
発と更なる現地化を強化する姿勢を示している。

第2節　急増する中国の NEV 輸出～欧米を中心に高まる警戒感

1．NEV の輸出実績と欧米諸国との摩擦

　中国汽車工業協会の発表によると，中国の自動車輸出台数は2021年以降，
年間で100万台を超えるペースで急拡大しており，2023年は日本を抜き世界1
位の491万台（日本は442万台）を記録した。NEV の輸出台数も大きく増加
し，前年比77%増の120万台，輸出台数に占めるシェアは24.5%と全体の約4
分の1を占めた（5-2図）。

　中国の税関統計をもとに BEV と PHEV の国・地域別輸出をみると，2023
年は BEV（HS870380）が前年比2.4倍の155万台，PHEV（HS870360，
870370）が71.4%増の14万台だった（5-2表）。BEV の輸出先では，1位ベル
ギー，2位タイ，3位英国，4位フィリピン，5位スペインの順となった。1位
のベルギーは，完成車取扱い台数が世界最大級のアントワープ・ブルージュ港
を擁していることが背景にある。輸入された車両は同国から欧州各国へ輸送さ
れている。NEV 販売台数が約200万の EU 市場において，中国の NEV は大
きな存在感を持ってきている。PHEV は，ブラジル，ベルギー，ウズベキス
タン，キルギス，英国の順となった。2023年はブラジル向けが3万台を超え
たほか，中央アジアやロシア向けなどの輸出が急増した。2022年9月以降，
「一帯一路」沿線国を結ぶ国際定期貨物列車「中欧班列」での NEV 輸送が開

5-2図　中国の自動車輸出台数の推移

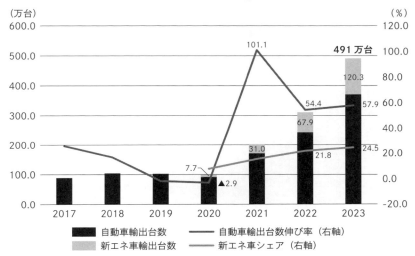

（資料）中国汽車工業協会の発表データをもとに作成

始するなど，欧州や中央アジア，ロシア向けには，海上輸送に加え鉄道による輸出も大きく増えているものとみられる。

中国自動車流通協会の発表によると，企業別のNEV輸出台数は1位のテスラが前年比24.0％増の33万7,401台，2位のBYDが4.5倍の24万8,012台，3位の上海汽車乗用車が58.0％増の21万7,979台，4位の易捷特新能源汽車（東風eGT）が25.0％減の4万7,957台，5位の吉利汽車が9.0％減の2万256台だった。これら上位5社が中国のNEV輸出全体に占める比率は7割を超えており，テスラ1社で約2割を占める。

テスラの上海ギガファクトリーは現地調達率が95％以上，一次サプライヤーは約360社に上るといわれており，かなり高い現地化を実現している。上海工場は欧州，ASEAN，オーストラリア向けなど輸出のハブとなっている。BYDは，2021年にノルウェー，ブラジルなど南米への輸出を開始。2022年は欧州，タイなどのアジアを中心に輸出販売に力を入れてきた。現在は70以上の国・地域に展開しており，日本でもATTO3などを中心に販売を進めている。上海汽車乗用車は2007年に買収したMGブランドの販売ルートを生かし，足

112　第2部　サプライチェーンを巡る注目トピックス

5-2 表　BEV・PHEV の国別輸出先トップ 10（2023 年）

順位	BEV 国名	台数（万台）	前年比（%）	PHEV 国名	台数（万台）	前年比（%）
1	ベルギー	175,437	19.1	ブラジル	30,615	4.9 倍
2	タイ	156,670	104.9	ベルギー	19,984	▲ 58.2
3	英国	125,314	31.3	ウズベキスタン	14,720	409 倍
4	フィリピン	115,666	71.6	キルギス	13,610	170 倍
5	スペイン	92,399	127.3	英国	12,074	107.6
6	オーストラリア	86,437	140.7	ロシア	11,084	236 倍
7	インド	58,577	0.4	ドイツ	5,973	54.4
8	オランダ	55,002	261.8	フランス	4,833	▲ 48.7
9	イスラエル	50,541	67.0	スペイン	3,339	186.1
10	バングラデシュ	49,957	▲ 1.8	メキシコ	3,279	298 倍
	合計	1,547,128	135.4	合計	138,631	71.4

（注）BEV は HS870380（ゴーカートなども含む），PHEV は HS870360，870370 をもとに集計
（資料）中国税関データをもとに作成

もとでは欧州での販売が好調である。MG4EV は英国，スペイン，イタリア，フランスなどの欧州およびオーストラリア市場において販売台数の上位にランクインしている。今後は中東や南米を含む 80 カ国に展開していくとしている。

　中国 NEV の輸出が増えることで輸出先国・地域との摩擦も生じている。欧州委員会のフォン・デア・ライエン委員長は 2023 年 9 月 13 日に行った一般教書演説において，「莫大な補助金で人為的に価格を抑え，EU 市場を歪曲している」と述べ，相殺関税の賦課を視野に入れた反補助金調査を行うと発表した（2024 年 6 月 12 日，欧州委員会は中国製 BEV に対する暫定的相殺関税賦課措置を発表）。米国では 2023 年 11 月，米国と中国共産党間の戦略的競争に関する特別委員会が，中国 NEV の米国流入を懸念する文書を発出。「中国 NEV が米国の主要貿易相手国を経由して米国内に輸入されることにも備える必要がある」として警戒感を強めている。2024 年 4 月には，米国商務省国際貿易局（ITA）と中国商務部が初めて商業問題ワーキンググループ（WG）を開催したが，その中で ITA は中国 NEV とは明言していないものの，「中国ではさまざまな分野で生産過剰問題が生じている」と指摘。同月の米イエレン財務長官の訪中の際にも，李強首相や何立峰副首相との会談において「中国経済の特定分野で過剰生産能力が高まっている兆候がある」とし，その懸念に対処するための行動を促している。中国 NEV 輸出の急拡大や安価な価格設定が中国政府

第5章 躍進する中国 EV メーカーの世界戦略   113

の補助金や国内の生産過剰などによるものとして，中国側に是正を求め始めている。

　国際エネルギー機関（IEA）が 2024 年 4 月 23 日に発表した「Global EV Outlook 2024」では，中国において 2023 年初の数カ月間，販売上位 10 社の稼働率が 70％を下回ったと報告している[3]。中国の自動車産業専門ウェブサイトである盖世汽車は，「中国の 2023 年末時点の乗用車生産能力は約 5,500 万台。過去 5 年間の平均年間生産台数は約 2,300 万台（含輸出）で，全体の稼働率は 50％未満となっている。2019 年以降，国内乗用車の生産稼働率は 50％を割り込んで推移している」[4] と報じている。一般的に稼働率 6〜8 割が損益分岐点といわれる中，厳しい状況にあることがうかがえる。加えて，自動車企業の収益性は低下傾向にあり，2023 年の売上高利益率は 5.0％と，前年から 0.6 ポイント下がった。各社とも値下げ競争を繰り返していることも，利益率に大きな影響を与えている。

2．タイ市場で存在感を高める中国 NEV 企業

　中国 NEV 輸出の急増が輸出先市場において，新たな競争関係を生み出している。特にタイでは中国 NEV の存在感が急速に高まっており，進出日系企業からは今後の競争激化を懸念する声も聞かれる。ジェトロが 2023 年に実施した「進出日系企業調査（アジアオセアニア編）」では，タイに進出する輸送機器・部品分野の日系企業にとって，最大の競争相手が中国企業であるとの回答が 69.8％を占め最大となった（複数回答）。

　2023 年のタイの自動車販売台数（全体）は，日系企業が 77.8％と圧倒的な地位を占めているものの，その比率は 2022 年比で 7.6 ポイント縮小した。中国企業は 6.4 ポイント拡大の 11.0％と倍増しており，ちょうど取って代わられた形である。2022 年，タイ市場の BEV 比率（新規登録台数，乗用車のみ）は 1％にも満たなかったが，2023 年は 9.8％にまで拡大。BEV の新規登録台数は 7 万 6,144 台と 2022 年の 9,644 台から大幅に増加した。中国企業がタイの BEV 市場に占める比率は 2023 年に 82％となり，中国から輸入されているテスラ車を含めると 93％に達する。その内訳は BYD が 40％，哪吒汽車（Neta）17％，上海汽車（MG）16％，テスラ 11％，長城汽車 9％である。タイの輸入

統計をみると，BEV（HS870380）は前年比 5.9 倍の 25.5 億ドル，うち中国からの輸入が全体の 93％を占めた。

　中国からの BEV 輸入が急増している背景には，タイ政府による補助金を含む手厚い優遇策，FTA によるゼロ関税，タイ消費者の中国 BEV への高い評価，中国の経済低迷や生産過剰による在庫増加，値下げ競争などがある。

　タイ政府は 2030 年までに自動車生産台数の 30％を ZEV にする政策を掲げている。2022 年 5 月に「EV3.0」[5] を発表し，2023 年 12 月末までの措置として BEV 購入補助金（BEV1 台当たり 7〜15 万バーツ，1 バーツ＝約 4.2 円）などの優遇策を開始した。EV 購入時にかかる物品税も通常の 8％から 2％に大幅に引き下げられた。補助金支給を含む優遇策の利用には条件があり，2023 年中に補助金を受けて輸入販売した台数分を 2024 年に現地生産しなくてはならない。2025 年に遅れた場合は 1.5 倍分の台数を現地生産する取り決めとなっている。その後，2023 年 11 月 1 日に 2024 年から 2027 年までを対象とした「EV3.5」が打ち出され，12 月 19 日に閣議決定された。「EV3.5」の優遇項目は「EV3.0」とほぼ同じで，補助金支給，物品税減税などとなっている。補助金については「EV3.0」が 1 台当たり最大 15 万バーツだったのに対し，「EV3.5」では最大 10 万バーツに引き下げられ，輸入完成車の台数に対して義務付けられる現地生産台数の条件も厳しくなった。具体的には，2026 年までに国内で EV 生産を開始する場合は，当該補助金を受けて輸入した EV 完成車の台数の 2 倍以上，2027 年に生産を始める場合は 3 倍以上の国内生産が義務付けられる。

　2024 年 3 月 27 日〜4 月 7 日に開催された「第 45 回バンコク国際モーターショー」には，35 の自動車ブランド，12 の二輪ブランドが参加した。その中で中国 NEV 企業 9 社が出展し存在感を示していた。BYD は ATTO3 や Dolphin，SEAL などタイで販売している車種を展示し期間限定の値下げも行ったほか，まだ販売をしていない高級ブラントの仰望（ヤンワン）U8（中国市場価格 109 万元，約 2,130 万円）も展示した。長安汽車は 200 万円台の小型 BEV を発表するなど小型かつ低価格帯の BEV や PHEV を中心に展示。長城汽車はタイで需要の高い HV のピックアップトラックを発表したほか，キャンプ仕様車両も展示した。上海汽車（MG）や哪吒汽車（Neta）はタイ生産モ

デルを，小鵬（Xpeng）は空飛ぶ車「X2」を展示するなど技術力もアピールした。また，ファーウェイが車載 OS 販売のために初出展していたことも注目される。今後はタイに進出する中国企業はもちろん，外資企業への OS 販売を本格化するとしている。タイの自動車市場はここ数年でプレイヤーが大きく変化している。

第3節　急拡大する中国 NEV 企業の海外進出

1．中国 NEV 企業の海外進出動向

　中国 NEV 企業は輸出と並行して，現地生産拠点の設立も加速している（5-3表）。現地市場向けの販売に加え，輸出拠点とする企業も目立つ。中国 NEV 企業の進出が最も進んでいるのがタイである。前述の通り，タイ政府の優遇策の制約により，中国 NEV 各社は 2024 年中の現地生産に向けて準備を進めている。BOI（Thailand Board of Investment）によると，2024 年 4 月時点で BYD，上海汽車（MG），長城汽車，長安汽車，広州汽車 AION，哪吒汽車（Neta），Foton（福田汽車），奇瑞汽車の計 8 社がタイへの投資を進めている[6]。上海汽車，長城汽車は既にタイに自動車工場を持ち内燃機関車や HV を生産していたため，BEV の現地生産でも先行している。哪吒汽車（Neta）は 2024 年 3 月から量産を開始。BYD も工場建設を進めており，2024 年 7 月 4 日，工場が竣工し生産を開始した。多くの中国 NEV 企業がタイを右ハンドルの生産・輸出拠点と位置づけ，ASEAN，オーストラリア，中東などへの輸出を目指している。BOI は中国 NEV 企業の現地部品調達に向けた商談会などを実施しており，進出日系企業にも声がかかっている。

　インドネシアでは，2022 年に上汽通用五菱汽車（SGMW）が超小型 BEV の現地生産を始め，同年 8 月から販売を始めた。2023 年には上海汽車（MG）が SGMW 工場に「MG」の生産ラインを設け，BEV の完全ノックダウン（CKD）を開始すると発表。2024 年 1 月には哪吒汽車（Neta）が PT Handal Indonesia Motor をパートナーに CKD による生産を開始した。インドネシア政府も東南アジアの「EV ハブ」にすべく関連政策を打ち出しており，中国企

116　　第2部　サプライチェーンを巡る注目トピックス

5-3 表　中国 NEV 企業の主な海外進出の動き（計画含む）

中国企業	進出先	主な内容
BYD	タイ	2022 年 9 月、タイで EV 組立工場を建設すると発表し、2024 年までに完工、年産 15 万台の生産能力を見込んでいる。 タイ政府は約 491 億ドルの投資を承認、BYD 初の中国国外での全額出資工場となるとしている。タイの生産拠点からアジアと欧州市場向けの車両を生産するとしている。
	ウズベキスタン	2023 年 10 月、BYD とウズベキスタン自動車公社（ウズアフトサノアト）の合弁会社が、年産 5 万台規模の生産を開始すると発表。BYD が外国パートナーと中国国外で電気自動車を組み立てる最初のプロジェクトとされる。
	ブラジル	2023 年 7 月、ブラジルに生産拠点を建設すると発表。総投資額は約 45 億元（約 900 億円）、BEV と PHEV を年産 15 万台生産する計画。米州市場での展開を見据えた投資と位置づける。
	ハンガリー	2023 年 12 月、ハンガリー南部のセゲド市に NEV の完成車生産拠点を建設すると発表。同拠点は段階的に建設し、現地に数千人規模の雇用を創出する見込み。2016 年 10 月に、ハンガリー北部のコマロム市にバス生産工場の建設を発表し、2017 年 4 月から生産開始していた。
長城汽車 （GWM）	タイ	2021 年 6 月に米ゼネラルモーターズの工場を取得。同年 9 月から本格稼働し、小型 SUV ハイブリッドの「ハバル」などの生産を開始。
	パキスタン	2022 年 9 月、パキスタンのノックダウン（KD）方式の工場が正式稼働したと発表。今後は PHEV も生産していくとしている。長城汽車はパキスタンを足がかりに南アジア市場の販売拡大を狙う。
	ブラジル	2021 年 8 月、ドイツ・ダイムラーの工場を買取する形で、ブラジルに進出することを発表。2023 年後半稼働予定としていたが遅れている。年産 10 万台を製造予定で、10 年以内に BEV4 種類、ハイブリッド車 6 種類を発売する計画。今後 10 年間で 115 億元（約 2,300 億円）以上を投資するとしている。
上海汽車乗用車 （SAIC）	タイ	2023 年 10 月、EV 用バッテリー工場が稼働したと発表。2024 年に本格稼働する予定。今後は 5 億パーツ（約 21 億円）を追加投資し、「ルービックキューブ」バッテリー技術を導入した CTP バッテリーを生産する計画。 上海汽車乗用車は、タイ国内および海外向け、特に ASEAN 各国向けの生産ハブとして確立していくとしている。
	パキスタン	2021 年 11 月、SAIC は MG ブランドの投入でパキスタン市場に参入し、2021 年 7 月にパキスタン企業 JW SEZ グループとの合弁で生産を開始。投資金額は 13 億パキスタンルピー（約 800 万ドル）。今後パキスタン生産拠点の拡大と自動車部品および関連産業の確立を計画。2025 年までに新型モデルを投入して生産能力を 10 万台にまで引き上げる計画。
哪吒汽車 （Neta）	タイ	2023 年 3 月、哪吒汽車（Neta）は初の海外工場となるタイ工場の定礎式を行ったと発表。同工場は右ハンドル EV の製造拠点となる。また東南アジアへの輸出も行う計画。年間生産能力は 2 万台。2024 年 3 月末に生産を開始。
	インドネシア	2023 年 8 月、哪吒汽車（Neta）は現地パートナーとして PT Handal Indonesia Motor を選定。両社は CKD 車両組立で提携し、2024 年 1 月より生産を開始。
長安汽車 （Changan）	タイ	2023 年 4 月、タイに EV 生産拠点を設けることを発表。初の国外の大規模投資となる。2023 年 11 月に起工式を実施。 2023 年 11 月から「Deepal」など 2 モデルを輸入販売。
広汽埃安新能源 （AION）	タイ	2023 年 7 月、タイへの生産拠点設置を発表。AION の初の海外工場となる。投資予定額は約 60 億パーツ（約 250 億円）。現地生産する予定の小型 SUV「AION Y プラス」の販売を 2023 年 9 月から開始。航続距離は 500 キロメートル。価格は 107 万〜130 万バーツ。
奇瑞汽車 （Chery）	タイ	2023 年 9 月、タイでの EV 生産事業への投資計画が明らかになった。組立工程を現地で行うノックダウン方式を採用する予定。第 1 期（2024〜25 年）は鴻海と PTT の合弁会社であるアルンプラスに生産を委託する（年産 1 万 8,000 台）。第 2 期（2026〜27 年）は年 5 万台を生産し、うち 4 万 5,000 台を輸出する。第 3 期（2028〜30 年）は年 10 万台超に引きあげ、うち 6 万台を生産する。
	インドネシア	2023 年 12 月、東南アジアで初となる EV の組立生産を開始したと発表。部品を輸入しての完全ノックダウン方式で精算する。2024 年の発売を予定。
	スペイン	2024 年 4 月、現地の EV モーターズと欧州市場向けお EV 共同生産の合弁契約に調印。旧日産工場を活用しコンパクト SUV「オモダ 5」と EV モーターズの電動ピックアップトラック「エブロ」を生産する。官民合わせて 4 億ユーロを投資する見込み。2029 年に年産 15 万台を目指す。

（資料）各社発表などから作成（2024 年 4 月末時点）

業の投資を歓迎している。中国企業はニッケルなどの採掘・精錬から車載電池の開発，BEVの製造・販売まで，サプライチェーン全体でインドネシアに進出する動きをみせている。

ブラジルは，BYDが2023年7月，生産拠点の建設を発表。総投資額は約45億元（約900億円）で，2024年後半からの生産開始を見込んでいる。BEVとPHEVを年産15万台生産する計画で，米州市場での展開を見据えた投資と位置づけている。BYDは2010年代から配電会社への出資や公共バス市場への参入など，官民さまざまなチャネルを活用して脱炭素事業を展開している。長城汽車は2021年8月，独ダイムラー工場を買収する形でブラジルに進出すると発表。ただ，現時点（2024年4月末）では計画の発表にとどまっており，実際に現地生産を行っている中国NEV企業はない。

メキシコでは，主に欧米系自動車企業を中心に北米市場を狙ってBEVを生産しようというニアショアリングの動きがみられる。中国NEV企業は生産計画が報道などで散見されるものの，現時点（2024年4月末）で現地生産しているのは江淮汽車（JAC）のみである（セミノックダウン方式）。しかしながら，進出企業数では日本の1,300社を上回る1,328社（2022年末時点）の中国企業が進出している。テスラが米テキサス州に工場を設立した際，多くの中国系サプライヤーがヌエボレオン州モンテレイ市に投資している。

EUではBYDが2023年12月，ハンガリー南部のセゲド市にNEVの生産拠点を建設すると発表。先立つ2016年10月には北部のコマロム市にバス生産工場の建設を発表し，2017年4月から生産を開始している。車載電池では寧徳時代新能源科技（CATL）や蜂巣能源科技（SVOLT）などが進出し，ドイツやハンガリーなどでギガファクトリー事業を展開している。

2．タイにおける中国NEV企業と日系企業のビジネスチャンス

タイでは中国NEV企業の進出をビジネスチャンスと捉える日系企業がある一方で，商慣習や言語の違い，取引の継続性などに懸念があるとして静観する企業もあり二極化している。これまで自動車市場の大部分を日系企業が占めていたこともあり，取引も日系企業のネットワーク内で進む傾向が強かった。中国NEV販売が急拡大し現地生産も始まる中，日系企業にとっては中国NEV

企業とのビジネスをどうするのか，判断を迫られている状況にある。

　一般的に中国NEV企業は短納期の発注が多く，ビジネス条件としては厳しいといわれる。タイ進出日系企業へのヒアリングでは，日系企業は納品までに半年ほど時間があるが，中国企業は1カ月程度ということも多い。見積書を出すと同時に，納期に間に合わせるために動き始める必要があるとの声もよく聞かれる。また，複数社に同じ発注を行い最終的に1社に絞る，もしくは1社当たりの納品量を少なくすることも往々にしてあるという。納品まで価格を値切られるなど，中国の商習慣がタイでも用いられることが多い。現在，タイ進出中国NEV企業の多くが生産拠点の立ち上げ段階にあり，コア部品の調達決定権が依然本社にあることも背景にある。日系企業が取引をするためには，タイ拠点だけではなく，中国本社にもアプローチをした方がよい結果につながる可能性が高いとの指摘もある。

　哪吒汽車（Neta）調達センターの方暁鯤総経理は，「タイ政府の優遇策の対象となるべく，現地調達率を40％まで引き上げた。今後もさらに現地調達率を高めるため，タイに進出する日系企業との協業も模索したい。ただ，日系企業の判断のスピードや高コストなど課題もある」と述べている。長城汽車の調達担当者も「40％の現地調達率をクリアしているが，今後販売台数が増えると現地調達率をさらに高める必要がある」としており，日系企業との取引拡大に前向きな姿勢を示している。タイ進出日系企業の中には「ゲームチェンジが起こっている中で，成長している企業の需要を取りにいかなければ淘汰される」との声がある一方で，厳しい取引条件や利益率，費用対効果などから慎重な日系企業も少なくない。なお，中国NEV企業とのビジネスに積極的な企業は，総じて本社が意思決定している場合が多い。

　他方でタイ政府が求める40％の現地調達要求は，BEVの生産コストの約3割を占める車載電池を現地調達することでほぼクリアできることから，中国NEV企業の現地調達は短期的には大きく伸びないとの指摘もある。事実，タイで車載電池の後工程（組立て）を行う中国企業は増えている。長城汽車は工場敷地内に傘下の車載電池企業である蜂巣能源科技（SVOLT）の工場を擁しているほか，BYDも建設中の生産拠点に電池工場を併設するとみられている。国軒高科も電池パックの生産を行い，哪吒汽車（Neta）などに供給して

いる。世界最大の車載電池企業である寧徳時代新能源科技（CATL）は，タイ石油公社（PTT）傘下のアルンプラス社と車載電池の組立技術と生産設備を供与することで合意しており，2024年末にかけ生産を始めると発表している。車載電池が現地調達できれば，部品の多くを中国からの輸入で賄うことができるため，一部国産化要求のある品目[7]以外は大きく増えない可能性がある。

　確かに3,000万台を超える中国の自動車市場と200万台のタイ市場（いずれも輸出分含む）では，そもそも部品生産量が大きく異なり，部品当たりのコストも中国の方がかなり安い。中国NEV企業からも物流など関連費用を含めても，中国で生産しタイに輸入した方が安い部品が多いと聞く。中国には生産設備の過剰問題も指摘されており，部品企業にとっては海外進出をする積極的理由も乏しい。また，スマート化関連部品についても，現状タイではほとんど生産されていない（中国企業向けヒアリング）ため，輸出での対応がしばらく続くとみられている。実際のところ，浙江宏利オートパーツ，寧波天龍電子，寧波恒師などが工場設立を発表するにとどまっており，部品企業のタイ進出はまだ本格化していない。日系企業からの調達が増えるか否かについては，日系企業の意思決定や中国NEV企業の判断に加え，タイ政府の国産化要求の諸条件などによって大きく左右される。

おわりに

　前掲IEAレポートによると，2030年までに中国ではほぼ3台に1台，米国とEUではほぼ5台に1台がEV（IEAはBEVとPHEVを指している）になると予測している。2035年にはEVが世界の新車販売台数に占める比率は5割を超えるとしている。引き続き拡大が見込まれるNEV市場を前に，タイのように積極的に脱炭素化や産業高度化などを目的に，NEVの輸入や企業誘致に優遇策を展開する国もある。目下，中国NEV企業はそのような国・地域を中心に輸出や現地生産に向けた投資を拡大している。NEV産業に関連するサプライチェーンにおいて，世界的にも高い競争力と市場シェアを持つに至った中国企業が，国内の厳しい市場競争や生産過剰問題なども背景に世界展開を加

速している。欧米をはじめ警戒感を高める国・地域は今後も増えていく可能性がある。

　「CASE2.0」の世界は産業保護，通商摩擦，経済安全保障といった争点をより顕在化させつつも，それぞれの市場にあった形で不可逆的に進んできている。日本企業は最も CASE の社会実装が進む世界最大の中国自動車市場で，挽回に向けた挑戦を相次いで発表している。中国を国際競争力の維持，発展に必要不可欠な市場と位置づける。中国での苦しい経験を，特にタイやインドネシア，メキシコなど比較的高い市場シェアを持つ市場で繰り返してはならない。プレイヤーが大きく変わるモビリティ市場において，如何に変化に対応していくのか，中国経験を共有し積極的な対策を立てるタイミングに来ている。

（清水顕司）

注

1　NEV とは New Energy Vehicles の略で，バッテリー EV（BEV），プラグインハイブリッド車（PHEV），燃料電池車（FCV）が含まれる。ハイブリッド車（HV）は含まれていない。
2　日本は 2035 年までに BEV，PHEV，FCV，HV で 100％。米国は 2030 年までに BEV，PHEV，FCV で 50％，HV と ICE（ガソリン車）で 50％。EU（欧州委員会提案）は，2035 年までに BEV，FCV で 100％，ただし 2035 年以降も温室効果ガスの排出をゼロとみなす合成燃料の車両は可。中国は 2035 年までに NEV（BEV，PHEV，FCV）で 50％，HV で 50％としているが，NEV は 2027 年までに 45％を目標にしている。
3　国際エネルギー機関（IEA）（2024），94 ページ。
4　「盖世汽車」ウェブサイト，2023 年 12 月 17 日付（https://auto.gasgoo.com/news/202312/17I 70374705C1213.shtml）。
5　「EV3.0」「EV3.5」の対象は BEV と PHEV である。
6　「THE nation」ウェブサイト版，2024 年 4 月 23 日付（https://www.nationthailand.com/business/automobile/40037455）。
7　タイ政府は，車載電池のほか，PCU インバーター，モーター，減速機，コンプレッサーなどに対し国内生産を要求している。

参考文献

国際エネルギー機関（IEA）（2024），「Global EV Outlook 2024」（https://www.iea.org/reports/global-ev-outlook-2024）。
中西孝樹（2022），『CASE 革命 2030 年の自動車産業』日経新聞出版社。

第6章

EU 炭素国境調整メカニズム（CBAM）の衝撃

はじめに

　「ブリュッセル効果」という言葉がここ数年，広まりつつある。コロンビア大学のアニュ・ブラッドフォード教授が提起した概念で，強力な官僚組織である欧州委員会（以下，欧州委）が立案した EU の法令や規範が，約 4.5 億人の巨大な EU 市場をテコに，EU 域内を超えて国際社会に影響を及ぼす，という文脈で用いられる。過去の代表例としては個人情報保護法制 GDPR，化学品 REACH 規制などが挙げられよう。現在欧州委が進める「欧州グリーン・ディール」を中心とした一連のサステナビリティ関連政策も，そうした効果が発揮され得る，また EU としては発揮したい領域であり，CBAM（Carbon Border Adjustment Mechanism）もそのインパクトにおいて GDPR や REACH に比肩する新規性の高い政策といえる。

　CBAM の新規性は，炭素価格（カーボンプライシング）を国際貿易に適用するという点にある。近年，温室効果ガスの排出抑制の目的で炭素税や排出量取引制度の導入が世界的に進み，75 程度の国・地域・自治体が 2 つのいずれかまたは両方の炭素価格を導入している。EU は CBAM で世界に先駆けて，輸入品に対する炭素価格の賦課を 2026 年から開始するべく，現在はその準備のための移行期間に入っている。果たして CBAM は EU だけでなく，域外にも普及し，製品の輸入時に炭素価格を支払う制度が国際的に定着するという「ブリュッセル効果」が現れるのだろうか。目下，EU 域内に CBAM 対象製品を輸入する企業および輸出する企業はそれぞれ対応を求められており，本稿

122 第2部 サプライチェーンを巡る注目トピックス

執筆の2024年4月末現在，多くの企業から対応にかかる手間や負担について戸惑いの声が上がっている。本章ではCBAMのインパクトや特徴をまとめ，EUと貿易を行う企業はもちろんのこと，カーボンプライシングが国際貿易に適用されることのサプライチェーンへの潜在的な影響まで考察を試みる[1]。

第1節　新たな炭素価格制度としてのCBAM

1．CBAMのインパクト

EUでは2005年から排出量取引制度（EU-ETS）が段階的に導入され，有償オークションが開始した2013年以降，域内で流通する対象製品には，財自体の価格に加え，購入した排出枠分の炭素価格が上乗せされている。EUの立場としては，同様の炭素価格負担がない輸入品が域内に流入するとそちらへ需要が流れ，さらに製造拠点も域外流出し，結果的にグローバルにみて温暖化対策が進まない「カーボンリーケージ」が起きるので，それを防ぐために輸入品にも炭素価格の負担を求める。これがCBAMの目的である。従来，カーボンプライシング制度は各国・地域内で完結していたが，CBAMは国・地域の枠を超えて初めて国際貿易に導入された制度であり，カーボンプライシングが新たなステージに入ったともいえるほどのインパクトがある。EUのCBAM導入を受け，既に一部の国では同様の制度の検討が始まっている。中でも英国では2027年からの英国版CBAM導入に向けた準備が進んでおり，2024年4月現在，英国政府は制度導入に関するパブリック・コンサルテーション（公開諮問）を行っている。その他，カナダなどでも検討が進められている。

ジェトロの在欧州日系企業実態調査（2023年度）[2]によれば，在欧日系企業が注目するEUの政策・規制の中で，CBAMが回答率33.9％と最も高かった（6-1図）。企業持続可能性報告指令（CSRD）や，自動車二酸化炭素（CO_2）排出基準規則の改正といった注目政策を上回って，製造業・非製造業のいずれからもCBAMが最上位となったことからも，CBAMのインパクトの大きさがうかがえる。なお業種別回答が10社以上の中では商社（57.1％），輸送用機器部品（47.9％）でCBAMの回答率が特に高かった。

第6章　EU炭素国境調整メカニズム（CBAM）の衝撃　123

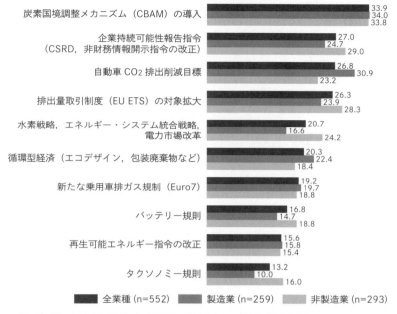

6-1図　在欧州日系企業が注目するEUの政策・規制

（資料）ジェトロ「2023年度　海外進出日系企業実態調査（欧州編）」

2．EU排出量取引制度とCBAMの関係

　CBAMは，EU域内で生産された対象製品と，域外からの輸入品との炭素価格負担における公平性の確保を目的に導入された，域内でのカーボンプライシング制度であるEU-ETSと対になる制度である[3]。EU-ETSでは現状，CBAMの対象セクターを含む対象部門で排出枠の無償割当を付与している。本来炭素排出を有償化するETSにおいて無償割当を正当化する名目は，排出枠購入の負担を回避するためにEU域内から域外へと生産拠点が流出することで生じるカーボンリーケージを回避することであった。CBAMは，このEU-ETSにおける無償割当に替わるカーボンリーケージ対策に位置づけられる。CBAMが導入されたことで，少なくとも理論上は，温室効果ガス排出量にかかるコストはEU域内外で等しくなる。その場合，無償割当はむしろ域内企業を域外企業よりも優位な立場に置くことになる。そのため，CBAM施行と

ほぼ同じタイミングで施行となった改正 EU-ETS 指令では，CBAM 対象セクターの排出枠無償割当は，CBAM 本格適用開始の 2026 年から段階的に削減され，2034 年に全廃される制度設計となっている。他方，その上でも EU-ETS と CBAM が実質的に公平な制度と言えるかについては既にさまざまな問題提起がなされている[4]。

第 2 節　CBAM の経緯，現在地と今後

1．これまでの経緯

　カーボンリーケージ対策としての CBAM の原型に当たる措置は，既に 2000 年代には「炭素国境税（Carbon Border Tax）」や「国境税調整（Border Tax Adjustment）」の名称で議論されていた[5]。CBAM という用語は，欧州委が 2019 年 12 月に発表した「欧州グリーン・ディール」政策文書の中で正式に登場した。欧州委は 2020 年 7〜10 月にかけて法案策定に向けたパブリック・コンサルテーションを実施[6]。そこでは主に，1）課金方法，2）対象製品，3）温室効果ガス排出量（以下，排出量）の算出方法といった制度の基本設計について，複数の選択肢を示して支持不支持を問うた。この中では例えば，回答者の多数が，制度は対象となるすべての輸入品に等しく適用され，例外は認めるべきでないとしたほか，排出量の算出結果は独立した第三者機関によって確認されるべきで，自己認証は認めるべきでないと回答している。支持を集めた選択肢は必ずしもすべて採用されていないが，WTO ルールなど EU の国際的約束との整合性を意識した現行制度の骨格形成に関わる意見が提起されている。

　EU 法令としての CBAM 設置規則案は 2021 年 7 月，EU の気候変動対策パッケージ「Fit for 55」の 1 つとして欧州委により提案された。EU 理事会および欧州議会の審議を経て，2022 年 12 月に両立法機関間の政治合意に至った。政治合意では，対象製品にセメント，肥料，鉄・鉄鋼，アルミニウム，電力に加え，当初案にはなかった水素が欧州議会の要求に応じて新たに追加された。さらに塊成化された鉄鋼石，フェロマンガン，フェロクロムなどの前駆体材料の一部や，鉄・鉄鋼製のネジやボルトなどの対象製品を原料とした製品の

第6章 EU炭素国境調整メカニズム（CBAM）の衝撃　125

6-1表　CBAMの対象品目と対象となる炭素排出

分類	対象製品	本格適用時の対象排出量
セメント	カオリン系粘土，セメントクリンカー，白色セメント，アルミナセメント，その他の水硬性セメント	直接・間接
電力	電力	直接・間接
肥料	硝酸・硫硝酸，無水アンモニアおよびアンモニア水，硝酸塩，窒素肥料およびその他肥料	直接・間接
鉄鋼	鉄および鉄鋼（ただしフェロシリコン，フェロシリコマンガンなどケイ素化合物，鉄鋼スクラップを除く），凝結させた鉄鉱，鋼矢板および溶接形鋼，レール（鉄道用建設資材），鋳鉄管，鉄鋼管および継手，構造物およびその部分品，鉄鋼製の貯蔵タンク・ドラム・缶など容器，ネジ・ボルト・ナット・リベット，その他鉄鋼製品	直接排出のみ
アルミニウム	アルミニウム塊（スクラップを除く），粉・フレーク，棒および形材，ワイヤー，板・シート・ストリップ，アルミニウム箔，アルミニウム製の管および継手，タンク・ドラム・缶など容器，圧縮ガス用または液化ガス用のアルミニウム製容器，より線・ケーブル・組みひもなど（電気絶縁したものを除く），その他アルミニウム製品	直接排出のみ
化学品	水素	直接排出のみ

（注）①対象製品の詳細はCBAM設置規則が指定するCNコードに従う
　　　②CBAMにおける直接排出とは，対象製品の生産工程における排出量で，生産で消費される温冷熱の生産からの排出を含む。その場合，温冷熱の生産場所に関わらず，直接排出に含める。同じく間接排出間接排出とは，生産工程で消費される電力の生産からの排出。その場合，発電場所に関わらず間接排出に含める
　　　③移行期間中は全対象品目で直接および間接排出を報告
（資料）CBAM設置規則をもとに作成

一部も，追加的に対象に加えられた（6-1表）。この修正が，CBAMの企業への影響を拡大させる要因の1つとなる。設置規則はその後，2023年4月に正式採択され，同5月に発効した。

2．CBAMの現在地

　CBAMは2023年10月1日に適用開始となり，2026年1月1日からの本格適用に向けた移行期間に入った。対象製品への課金が「CBAM証書」の購入というかたちで義務化されるのは本格適用後となるが，それまで移行期間として四半期ごとに報告義務が発生する。報告では対象製品の輸入量およびその生産に伴う排出量，ならびに原産国でその国の制度に基づき既に支払い済みの炭素価格がある場合はその情報などを，原則として各四半期終了後1カ月以内に

126 第2部　サプライチェーンを巡る注目トピックス

所定の方式で報告用ポータルに提出しなければならない。

　移行期間の開始に当たって，2023年8月半ば（当初案は6月公表）に詳細を規定した実施規則が採択されたほか，輸入者や生産者向けのガイダンス資料も8月に同じタイミングで発表された。2023年10月の開始に対して，わずか1カ月半前の採択・発表となったことで，企業や業界団体からは準備期間が短すぎるとの批判が上がった。この経験から，来たる2026年の本格適用を前に，同様の混乱が生じる懸念を示す見方が絶えない。

　本章執筆時点の2024年4月末は同年1～3月期のEUへの対象製品の輸入に関する報告期限となっている。同年1月末の初回報告期限の際は，システムトラブルなどで期限に間に合わない企業が続出し，30日間の猶予期間が設けられ，以後の報告でも遅延提出の仕組みが追加された。初回の報告については，欧州委が想定した数よりも提出された報告数が大幅に少なかった模様だ[7]。

3．今後のスケジュール

　今後の注目点は，本格適用時の詳細ルールの発表と，CBAM適用範囲の拡張である。本格適用までに欧州委はCBAM設置規則を補完する実施法令および委任法令を十数本発表する見込みである。輸入者が申告する際の記載事項の詳細および申告のためのポータル「CBAM登録簿」の設計や，炭素価格の負担分として輸入者が購入する「CBAM証書」の管理方法や販売価格決定の詳細，対象製品の域内生産施設へのEU-ETS無償排出枠に対応してCBAM証書の購入量を調整する際の算出方法の詳細，域外国で支払った炭素価格分を控除するための方法などが含まれる。これらの多くは，移行期間中の企業からの報告を欧州委が検証・分析したうえで，ルール化されることになるため，その内容とともに前述の通り，企業が準備可能なタイミングで細則が発表されるかがポイントとなる。

　適用範囲の拡張は主に，対象品目自体の拡大と，本格適用後のCBAM申告の対象となる排出量の範囲の拡大の2つがある。対象品目の拡大は，大きく分けて1）対象製品の川下製品への拡大と，2）EU-ETSの中で「カーボンリーケージ」の恐れの高いとされる品目の中で，現状，CBAMの対象になっていないものとがある。1）の川下製品については，2024年末までに欧州委が追加

を検討すべき製品を特定する。既にネジ，ボルト，ナット，スクリューといった，多くの機械・輸送機器類などに使用される鉄鋼またはアルミ製一次製品が対象川下製品に含まれたことで，現在の移行期間では多くの企業が報告の負担に追われている。さらなる拡大について2024年末までと，比較的短期間で結

6-2表　CBAMの今後の主なスケジュール

年月	日程	概要
2023年5月	CBAM施行	2023年5月17日にCBAM設置規則が施行
2023年10月	暫定適用（移行期間）開始	2023年10月1日から始まる四半期より，CBAM対象品目の輸入者またはその間接通関代理人は，原則として各四半期の1カ月後までにCBAM報告書を提出
2024年7月末	CBAM排出総量算出方法からの逸脱の期限1	2024年7月末までは，CBAM報告書に用いる総排出量の算出方法を示した上で，任意の方法を用いることができる
2024年12月末	川下製品の追加検討・特定	欧州委員会が，対象製品を使用する川下製品のうち規則対象に追加を検討すべき製品を特定し，欧州議会・EU理事会に報告書を提出
	CBAM排出総量算出方法からの逸脱の期限2	2024年12月末までは，CBAM報告書に用いる総排出量の算出方法に，対象製品の生産国での炭素価格制度や確立された測量基準を用いることができる
2025年12月末	移行期間終了CBAM対象品目の追加を評価	2025年末で移行期間終了。欧州委員会が適用範囲拡大などの見直しを提案（規則改正案や影響評価を提示する可能性も）
2026年1月	本格適用開始	2026年1月の輸入からCBAM証書購入の対象に。輸入に先立ち，輸入者は認可CBAM申告者としての認定を受ける必要
2026年3月末	第1四半期分のCBAM証書の準備期限	各四半期末に排出総量の80％以上分に相当するCBAM証書をCBAM登録簿の口座に準備する必要がある
2027年5月末	2026年分のCBAM証書の納付期限	2026年の申告排出総量に相当するCBAM証書をCBAM登録簿に準備し，欧州委員会が証書を登録簿より回収する
2027年6月末	余剰分のCBAM証書の買い戻し要請期限	納付後に登録簿に残存しているCBAM証書は6月末までに，購入価格での買い戻しを要請できる。7月1日に残っている証書は無効化される
2030年	欧州委員会が目安とする対象品目拡大の時期	欧州委員会は2030年までにカーボンリーケージのリスクの高いEU-ETS対象製品をすべてCBAM対象製品に含めることを目指す
2034年	EU-ETS無償排出割当からの完全移行	CBAM対象製品のEU-ETSでの無償排出割当は2026年から段階的に削減され，2034年から100％廃止されCBAMに完全に移行する

（資料）CBAM設置規則および移行期間における義務に関する実施規則から作成

論を出すスケジュールとなっているため，目下のところ例えば鉄鋼を使用した最終製品のような，大幅な拡大を想定した議論は影を潜めている。他方，鉄鋼製品の中でも例えば鉄製チェーンのように，現状では対象に含まれていない一次製品を扱う企業からは追加対象となることへの懸念の声も聞かれている。上記 2）については有機化合物およびポリマーが，拡大候補の具体例としてCBAM 設置規則自体に明記されている。さらにこれらが当初の対象外となった理由として欧州委は排出量の計測が難しいことを挙げているが，化学品メーカーによれば計測技術は向こう 5 年では改良されることが予想されることからも，今後対象に含まれる可能性が高いとみられる。その他，欧州委の担当者は，石灰やガラスも候補になるとコメントしている。

　対象となる排出量の範囲の拡大については，現行制度では本格適用後のCBAM 申告の対象とならない鉄鋼，アルミニウム，水素の間接排出への拡大や，対象製品の輸送および輸送サービスにおける排出量への拡大，対象製品の投入材で申告の対象となるものの拡大，などが想定されている。スケジュールとしては，2025 年末までに欧州委が対象製品および排出量も含めた適用範囲の拡大について見直しを提案することになっている（6-2 表）。

第 3 節　CBAM への企業の関心事項および懸念点

1．報告者（輸入者）の視点

　CBAM では対象製品の輸入者（またはその間接的通関代理人）が EU の報告用ポータルに必要情報を入力し，2026 年以降は「CBAM 証書」を購入して排出コストを負担する。つまり一義的には，CBAM の義務を履行する責任は輸入者にある。

　現在の移行期間中の CBAM 報告は，移行期間の実施規則付属書 I に記載の項目数で約 230 項目あり，煩雑さが指摘されている。シュツットガルト商工会議所が CBAM の影響を受けた輸入業者を対象にしたアンケート結果（2024 年3 月公表）によれば，移行期間の報告手続きについて 71％が「手間が必要以上に多く，過度の労力がかかる」と回答した（6-3 表）。以下では，報告内容に

第6章　EU炭素国境調整メカニズム（CBAM）の衝撃　129

6-3表　シュツットガルト・ドイツ商工会議所のCBAMアンケート（抜粋）

問：CBAM登録簿（EUの報告ポータル）への評価

選択肢	回答率
手間が必要以上に多く，過度の労力がかかる	71%
エラーメッセージが理解できない	63%
ドイツ語版が必要	58%
制度の仕組みが理解できない	43%
報告を完了・送付することができなかった	31%
細かい不具合を除けば大きな問題はない	11%
良い	1%

問：実際の排出量に関する正確な情報を得るためには海外のサプライヤーにコンタクトが必要になる。サプライヤーの反応は？

選択肢	回答率
生産者から情報を得るのは難しい	46%
問い合わせを受けた場合に答えられないため，まだコンタクトしていない	36%
仲介業者を通じて調達しているが，仲介業者でも必要な情報を得るのは難しい	18%
当社のサプライヤーは，将来的に排出量の数値を当社に提供できるようになるだろう	3%

（注）「CBAM登録簿」は，移行期間中は「CBAM移行期登録簿」が正式な名称
（資料）シュツットガルト・ドイツ商工会議所資料から作成

関わる論点の中でも関心が高い，1）デフォルト値（既定値）の使用と，2）報告下限額の2点を取り上げる。

　1点目，排出量算出におけるデフォルト値の使用については，移行期間開始から3四半期の報告（2023年第4四半期～2024年第2四半期分）では，実際のモニタリングに基づく排出量の報告に代えて，欧州委が2023年12月に発表したデフォルト値に基づいた報告が可能である。このデフォルト値は欧州委が，CBAMの対象となる製品ごとに，生産1トン当たりの排出量を世界共通で，CNコード（EU関税番号）それぞれにつき1つの値を定めたものである。在欧日系企業へのヒアリングによれば，2024年4月時点では，ほとんどの対象企業企業が，デフォルト値を用いて報告している。理由として，1）輸入量にデフォルト値を掛けただけで排出の報告が可能であり，報告内容を大幅に簡素化することができること，2）移行期間中，課金は発生しないため，デフォルト値を用いることで報告排出量が実際より上振れしても，費用負担にはならないこと，3）報告内容には生産企業にとって機微な内容が含まれるため，デフォルト値を用いることで輸出側が情報提供を回避できること，が挙げられる。しかし，移行期間の実施規則に基づくと2024年第3四半期分からはISO基準の測定方法など，EUが指定する方式と同程度の精度である基準での報告を求め，さらに2025年第1四半期から第4四半期はEU指定の方式での

130　第2部　サプライチェーンを巡る注目トピックス

報告のみを認め，デフォルト値の使用は一部に限られることになる。

　従って今後，報告企業は排出量や，生産施設で対象製品の製造に用いられる技術など，より詳しい情報を生産者側から入手することが求められる。既に一部の欧州企業では，今後に備えデフォルト値ではなく，実排出量ベースでの情報を求めてくるケースもあるとのこと。輸入者の立場としては，生産者側から必要な情報を入手する手間が大きくかかる可能性がある。

　本格適用後の報告の詳細は実施細則の発表を待つ必要があるが，CBAM 設置規則付属書Ⅳによれば，本格適用後は，実際の排出量を算出できない場合に限り，デフォルト値を使用できる。移行期間では 2024 年下半期から原則デフォルト値での報告が認められないにもかかわらず，2026 年以降は再び使用が認められる，という可逆的ともいえる設計になっている。この点は，欧州委が本格適用に向けた制度設計のためのデータを集めるという目的のために，移行期間中はデフォルト値使用を期間限定にしたと考えられる。なお，本格適用時のデフォルト値は世界共通ではなく，国や地域ごとに算出した，より精緻な値が発表される予定だ。輸入企業には，生産企業から排出量を入手するという手間を選択するか，より多くの費用がかかってもデフォルト値を選択するか，あるいは輸入相手の見直しを検討するか，本格適用を見据え難しい選択が迫られる。

　2 点目，報告下限額については，CBAM 対象製品の報告義務の適用除外は，民生品に関しては輸入する 1 貨物につき CBAM 対象製品の価額が 150 ユーロを超えないものに限られる。150 ユーロという下限額が非常に小さいため，およそ商業的な輸入に関してはほぼすべてが報告対象とみられたが，実は必ずしもそうではない。ネジやボルトなど多くの機械製品に用いられる汎用部品が CBAM の対象となったことで，メンテナンス用の修理・交換部品を少量輸入する際に，150 ユーロ前後となるケースも少なからずあるようだ。

　CBAM に詳しいシュツットガルト商工会議所の担当者は，下限額について現行の 150 ユーロから，少なくとも 1,000 ユーロに引き上げるべきであり，5,000 ユーロならさらに望ましいとし，あるいは金額ではなく，例えば 5 トン以上の輸入のみに報告義務を課すなど，重量ベースを採用するのも選択肢だと指摘している[8]。同担当者は，ネジなどの鉄鋼・アルミ川下製品は十分な影響

評価を経ずに対象製品に含まれたとみており，下限額の見直しにより報告対象を絞り込むことで企業の負担を緩和できると提案している。

このように，これまでのところ CBAM に伴う輸入者の負担としては，コストアップよりも，事務的な負担の大きさを指摘する声が目立っている。他方，前述のジェトロによる在欧進出日系企業調査でも CBAM に対する企業の声として「原材料価格の高騰」への懸念があったように，中長期的には輸入者にとって調達価格の上昇につながる恐れもある。輸入者は EU 域外サプライヤーとの契約を締結・更新する際に，CBAM 対応に必要な情報の提供という視点も考慮に入れるべきであろう。サプライヤーが CBAM に基づく情報の提供に応じない場合には，調達先の見直しを迫られる可能性も出てくる。

2．生産者（輸出側）の視点

排出量の具体的な算出が必要になった際，実際の排出量のモニタリングと算出に対応し情報を提供するのは生産者である。前項デフォルト値についての論点の通り，生産者にとって設備の排出量や，単位生産当たりに使用される投入材の量，生産工程の詳細といった情報には企業の競争力に直結する機密情報が含まれる[9]。デフォルト値の使用が制限される 2024 年下半期以降を見据えた今後の論点としては，1）情報の精度と EU 方式への対応，2）輸入投入材に関する排出情報の入手，3）情報漏洩の防止，4）迂回行為などが想定される。

1 点目の情報の精度は，近年，排出量の削減とともに，排出量の定量的な把握に取り組む企業が少なくない中，そうした取り組みが CBAM において求められる報告内容に対応しているかという点になる。ジェトロの調査結果によれば，自社の排出量（いわゆるスコープ 1）削減方針を策定済みもしくは予定する国内の日本企業 1,310 社のうち，「①自社の製品・サービスの単位当たりの排出量を把握している」割合は 13.7％だった[10]（6-2 図）。大企業では 26.5％，中小企業では 9.7％と差がある。EU 方式での算出範囲と，アンケート回答者が認識する「単位当たりの排出量の把握」が一致しないことを考慮しても[11]，大まかにはこの層が CBAM に対応できる情報を既に準備している企業とみなすことはできる。この層にさらに「②自社の排出総量を全体として把握しているが，製品・サービスの単位当たりの排出量までは把握していない」を

6-2図　自社の温室効果ガス排出の把握状況

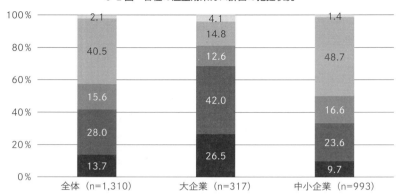

⑤無回答
④排出削減に取り組んでいるものの，自社の排出量自体は定量的に把握できていない
③特定のプロセスについて排出量を把握しているが，排出量全体までは把握していない
②自社の排出総量を全体として把握しているが，製品・サービスの単位当たりの排出量までは把握していない
①自社の製品・サービスの単位当たりの排出量を把握している

（注）nは，スコープ1（自社排出）削減方針を「策定済み」「今後1年以内に策定予定」または「今後2～5年以内に策定予定」と回答した企業数
（資料）ジェトロ「2023年度　日本企業の海外事業展開に関するアンケート調査」

加えると，大企業では約3分の2（68.5％），中小企業では3分の1（33.3％）であった。企業の非財務情報の開示要求が厳しくなる中，CBAM対応に限らずサプライヤーが顧客から排出量に関する情報を求められる傾向は，今後一層強まるとみられる。特に中小の生産者では多くの場合，製品単位当たりの排出量へと，自社で把握する情報の精度を高める取り組みが求められるだろう。

　2点目の輸入投入材に関する排出情報の入手とは，CBAMの報告対象となる原材料に関する情報，例えばネジ製造の場合，投入材としての鉄・鉄鋼の生産に伴う排出情報のことである。日本国内でさえサプライヤーから排出量に関する情報を入手するのが容易ではないところ，原材料の調達先が海外の場合は一層困難となることが予想される。実際，ネジなどの鉄鋼一次製品について原材料，もしくは製品そのものを中国などアジアから輸入している日本企業では，「調達先が必要な排出関連の情報を出してくれるのか疑問」という声もきかれる。輸出側企業にとっては，CBAMを契機に，輸入者がEU域内からの調達に切り替えるリスクも想定する必要が出てくる。

第6章　EU 炭素国境調整メカニズム（CBAM）の衝撃　　133

3 点目は情報漏洩。生産に関する機密性の高い情報を輸入者に提供すること
へ生産者側が懸念を示している。そのような懸念を踏まえ欧州委は，「2024 年
の第 2 報告期間までに，報告義務の簡素化や，EU 域外の生産者による特定の
ビジネス上のデータの CBAM（移行期）登録簿へのデータの直接提出に向け
て取り組む」としており，輸入者を介さない報告システムが新設される見込み
である。なお一部には，輸入者への情報漏洩だけでなく，重要産業の排出量や
生産工程に関する情報が国外の当局に無条件にわたることについて経済安全保
障上の観点で懸念を示す見方もある。

4 点目の迂回行為は「CBAM 設置規則の義務の一部またはすべてを回避す
ること以外に，実施する正当な理由や経済的な正当性が不十分な慣行，プロセ
ス，作業による製品の貿易パターンの変更」と定義される。具体的には対象製
品でない CN コードに分類されるように「わずかに輸入品目を変更すること」
や，意図的に少額貨物に分割することなどが迂回行為に該当する。他方，企業
の立場では輸入品目やサプライチェーンを CBAM 適用の観点から見直して対
象製品でない品目を選択したり，調達パターンを変更したりすること自体は，
コスト削減のための企業努力の一環ともみることができる。CBAM 設置規則
では，迂回行為が認定された場合，その「わずかに変更された製品」を対象品
目に加えるなど厳正に対処するとしており，どの程度の加工までがわずかな変
更に該当するかが論点の 1 つになり得る。

第4節　課題と展望

1．全般的な課題

前節の通り移行期間においては，CBAM への懸念は報告にかかる手間や労
力，情報開示への抵抗感，といった点が中心となっている。しかし中長期的
には輸入者・生産者いずれの観点でも，コスト上昇や競争力への影響が指摘さ
れている。実際に排出価格が上乗せされた際，CBAM 対応を理由とするサプ
ライチェーン見直しの動きが進むのだろうか。この点は，対象製品によって状
況は異なるとみられる。CBAM 対象製品でも例えば電磁鋼板や，高純度の低

炭素アンモニアなど付加価値の高い品目は代替性が低く，排出価格の負担額によって，すぐに取引の見直しにつながる可能性は低いと考えられる。他方，ネジやボルトなど比較的汎用性の高い製品については，輸入を EU 域内企業からの調達へ切り替えるなど取引先の変更が進む可能性がある。

　今後の焦点としては，まず本格適用に向けて，制度の簡素化を含めた見直しが進むかという点，さらに対象品目の拡大が挙げられる。制度の簡素化には，報告項目のスリム化や，報告下限額の引き上げが含まれる。対象品目では，前述の通り有力視される化学品への拡大が挙げられる。ポリマーが対象に含まれることになった場合に，汎用性の高い合成樹脂（プラスチック）にまで範囲が及ぶと，自動車など幅広い産業への影響が懸念される。

　その他の論点として，原産国で支払った炭素価格について何が対象となり，どのように CBAM 証書の購入額から控除されるかも注目される。CBAM 設置規則では原産国で支払った炭素価格の調整の目的で EU が第三国のカーボンプライシング制度を考慮するための国際協定を当該第三国・地域と締結することができると規定している。既に一部の国で協定の締結に向けた政府間の取り組みが始まっている模様であり，今後の方向性が注目される。

2．国際的議論に発展する CBAM

　CBAM に対しては，既にインド，中国，南アフリカ共和国など途上国を中心に，気候変動対策にかかる費用的負担を途上国に転嫁するものであるといった批判的な見方や，制度の WTO ルールとの整合性を疑問視する声が上がっている[12]。途上国だけでなく，日本政府も WTO の各種委員会などの場において「CBAM について，ルール整合性や通商・気候措置としての妥当性の観点から検証・関与していく」としている[13]。CBAM の WTO ルール整合性について代表的な論点としては，EU 域内との内国民待遇（内外無差別）や，域外国間での最恵国待遇の確保が挙げられる。特に EU 内外の無差別確保は，EU-ETS と CBAM の公平性という CBAM の制度設計の根幹に関わる論点である。EU は CBAM の発表までこの点を慎重に検討してきたとはいえ，EU 域内の「施設」に対して排出枠の購入を課す ETS と，輸入する「物品」に CBAM 証書の購入を課す CBAM の公平性について客観的な評価は難しい。例えば，ETS

は対象となる産業の燃料の燃焼が 20 メガワット以上の生産施設に限られるのに対し，CBAM で対象外となる下限額が 150 ユーロと極めて低いことは，両者の規模の観点で公平であるとは言い難いだろう。

　EU 域内からも CBAM を含むグリーン政策について慎重な意見が強まっている。米国や中国に対する EU の競争力維持の観点で，2024 年 4 月の欧州理事会（EU 首脳会合）特別会合の総括文書では，「EU とその国際的パートナーおよび主要な競合相手との成長，生産性およびイノベーション上のギャップを埋めるべく，新たな欧州競争力ディールが必要である」とし，従来の政策からの転換が示唆された。EU の脱炭素政策については「われわれの産業を競争整合的な方法で脱炭素化する効果的な産業政策を策定し実施すること」に言及があった。さらに同会合に先立ちフランス，ドイツ，イタリアが共同プレスリリースを発表し，EU の CBAM 導入によって，エネルギー集約型産業の脱炭素化や競争力が阻害されないことや，CBAM がカーボンリーケージを完全に防止できることを確認すべきとした[14]。このように EU 域内において，「欧州グリーン・ディール」を推進しつつも，「競争力」最優先へと空気感の変化がみられる点も，今後，順調であれば 2024 年 11 月中にも始動する次期欧州委体制による CBAM 本格適用時の詳細策定の方向性を見極めていく上で軸となる要素になるであろう。

　CBAM はこれまでのところ，EU の同政策を指す用語として浸透しているが，必ずしも EU の措置を指すものではなく，国境措置として炭素価格を輸入品に課す制度の総称でもある。「CBAM」がそのように真に一般名詞となったとき，それは冒頭で提起した「ブリュッセル効果」が現れたときといえるだろう。本稿執筆時点でその見極め，言い換えれば本章タイトルに冠した「CBAM の衝撃」のグラビティの評価には時期尚早であり，2026 年の本格適用とその後の発展，ならびに英国などで進む制度の検討の行方を見定めたい。

（安田　啓）

注
1　CBAM の実務解説，制度内容の詳細は，ジェトロ（2024）を参照。
2　ジェトロ（2023）「2023 年度　海外進出日系企業実態調査（欧州編）」2023 年 12 月発表。2023 年 9 月実施，回答企業数は 830 社，有効回答率 57.0%。

136 第2部 サプライチェーンを巡る注目トピックス

3 EU-ETS については，ジェトロ（2024）「EU ETS の改正および EU ETS II 創設等に関する報告書」ジェトロ調査レポート（2024 年5月），江里口（2024）を参照。

4 例えば，笠井（2023b）。その他，移行期間中の CBAM 報告義務に関する実施規則発表時のパブリックコメントでは，在欧日系ビジネス協議会などから欧州委に対し EU-ETS と CBAM の非対称性についての意見が提出されている。

5 ジェトロ（2010）「ジェトロ世界貿易投資報告 2010 年版」総論編，67-71 ページ。

6 パブリック・コンサルテーションの概要は，ジェトロ（2021），94-97 ページ参照。

7 シュツットガルト商工会議所の CBAM アンケートを取りまとめた税関・貿易円滑化部門ヘッド，マルク・バウアー氏よれば，EU 域内企業による 2023 年第4四半期（10〜12 月）分の CBAM 報告実績は4月上旬時点で約1万3,000 件程度と，欧州委がこれまでの輸入実績などから想定していた7万件程度より大幅に少ない数だったとの報告されている（2024 年4月10日ジェトロインタビュー）。

8 安田（2024）。

9 一般社団法人日本鉄鋼連盟「CBAM 移行期間中の報告義務に関する実施法ドラフト鉄連パブコメ」（2023 年7月11日付）。

10 ジェトロ（2024）「2023 年度 日本企業の海外事業展開に関するアンケート調査」，2024 年3月発表。2023 年 11〜12 月実施，回答企業数 3,196 社，有効回答率 34.1%。

11 安田（2023）より，「本格適用後の基本設計と注意点」を参照。

12 ジェトロ（2024），33-34 ページ。

13 経済産業省（2023）「不公正貿易報告書を受けた経済産業省の取組方針」（2023 年6月16日），19-20 ページ。

14 フランス経済・財務・産業およびデジタル主権省（2024）"France, Italy and Germany call to foster the development of green and digital technologies to enhance European competitiveness and productivity". （2024 年4月8日付プレスリリース）

参考文献

上野貴弘（2023），「EU の炭素国境調整メカニズム（CBAM）規則の解説」電力中央研究所社会経済研究所ディスカッションペーパー，SERC23002。

上野貴弘（2024），『グリーン戦争─気候変動の国際政治』中公新書。

江里口理子（2024），「世界をリードする EU のカーボンプライシング（1）EU ETS」，「世界をリードする EU のカーボンプライシング（2）CBAM」ジェトロ地域・分析レポート（2024 年5月）。

笠井清美（2023a），「貿易と環境の最新の展開（上）」『貿易と関税』2023.4，日本関税協会。

笠井清美（2023b），「貿易と環境の最新の展開（下）」『貿易と関税』2023.9，日本関税協会。

ジェトロ（2021），「新型コロナ危機からの復興・成長戦略としての「欧州グリーン・ディール」の最新動向」ジェトロ調査レポート（2021 年3月）。

ジェトロ（2024），「EU 炭素国境調整メカニズム（CBAM）の解説（基礎編）」ジェトロ調査レポート（2024 年2月）。

安田啓（2024），「ドイツ商工会議所の専門家，「CBAM は制度の簡素化が必要」」ジェトロ地域・分析レポート（2024 年4月）。

安田啓（2023），「EU の炭素国境調整メカニズム（CBAM）に備える」ジェトロ地域・分析レポート（2023 年8月）。

European Commission, Taxation and Customs Union, Carbon Border Adjustment Mechanism 特設ウェブサイトより各種資料。

第 3 部

サプライチェーンの変容
～主要生産拠点のチャンスとリスク～

第7章

米　国

はじめに

　世界最大の経済規模を誇る米国の政策は，世界に対して大きな影響力を有する。企業が構築する，グローバルなサプライチェーンに対しても同様だ。中国の華為技術（ファーウェイ）のエンティティ・リスト（EL）への掲載や先端半導体に対する輸出管理強化，ウイグル強制労働防止法（UFLPA）は，日本企業も含む世界中の企業に対して対中ビジネスの見直しを迫った。特に輸出管理は，米国の経済安全保障を確保する上で，今や筆頭の政策に位置づけられている。またバイデン政権は気候変動対策にも力を入れており，インフレ削減法（IRA）などを基に，クリーンエネルギーの導入補助や電気自動車（EV）の普及を促している。ただし同時に，IRAで定めたEV購入時の税額控除の適用条件には，中国など米政府が懸念する国の関与を抑制する要件が盛り込まれている。米国内の半導体産業の強化を目指すCHIPSおよび科学法（CHIPSプラス法）も同様に，米政府から補助金を受けるためには，中国での投資拡大が制限される。なお，IRAやCHIPSプラス法の成立には，米国内の産業保護や雇用の確保，サプライチェーンの強靭化といった観点も大きく影響している。このように，経済安全保障やグリーン，人権に関係する米国の政策は，複数の観点が複雑に絡み合ってできている。そこで本章では，米国の他国への影響力の源泉の1つである世界最大の市場とその主要な貿易投資相手国について概観した後，トランプ政権からバイデン政権へと代わる中でとられた経済安全保障政策，グリーン政策，人権保護政策について，その政策形成の背景を踏まえなが

ら考察する。そして、これら政策が米国の対中サプライチェーンへ与えた影響と、今後の米国でのビジネスチャンスとリスクについて展望する。

第1節　米国市場と貿易投資

1．世界最大のGDP

米国のGDPは2023年に26兆9,500億ドルと世界最大だ。GDPを国別で比較すると米国が突出して大きく、その後2位の中国がおり、さらにその次にドイツや日本などの3位集団がいる構図になっている（7-1図）。中国は2000年代後半から急拡大してきたが、IMFによれば、今後もしばらくは米国と1兆ドル程度の差が継続すると予測されている。

米国の市場の大きさは、州の経済規模からも知ることができる。州別GDP最大のカリフォルニア州は世界5位のインドより大きく、州別で2番目に大きいテキサス州は国別8位のイタリアよりも大きい（7-1表）。州別で最も小さ

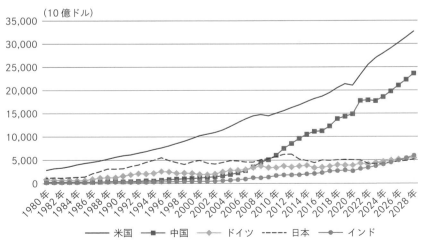

7-1図　主要国のGDPの推移

（注）インドのみ2023年以降、その他の国は2022年以降推計値
（資料）IMF「World Economic Outlook, October 2023」から作成

第 7 章　米　　国　141

7-1 表　GDP の国別・州別比較

(10 億ドル)

国別順位	国・州名	GDP
1 位	米国	26,950
2 位	中国	17,701
3 位	ドイツ	4,430
4 位	日本	4,231
	カリフォルニア	3,862
5 位	インド	3,732
6 位	英国	3,332
7 位	フランス	3,049
	テキサス	2,564
8 位	イタリア	2,186
	ニューヨーク	2,152
9 位	ブラジル	2,127
10 位	カナダ	2,118

(注)　2023 年の値

(資料)　国別は IMF「World Economic Outlook, October 2023」から，州別は BEA の「Gross Domestic Product by State」から作成

　いバーモント州は，パラグアイやバーレーンと同規模であり，全 50 州がそれぞれ一国と同様の経済規模を有している。

　この巨大な GDP を支えているのが，個人消費だ。米国では GDP の約 7 割を個人消費が占める。さらに人口 3 億人を超える巨大な消費市場は，人口増加を背景に拡大し続けている。米センサス局によると，米国の人口は 2020 年 4 月 1 日の 3 億 3,144 万 9,281 人から，2023 年 7 月 1 日の推測値では 3 億 3,491 万 4,895 人と，先進国でありながら増加している。日本企業も米国を重要な市場と位置づけている。ジェトロの日本本社に対する海外事業展開に関するアンケート調査によると，今後最重要と考える輸出先を米国と回答した割合は 20.9％で，中国の 18.4％を抜いて 1 位となった。海外で事業拡大を図る国・地域に関しても，米国と回答した割合が 28.1％と最も高かった（2 位はベトナムで 24.9％，3 位は中国で 22.6％）。

2．米国の輸入相手国

では，この世界最大の市場と，最も取引をしている国はどこか。米国の輸入額を国別にみると，1990年代前半までは日本とカナダでその大半を占めていた。だが，1994年に北米自由貿易協定（NAFTA）が発効して以降，メキシコからの輸入額が増加し，2000年に日本を抜いて国別2位となった（7-2図）。一方で，日本からの輸入額は1990年代から2023年までに大きな変化はない。日米貿易摩擦の影響から，日本は米国へ投資し米国での生産を加速させたことが影響している。2000年代に入ると，中国からの輸入額が大きく伸びた。中国は2007年にカナダを抜いて以降，15年以上，米国の輸入額で国別1位だった。だが，2018年からの米中対立や，2020年以降の新型コロナウイルスのパンデミックによるサプライチェーン再編などが影響し，2023年に中国からの輸入額は前年比20.3%減となり国別2位となった。代わってメキシコが，初めて国別一位となった。カナダからの輸入額も，2021年以降改めて拡大傾向にあり，メキシコとカナダの輸入額を合わせると米国の全輸入額の30%程度を占める。なお，NAFTAはその後再交渉され，2020年7月に米国・メキシコ・カナダ協定（USMCA）として再発効された。

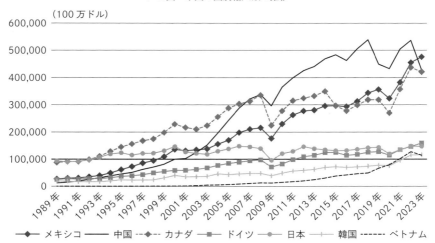

7-2図　米国の国別輸入額の推移

（資料）米国国際貿易委員会（USITC）から作成

3．米国の投資相手国

　輸入額では，米国に隣接するメキシコやカナダが大きな割合を占めた。一方で対米投資残高では，日本が最大だ（7-3 図）。2019 年に武田薬品工業によるシャイアーの約 62 億ドルでの買収などにより，日本が対米投資残高で英国を抜いた。同年以降は日本が首位となっている。特に製造業での投資額が大きく，日本の対米投資残高の 45％弱を占める。商務省経済分析局（BEA）によれば，製造業における米国での雇用創出数は，日本が投資国別で 1 位だ。製造業による投資の大きさをもとに，投資国別の米国からの輸出額も日本が 1 位で，米国の全輸出額の 4％以上を占める。州ごとの投資国別企業数においても，日本は全 50 州でトップ 3 に入り，さらに 39 州では 1 位となっている。

　日本が対米投資を活発化させたのは，1980 年代の日米貿易摩擦に起因する。当時，米国は日本との貿易赤字を問題視し，さまざまな輸入制限措置を実施した。例えば米国は 1985 年 7 月に，日本の半導体市場が閉鎖的などとの理由から，1974 年通商法 301 条に基づき[1]，日本のコンピュータ，電動工具，カラーテレビの 3 品目に対して 100％の関税を課した。自動車分野でも，日本車の輸

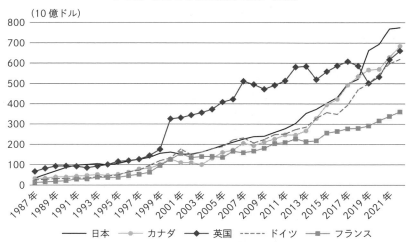

7-3 図　米国の対内投資残高の推移（国別）

（注）最終的な実質所有者（UBO）が所在する国を基準
（資料）BEA「Foreign Direct Investment Position in the United States on a Historical-Cost Basis」から作成

144　第3部　サプライチェーンの変容

入急増に対して通商法 301 条に基づく調査が要請された。この時，自動車に対しては米国による対抗措置は取られなかったが，日本側が輸出自主規制を行ったほか，米国に進出して組立工場を建設するなど米国の貿易赤字削減に対応した[2]。日本の対米投資残高の伸び率はこの頃が最も高く，1988 年の投資残高は前年比 50.2％増，1989 年は同 34.4％増，1990 年は同 23.6％増となっている。1987 年に 344 億ドルだった日本の対米投資残高は，1992 年には約 3 倍となる 1,001 億ドルにまで拡大した。

第2節　米国の経済安全保障措置，気候変動対策，人権保護の政策背景

　経済規模の巨大さなどから，世界から投資が集まりビジネスが行われている米国だが，昨今は経済安全保障に関連する政策や規制の強化が複数みられ，企業は対応に迫られている。同時に，バイデン政権が重視する気候変動対策や人権保護を目的とした政策も進む。トランプ前政権から顕著にみられるようになった米国内産業や労働者保護を目的とした政策は，バイデン政権下でも継続されている。そしてこれらは，それぞれが独立しているのではなく，密接かつ複雑に絡み合って具体的な政策となっている。今後の米国の政策の方向性を占うには，これらがどのような意図をもって形成されたかについて正しく理解することが重要だ。本節では，トランプ政権からバイデン政権へと変遷する中で形成されたこれら政策が，如何に相互に関係しているのかを，その政策的背景と共に考察する。

1．長期化する米中対立

　米国は中国に対して，経済発展することで民主化し市場経済化するとの観点から，中国の WTO 加盟を支援するなど，長年，関与政策を続けてきた。しかし，中国は世界第 2 位の経済規模を有するほどに成長しても，民主化も市場経済化もしなかった。さらに近年では，軍事的にも米国を脅かすほどの力を持つようになった。その転換点は，トランプ政権下の 2018 年 10 月に，マイク・

ペンス副大統領（当時）がワシントン DC の保守系シンクタンク，ハドソン研究所で行った演説だとされる。ここでペンス副大統領は，「中国は発展を後押ししてきた米国の好意を踏みにじり，卑劣な手段で国益を追求してきた」と批判した。この講演と前後して，2018 年 4 月に中興通訊（ZTE）の輸出特権の否認が発表され[3]，7 月から通商法 301 条に基づく追加関税が賦課された。これらから，米中対立は 2018 年に顕在化したとすることが多い。なお 301 条調査は，米国企業の技術や知的財産を中国企業に移転させることを目的とした外資資本比率の制限など，中国政府の不公正な慣行に対して行われ，その対抗措置として追加関税が賦課されている。米国政府は 2018 年以降も，追加関税の対象品目の大幅な拡大や，特定の中国企業が生産する通信機器の政府調達の禁止など，中国とのビジネスを規制する法律や規則を広範に制定した。この頃には，トランプ前大統領の過激な発言も相まって，産業界などから米国と中国との経済的なデカップリングを懸念する声が聞かれるようになった。一方で同時に，第 1 節でみたように米中間の貿易額は大きく，多くのビジネスが行われていることから，中国との完全なデカップリングは米国経済にとっても影響が大きく現実ではない，といった論調も出てくるようになった。

　そうした中で，バイデン政権が 2021 年から発足した。バイデン大統領は，中国との関係を 21 世紀最大の地政学的試練と位置づけながらも，トランプ政権時に損なわれた諸外国との関係修復も主要な目標の 1 つに掲げた。中国とは，グローバルなマクロ経済の安定や気候変動対策など，二大経済大国として協力できる分野は協力すべきとの姿勢を明確にした。閣僚レベルでの交流も再開させ，米中の政策当事者が定期的に意見交換を行う金融や経済に関するワーキンググループも設置した。ただし，安全保障上の懸念に対しては妥協できないとする姿勢も併せて明確にし，経済安全保障に関する措置は透明性をもって狭い範囲で行っていく「狭い庭に高い塀（small yard, high fence）」の方針の下，デカップリングではなくデリスキングを目指すとした。その結果，バイデン政権下で新たに導入された経済安全保障に関係する規則は，中国の軍事力拡大への寄与などを理由に，先端半導体やスーパーコンピュータ，人工知能（AI）などの分野に収斂していった。2022 年 10 月に発表された中国向けの先端半導体などに対する強力な輸出管理や，先端半導体や AI を対象とする対外

146 第3部 サプライチェーンの変容

投資規制はこうした流れの上にある。

　人権保護に関する米国の代表的な通商上の措置である UFLPA も，長期化する米中対立と無関係ではない。バイデン政権は，人権保護を民主主義と並んで，世界秩序の安定を支え，米国の安全保障を強化する重要な要素として重要視していた。加えて議会では，中国に対して強硬な姿勢をとるべきとの方針が共有されていた。分断が激しいとされる米国において，強硬な対中政策は唯一，党派を超えて協力できる分野ともいわれている。こうして政権と議会の思惑が一致するかたちで，2021 年に UFLPA が超党派で成立した。UFLPA は，新疆ウイグル自治区で製造・加工された製品は強制労働が利用されていると推定して米国への輸入を原則禁止する，強力な法律となっている。

2．新型コロナによるサプライチェーンの途絶

　米中対立に加え，新型コロナウイルス禍によるサプライチェーンの途絶も，近年の米国の政策を理解する上で欠かせない視点の1つだ。新型コロナ禍によって，米国でもマスクや半導体が不足した。特に半導体不足は，自動車の生産や販売台数の減少につながり，その経済的影響が，広く認識されるようになった[4]。こうした経験を通じて米国では，安全保障に直結する防衛関連製品の不足だけでなく，通常の経済活動を営めないことも安全保障上の脅威と見なす考えが広まっていった。米中対立に加え，新型コロナ禍の真っただ中に就任したバイデン大統領は，就任直後の 2021 年 2 月に，「経済的繁栄と国家安全保障を確保するためには，強靭で，多様で，安全なサプライチェーンが必要だ」として，半導体，バッテリー，重要鉱物，医薬品など，安全保障上重要とされる 10 の分野のサプライチェーンを強化する大統領令を発出した。その後，バイデン政権下で進められた通商協定には，これまでは見られなかった，サプライチェーン強靭化に関する交渉分野が含まれている。同時に，米中対立が激化，長期化していくにつれ，米国では，特定の品目や分野で実質的に輸出や輸入を制限することで他国の政策に影響を与えようとする経済的威圧とよばれる措置への懸念も大きくなり，外交上懸念がある国に対するサプライチェーンの過度な依存に対する危機感が顕在化していった。バイデン政権の主要な経済政策の1つである CHIPS プラス法は，米国内での半導体製造施設の建設などに

補助金を拠出する一方で，受給企業には，中国やロシアなど米政府が指定する懸念国で10年間，半導体関連投資禁止などの制限を課す。CHIPSプラス法はまさに，安全保障上重要な製品のサプライチェーンを懸念国に依存しない，との問題意識を背景にして形成された政策といえるだろう。

3．バイデン政権の優先課題としての気候変動対策

バイデン大統領の主要な政策課題には，気候変動対策もある。2020年大統領選挙の勝利宣言直後に発表された優先課題に気候変動対策も含まれており，パリ協定への復帰は就任直後の1月20日に決定された。近年，実用化に向けた研究開発が進む水素についても，バイデン政権下で，米国史上初の国家戦略が策定された。

バイデン大統領の主要な経済政策には，CHIPSプラス法に並び，インフラ投資雇用法（IIJA）とIRAがある。IIJIAの下では，例えばEV普及政策の一環で，充電ステーションの設置のための「NEVIフォーミュラプログラム」に50億ドルを充て，全50州への予算投入が決定している。またIRAは，歳出の約8割が気候変動対策に充てられており，企業は太陽光や風力発電などの部品を米国内で製造，販売した場合に，その販売量に応じて税額控除を受けられるなど，クリーエネルギーの導入を後押しする内容となっている。さらに，IRAによって規定されているEVなどの購入に対する税額控除は，気候変動対策としてEVの普及を後押ししつつ，その適用要件には中国など懸念国からの調達を制限するなど，米中対立やサプライチェーン強靭化の要素も含まれている。この税額控除の要件には，車両の最終組み立てが北米で行われていることや，バッテリー材料の重要鉱物のうち一定割合を米国と自由貿易協定（FTA）を結ぶ国から調達すること，中国などの懸念される外国の事業体の関与を禁止すること，などが定められている。

4．米国内の雇用・産業保護

もう一点，米国でのこれら政策形成の背景として重要なのが，国内産業の保護や雇用の確保だ。トランプ前大統領は，雇用を米国に取り戻すとのスローガンを掲げた。バイデン大統領も，「史上最も労働組合寄りの大統領」と自称す

るほど，労働者を中心とした政策を掲げている。さらにバイデン政権では，通商政策においても労働者中心を掲げている[5]。バイデン政権には，同盟国との協調や移民に融和的な政策など，ともするとトランプ政権とは異なるイメージを持ちやすいが，米国内への投資を促し，米国内の産業や雇用保護を中心に据える保護主義的な姿勢は，トランプ政権から基本的に変わっていない[6]。バイデン政権で成立した大型の経済政策である CHIPS プラス法，IRA，そして IIJA はすべて，米国への投資を促し雇用拡大を目指すことを主要な目的の1つとしている。また，政権だけでなく，米国の労働者の権利や産業の保護に対して極端な立場をとる有力議員がいるほか，トランプ前大統領の考えに近い議員も複数おり[7]，この観点では政権と議会で方向性に大きな違いはない。時には同盟国と軋轢が生じても，米国内の産業や雇用を優先する米政府の方針は，ここ10年弱程度，一貫して取られているといえるだろう[8]。

第3節　先鋭化する米国の輸出管理・投資規制動向

　第2節でみたように，米中対立やサプライチェーンの強靱化，それに関連する米国内の雇用拡大方針の下で，対米投資を奨励する支援策が増えている。一方で，中国などとのビジネスは規制が強化されている。したがって，対米ビジネスの際には，これら個別の政策の中身をよく理解し，自社のグローバルなビジネスポートフォリオをにらみながら，影響の有無を正しく理解する必要がある。本節では，経済安全保障の観点から米国が特に注力している輸出管理政策など，通商政策について近年の動向を解説する[9]。

1．厳格化する輸出管理

　米国の輸出管理規則（EAR）は，民生用にも軍事用にも利用される品目，いわゆるデュアルユース品目の輸出を規制している。EAR を所管する商務省産業安全保障局（BIS）は，2023年の執行実績の報告において，「歴史上，今ほど輸出規制がわれわれの安全保障の中心にある時代はない」と，その重要性を強調している。昨今の米国の輸出管理政策には，大きく2つの特徴を指摘

できる。ELの積極活用と先端技術における輸出管理の強化だ。ELには，大量破壊兵器拡散の懸念がある，または米国の安全保障・外交政策上の利益に反する企業などの事業体が掲載される。ELに掲載された事業体へ輸出，再輸出などをする際は，事前に輸出許可を取得する必要があるが，申請しても原則不許可となる。トランプ政権以降，このELが積極的に活用され，多くの事業体が追加されている。中でも，日本企業のビジネスへ大きな影響を与えたのは，2019年5月の中国の通信機器大手ファーウェイのEL追加だ。ファーウェイは，輸出許可を取得せずにEARで規制されている製品やソフトウェアを，イランへ輸出したことを理由にELに追加された。ファーウェイはスマートフォンなど，民生品も多く取り扱っていることから影響が広範囲に及んだ。米政府はその後も，ファーウェイの関連会社や中国の半導体関連企業をELに追加するなど，輸出管理を強めていった。BISの担当者によれば，中国の半導体最大手の中芯国際集成電路製造（SMIC）がELに追加されて以降，エンドユーザーをSMICとする許可申請が大幅に増えたという。

　もう一点は，先端技術の輸出管理の強化だ。2019年度国防授権法（NDAA）に含まれるかたちで2018年に成立した輸出管理改革法（ECRA）は，既存の制度では捕捉できておらず，安全保障上重要となる技術を「新興・基盤的技術」として規制対象とすることを定めた。ECRA制定後，BISはこれら技術を具体的に特定するため，新興技術についてはバイオテクノロジー，AI，先端コンピューティング技術，量子情報・量子センシング技術など14の分野を，基盤的技術については半導体製造装置や関連ソフトウエアツール，レーザー，センサーなどを例示してパブリックコメントを求めた。ただし，民生用にも広く使われているこれら技術を広範に規制すればイノベーションの阻害などネガティブな影響が想定され，EAR上で，一括で規制することは困難を極めた。BISは最終的に，新興・基盤的技術の定義を事実上断念し，これまで通り，新たな規制対象となる技術を既存の規制品目リスト（CCL）に個別に追加していくと2022年5月に発表した。こうした流れに加え，中国に対する強力な輸出管理を求める議会から政権へのプレッシャーもあり，中国を念頭に置いた先端半導体向けのEARの改定が2022年10月に発表された。この規則は，輸出する製品が先端半導体などを製造する中国の特定施設に納品されることがわかっ

ている場合，すべての EAR 対象品目に対して許可が必要，搬入やメンテナンスといった先端半導体の製造支援とみなされる行動に対しても輸出許可が必要など，これまでの輸出管理にはみられない，新しく強力なルールを規定した。先端半導体やその関連製品が対象となった理由は，大量破壊兵器を含む高度な軍事システムの生産，軍事的意思決定のスピードと精度の向上，人権侵害に寄与するためとされている。

　なお，最近は規則の強化のみならず，執行面も強化されている。商務省は司法省と連携し，機微技術を取得し軍事や人権侵害への利用防止を目的とした執行専門部隊である「破壊的技術ストライクフォース」を 2023 年 2 月に設置した。

2．投資スクリーニングの強化

　軍事転用可能な製品や先端技術の流出は，米国からの輸出だけでなく米国企業が買収されることでも起こり得る。そこで米国企業買収に対する監視強化も，近年の米政府の重要な方針の 1 つになっている。米国では，外国企業による買収が安全保障に脅威を及ぼすかどうかを，対米外国投資委員会（CFIUS）が案件ごとに審査する。大統領には，CFIUS の勧告を受けて外国企業の買収を差し止める権限が与えられている。CFIUS の審査対象はこれまで，米国企業が買収によって「支配」される取引だった[10]。だが，2019 年度 NDAA に含まれて成立した外国投資リスク審査法（FIRRMA）によって，米国企業が保有する機密性の高い技術情報へのアクセスが可能になる場合などは，少額投資であっても CFIUS の審査対象となった。具体的には，重要技術，重要インフラ，または機微な個人データに関わる米国事業の買収で，投資元が米国事業の取締役会の構成員となる場合などは，たとえ少額投資であっても CFIUS が審査する権限を有する。これまで CFIUS の勧告に基づき，大統領によって差し止められた案件は全部で 8 件だとされている（7-2 表）。このうち，すべてが何らかの形で中国が関与している。また，半導体関連が約半数を占める。米国の歴代政権が，安全保障上，中国と半導体を重視していることがみてとれる。

　近年は，CFIUS の運用に関するガイドラインの発表が相次いでいる。バイデン大統領は 2022 年 9 月に大統領令を発出し，防衛産業以外にも，外国人に

第7章 米 国 151

よる所有や支配の集中度合いなど重要製品のサプライチェーンの強靱性，マイクロエレクトロニクス，AI，バイオ技術・製造，量子コンピューティング，先端クリーンエネルギーなど安全保障に影響を与える分野での米国の技術的リーダーシップへの影響，などをCFIUSが重点的にフォローすべき分野とし

7-2表　CFIUSの勧告に基づく大統領による買収差し止め事例

実施年	大統領	買収企業国籍	概要
1990年	ブッシュ（父）	中国	中国宇宙航空技術輸入公司（CATIC）によるシアトルの航空機部品メーカーMAMCOの買収につき，契約解消を指示。買収により輸出規制の対象技術をCATICが入手する可能性があることが理由
2012年	オバマ	中国	中国系企業ロールズ・コーポレーション等によるオレゴン州の風力発電関連企業4社の買収について，契約解消を指示。ロールズ・コーポレーションが計画していた風力発電事業の所在地が，同州の米海軍訓練施設近くの飛行制限空域内にあることが理由
2016年	オバマ	中国	中国系投資ファンド福建芯片投資基金による米国資産を持つ独半導体企業アイクストロンの買収差し止めを指示。議会調査局は，アイクストロン社の技術や実績が軍事転用される可能性が理由との報道内容を紹介
2017年	トランプ	中国	投資ファンドのキャニオン・ブリッジ・ファンド（CBFI）等による米半導体企業ラティスセミコンダクターの買収の差し止めを指示。CBFIには中国政府関連ファンドが出資しており，買収案件は米国の安全保障の脅威となり得ると判断
2018年	トランプ	シンガポール	ブロードコムによる米半導体企業クアルコムに対する敵対的買収を阻止。買収された場合，第5世代ワイヤレスネットワーク（5G）技術のリード企業が米国に存在しなくなり，ファーウェイ等中国企業に5Gを支配されるとの懸念に基づき阻止
2020年	トランプ	中国	トランプ大統領は中国IT企業の北京中長石基信息技術（Beijing Shiji Information Technology）に対し，同社が2018年に買収した米同業ステインタッチ（StayNTouch）の売却を命じる大統領令を発表。トランプ政権がステインタッチの保有する顧客情報が中国に流出することを懸念した可能性がある
2020年	トランプ	中国	TikTokを提供するByteDanceとの取引禁止を指示。TikTokが利用者の位置情報や閲覧・検索履歴などを収集し，それらが中国政府に渡ることが安全保障上の脅威となる可能性を指摘。但しその後，米連邦地裁が表現の自由を害するとして一時差止。バイデン大統領が取引禁止を撤回する大統領令を発出
2024年	バイデン	バージン諸島	マインワン・クラウド・コンピューティング・インベストメントが，2022年にワイオミング州の空軍基地から1マイル以内の施設を購入。基地との近接性，購入施設の特殊設備（特殊な暗号通貨のマイニング作業）が安全保障上の懸念に該当。同社は，最終的には中国人が所有する企業とされる

（資料）米政府発表資料，議会調査局（CRS）資料，報道情報などから作成

152　第3部　サプライチェーンの変容

て例示した。また 2022 年 10 月には，CFIUS の執行と罰則に関する初のガイ
ドラインを発表した。ガイドラインは，取引当事者が法令義務に違反した場合
に，CFIUS がどの程度の罰則を科すのか，何をもとに判断するのかなどが示
されている。なお，CFIUS の審査対象が拡大され，また安全保障上の懸念の
高まりも相まって，CFIUS が審査する件数も時間も増加傾向にある。そのた
め，CFIUS が法定期間内に審査を終えられないケースの増加が，問題視され
ている。

　CFIUS は対内投資に対する規制だが，米国では対外投資に関する規制の制
定も進められている。バイデン大統領は 2023 年 8 月，米国から懸念国への対
外投資に関する大統領令を発出し，財務省に対して，半導体・マイクロエレク
トロニクス，量子情報技術，AI の 3 分野で，国家安全保障にとって重要な機
微技術・製品に関わる対外投資を制限するプログラムの策定を指示した。背景
には，中国が軍事力の現代化に重要な機微技術の生産能力を高めるため米国か
らの投資を利用しているとの問題意識がある。

3．通信機器の輸入規制強化

　米政府は，情報漏洩など安全保障上の懸念から，通信機器の調達に制限を設
けている。2019 年度 NDAA は第 889 条にて，中国のファーウェイ，ZTE，ハ
イテラ，ハイクビジョン，ダーファ（関連会社を含む）が製造する通信機器や
ビデオ監視装置の調達や購入などを 2019 年 8 月から，これら製品を利用して
いる企業との契約を翌 2020 年 8 月から禁止した[11]。さらに米国連邦通信委員
会（FCC）は 2022 年 11 月に，これら企業が製造する通信機器の米国への輸
入や販売に関する認証を禁止する行政命令を発表し，事実上，米国内での流通
を禁止した。

第4節　変容しつつある米国市場向けの対中サプライチェーン

　これまで見てきたように，米国でとられる経済安全保障政策の多くは，中国
を念頭に置いている。そして，こうした政策には，企業に対して対中サプライ

第7章　米　国　153

チェーンの見直しを迫る内容も含まれている。他方で，サプライチェーンの移管は容易ではない。2018年に通商法301条に基づく追加関税が賦課された際，自社で取り扱う製品に影響があるかどうかを調査するだけでも，企業は多くの時間を要した。また，たとえサプライチェーンを移管する戦略を決めても，実行できるまでには数年単位の時間がかかる。企業規模が大きくなればなるほどなおさらだ。2018年から顕在化した米中対立は，2023年になり5年が経過した。5年で米国の対中サプライチェーンはどうかわったのか。また今後，どのようにかわり得るのか。2023年までの米国の輸入統計を中心に分析する[12]。

1．通信機器で変化の兆し

第1節でみたように，米国の対中輸入額は2023年に前年比で1億900万ドル減少（20.3％減）した。これに大きく寄与したのは，ノートパソコン（PC），スマートフォンである（7-3表）。特にノートPCが前年比約137億ドル減（27.9％減）と，最大の減少幅だった。またスイッチング・ルーター機器の2023年の減少幅はノートPCなどと比べると大きくないが，2023年の輸入額はピークだった2018年の235億ドルから3分の1以下まで低下した。米中対立が顕在化した2018年を堺に減少傾向に転じており，第3節でみたように，米政府による通信機器に対する輸入制限が影響しているとみられる。ルーターは全ての情報の通り道ともいわれ，情報漏洩の観点からは，真っ先に対応が懸

7-3表　米国の対中輸入額の推移（上位10品目，HTS8桁ベース）

（100万ドル）

HTS	品目	2017年	2018年	2019年	2020年	2021年	2022年	2023年 輸入額	2023年 前年比（額）	2023年 前年比（％）
8517.13.00	スマートフォン	–	–	–	–	–	50,243	44,762	–5,482	–10.9
8471.30.01	ノートPC	37,230	37,358	37,298	46,963	55,688	49,240	35,507	–13,733	–27.9
8507.60.00	リチウムイオンバッテリー	1,037	1,472	1,813	2,071	4,329	9,040	13,066	4,026	44.5
9503.00.00	玩具	12,237	11,902	12,235	11,026	14,512	16,252	12,169	–4,083	–25.1
9504.50.00	ゲーム機器	4,505	5,368	3,460	4,996	8,718	10,195	9,316	–879	–8.6
8517.62.00	スイッチング・ルーティング機器	22,883	23,478	16,245	11,765	10,130	9,518	7,799	–1,719	–18.1
8528.52.00	PC用モニター	4,596	4,696	5,109	4,783	6,346	6,927	4,740	–2,187	–31.6
8473.30.11	プリント基板	11,551	12,761	2,938	4,204	3,178	4,375	4,355	–20	–0.5
3004.90.92	医薬品	323	394	456	635	812	6,944	4,102	–2,843	–40.9
8518.30.20	ヘッドホン・イヤホン	921	1,092	1,645	1,912	2,678	3,249	3,189	–60	–1.8

（注）スマートフォン専用のHTS8517.13.00は2022年から新設されたため，2021年以前は数値なし
（資料）USITCから作成

154　第3部　サプライチェーンの変容

7-4表　ノートPCとスマートフォンの国別輸入額

（100万ドル）

国名	2022年	2023年		
		輸入額	前年比（額）	前年比（％）
世界	53,689	45,815	−7,874	−14.7
中国	49,240	35,507	−13,733	−27.9
ベトナム	1,981	7,861	5,880	296.8
台湾	2,198	2,074	−124	−5.7
メキシコ	13	108	95	744.9
カナダ	21	37	16	76.1

（100万ドル）

国名	2022年	2023年		
		輸入額	前年比（額）	前年比（％）
世界	65,112	59,085	−6,028	−9.3
中国	50,243	44,762	−5,482	−10.9
ベトナム	12,542	7,959	−4,583	−36.5
インド	1,154	4,937	3,783	327.8
韓国	728	1137	410	56.3
香港	180	137	−43	−24

（注）ノートPC（左）はHTS8471.30.01，スマートフォン（右）はHTS8517.13.00
（資料）USITCから作成

念される製品の1つとされている。

　中国からの輸入が減少する一方で，アジアからの輸入が拡大した。ノート
PCについてはベトナムからの輸入額が59億ドル増，スマートフォンについ
てはインドからの輸入額が38億ドル増と，それぞれ前年から約4倍となっ
た（7-4表）。ベトナムでもインドでも，アップルなど巨大IT企業の委託生
産を行っている台湾企業の投資拡大が複数報じられている。例えば，2023年
5月に，アップルから委託されMacBookを生産している台湾のクアンタ・コ
ンピューターが，ノートPC工場を建設するためベトナム北部に用地を確保
したと報道された。新工場は，2024年末から生産開始予定とされている。イ
ンドではフォックスコンが2022年9月からiPhone14を，2023年8月からは
iPhone15を生産していると報じられている。アップルの生産拠点の見直しは，
米中対立や新型コロナ禍などに起因するビジネス環境の変化が影響していると
される。アップルのティム・クック最高経営責任者（CEO）が2024年4月に
東南アジアを歴訪した際，ベトナムでの投資拡大方針を示したことや，iPhone
の生産の25％を2025年までにインドに移管すると報じられていることなどか
ら，これらのベトナムやインドからの輸入額は今後も拡大すると予想される。

２．輸入が拡大するリチウムイオンバッテリー

　一方で，中国からの輸入が拡大している品目がある。リチウムイオンバッテ
リーだ。主要な輸入品目で輸入額が減少する中，リチウムイオンバッテリーの

2023 年の輸入額は 131 億ドルと，米中対立が始まる前の 2017 年の 10 億ドルの約 13 倍に拡大した。米国の貿易統計上，リチウムイオンバッテリーは，車載用とそれ以外に分けられる。中国はいずれにおいても，2023 年時点で輸入額の 70％前後を占める。

　ただ，中国産リチウムイオンバッテリーに関する米国でのビジネス環境は，必ずしも良好ではない。リチウムイオンバッテリーは，通商法 301 条に基づく追加関税の対象であり，一度も適用除外措置[13] の対象になっていない。加えて第 2 節の通り，IRA は EV 購入時の税額控除を受けるための要件として，中国に厳しい条件を課している。それでも拡大傾向にあるのは，米国内での EV 需要の高まりを指摘できるだろう。米国の EV 販売台数は 2015 年の 11 万台から 2023 年は 145 万台となり，新車販売台数に占める割合は 1 割に近づいている。経済安全保障にかかわる規制は，時にビジネスを行う上での障害となり得るが，リチウムイオンバッテリーの輸入額の増加は，市場の需要が強い場合に，規制が十分に輸入を抑止できていないケースを示しているといえるかもしれない[14]。

3．米中デカップリングの行方

　これら輸入状況の変化から浮かび上がってくるのは，米中対立や新型コロナ禍の影響を受け，米国の巨大 IT 企業が，生産拠点を中国からベトナムやインドなど周辺国に移管する戦略を確定し，それを受け，委託生産を行う台湾の大手企業がこれらの国で投資を拡大している構図だ。ルーターは，米政府の意向通り，既に対中依存度の軽減が進展しており，ノート PC やスマートフォンは，軽減する方向に動き始めていると言えるだろう。一方で，完全に中国とのデカップリングが起きたかとの観点からは，慎重な判断が必要だ。ノート PC もスマートフォンも，中国からの輸入が減少し代わってベトナムやインドからの輸入額が拡大してはいるものの，絶対額としてはまだ中国の方が圧倒的に大きく，中国が占めるシェアはいずれも 75％を超えている。対米市場向けサプライチェーンは，一定程度を中国に残しつつも，インドやベトナムなどにリスク分散しているとの見方もある。また，これら工場に供給する部品レベルまで，中国から移管されているかは，依然として不透明だ。リチウムイオンバッ

テリーのように，厳しいビジネス環境下でも輸入が拡大している分野もある。どこまでサプライチェーンの切り離しが行われるかは，さらに今後数年間の推移を見守る必要があるだろう。

第5節　対米ビジネスのチャンスとリスク

　第4節の通り，米国の対中サプライチェーンは，一部の分野で影響が出始めている。一方で米国内に目を向ければ，米政府が投資を促す分野でビジネスチャンスが拡大している側面もある。特に近年は，半導体やEV，EVバッテリーなどに関連する投資が複数みられる。ただし当然のことながら，米国への投資に課題がないわけではない。米国ではもともと他国と比して高かった生産コストや人件費が，新型コロナ禍以降，一層高騰している。また米国は政治的な分断が指摘されて久しく，特に2017年にトランプ政権が誕生して以降，分野によっては政策の方向性が政権によって極端に変わる。そのため，予見可能性の低さがリスクとして捉えられている。本節では，対米ビジネスのチャンスとリスクについて展望する。

1．政策の後押しを受けた投資拡大事例

　第2〜3節で述べた通り，米国ではサプライチェーンの強靭化や米国内での雇用拡大を意図した産業政策が行われている。CHIPSプラス法による，半導体工場の新設や拡張に対する助成は，2024年7月までに14件発表されている。特に金額が大きいのはインテル向けの助成だ。アリゾナ州やオハイオ州での先端ロジック半導体製造施設の新設やニューメキシコ州での先端パッケージング施設の現代化，オレゴン州での極端紫外線（EUV）露光装置の技術開発施設の拡張などに対して，商務省が最大85億ドルを助成する。そのほか，TSMCやサムスン，マイクロンなどに対しても，それぞれ60億ドル以上の助成が発表されている。

　米国では，CHIPSプラス法の成立以前から，半導体業界の活性化を見越した投資が複数みられている。米国半導体工業会（SIA）によれば，2020年5月

から 2024 年 4 月中旬までに，半導体製造施設の新設や既存施設の拡張，材料や装置の供給施設など 83 件の投資が 25 州にわたり行われており，投資額は 4,500 億ドルを超える。日本企業においても半導体関連の対米投資の事例が複数みられる。例えば TSMC のアリゾナ進出に伴い，複数のサプライヤーなどが同州に拠点を設けている。先端半導体の製造に必要な超純水製造装置を扱うオルガノは，半導体工場の新設が見込まれるとして 2021 年 9 月に，アリゾナ州に拠点を設立した。そのほか，カンケンテクノ，住友重機イオンテクノロジー，村田機械なども半導体需要の拡大を見込んでアリゾナ州に進出している。

EV バッテリーも同様に，IRA に基づく税額控除要件への適用などを目的とした投資が複数みられる。さらにはバッテリー需要の拡大に伴い，バッテリーリサイクル産業も注目されている。米国のレッドウッド・マテリアルズは 2022 年 12 月，35 億ドルを投じてサウスカロライナ州に，使用済みバッテリーをリサイクルする工場を建設すると発表した。2023 年 2 月には，ネバダ州の工場拡張などのため，エネルギー省融資プログラム局から 20 億ドルの条件付き融資を受けることが発表されている。日系企業では丸紅が EV 用バッテリーリサイクル事業に参画するため，サーバ・ソリューションズに出資したと 2023 年 2 月に発表している。

2．製造業にとっての課題

一方で対米ビジネスの課題の 1 つは，コストだ。先進国，それも世界最大の経済大国である米国では，製造コストや物流コストが安価ではなく，人件費も高い。OECD によると，米国の 2022 年の年間平均賃金は 7 万 7,463 ドルと，加盟国の中で 3 番目に高い。OECD 平均の 5 万 3,416 ドルを，2 万ドル以上，上回っている。さらに，この高い賃金がインフレを背景に上昇し続けている。米国では 2022 年 6 月の消費者物価指数（CPI）が前年同月比 9.1％上昇と，ここ 40 年で最も高くなった。新型コロナ禍からの経済活動の再開に伴い需要が急激に高まる一方で，供給が追い付かなかったことが要因とされている。CPI は 2023 年 6 月に前年同月比 3.0％上昇まで下がったものの，その後下げ止まり，連邦準備制度理事会（FRB）が目指す 2％には届いていない。こう

158 第3部 サプライチェーンの変容

した CPI の上昇が賃上げ圧力につながり，米国のフルタイム労働者の週の賃金の中央値は，新型コロナ禍の 2019 年第 4 四半期の 934 ドルから，2024 年第 1 四半期に 1,136 ドルに上昇した。さらには，近年では労働組合との労使交渉の結果による賃上げも目立っている。2023 年後半に行われた全米自動車労働組合（UAW）とデトロイト 3 による労使交渉では，史上最高となる 4 年半で 25％の賃上げが約束された。米国に進出している日系企業にとっても課題感は強く，ジェトロによるアンケート調査では，2023 年度に経営上の課題に「従業員の賃金上昇」と回答した割合は 56.9％で最多となった。

　人件費の上昇に関連して，人材の採用も課題の 1 つだ。米国では失業率が 2018 年 1 月から 2024 年 5 月まで，新型コロナ禍の影響が強かった期間を除いて，自然失業率と考えられる 4％を下回る水準で推移していた。前述のジェトロのアンケート調査で，経営上の課題として 2 番目に多かったのは「従業員の採用」で，これも過半数の 51.4％が回答した。一般的に，日本企業の福利厚生は米系企業などよりも手厚いといわれる反面，給与水準は米系企業より低いとされており，この点が採用の課題だといわれている。なお，ジェトロのアンケートで，経営上の課題への対応策への回答として最多だったのは「既存社員の賃金の引き上げ」（44.1％）だった。賃金上昇を最大の課題として捉えているにも関わらず，採用の観点から賃金を上昇せざるを得ないという苦しい状況が示されている。

　また，ここ 10 年弱は，予見可能性の低さも米国でのビジネスの課題の 1 つとなっている。米中対立を起因とした経済安全保障政策が，将来的にいつどの分野が新たに規制対象になるかわからない，という先行きの不透明さがつきまとう。米政権が注力している輸出管理では，規制対象となる分野やエンドユーザーが日増しに拡大している。政府補助金については，政権が交代することで予定通り支給されないかもしれないとの懸念がある。バイデン政権の主要な政策のうち，IRA と IIJA については，第 2 節でみた通り気候変動対策を念頭に制度設計されている。他方で米国では，気候変動に懐疑的な考え方も一定数存在する。特に，トランプ前大統領は気候変動対策に懐疑的だ。2024 年の大統領選挙では，バイデン大統領の支持を受けるカマラ・ハリス副大統領とトランプ元大統領が対決する。IRA に基づきクリーンエネルギーなどへの補助金

第7章　米　国　159

を前提に事業計画をたてている企業もおり，仮に急激な政策の方針転換となれ
ば，今後の投資におけるリスクとなる。EV についても同様で，積極的に普及
を推し進めるバイデン政権に反して，トランプ前大統領は反対している。

　昨今の米国の政治情勢に起因するリスクも指摘されている。米国では，政治
的分断が激しいといわれて久しく，州によって極端に異なるルールが敷かれて
いることがある。例えば，女性の人工妊娠中絶権を認めた 1973 年の「ロー対
ウェイド判決」が，2022 年 6 月に最高裁判所によって破棄されて以降，共和
党が多数を占める州にて，人工妊娠中絶を原則として認めない規則が制定さ
れるケースがでている。一方で，民主党が優勢の州では人工妊娠中絶に寛容な
ルールが設けられたままだ。移民についても，共和党が優勢な州では厳しい取
り締まりを行う傾向がある一方で，民主党が優勢な州では寛容な政策をとって
いる。州を跨いで複数の拠点を有している企業にとっては，人材確保の観点か
ら，こうした点に個別に対応しなければならないケースが想定される。本章の
第 1 節でみた通り，日本企業は全米で広くビジネスを行っているが故に，州ご
とに異なるルールへの対応コストを高めてしまう可能性がある[15]。

（赤平大寿）

注
1　通商法 301 条は，外国の通商慣行が貿易協定に違反している場合や，不合理・差別的で米国の商
　業に負担または制限を与えている場合に，大統領の指示に従って USTR に追加関税などの輸入制
　限措置を発動する権限を認めている。
2　Ito and Hoshi（2020），p. 332，内閣府（2011），54-56 ページ。
3　輸出特権を否認された企業は，EAR に基づき，米国製品（物品・ソフトウエア・技術）を米国
　から輸出することや，他の企業が当該企業にそれら製品を供給することが禁止される。なお ZTE
　への輸出特権の否認は，2018 年 6 月に解除されている。
4　2020 年の米国の新車販売台数は前年比 14.5％減と，リーマンショックの影響を受けた 2008 年の
　18.0％減，2009 年の 21.2％減以来の落ち込み幅となった（大原 2024）。
5　バイデン政権は「労働者中心の通商政策」について，具体的には USMCA で定めている「事業
　所特定の迅速な労働問題対応メカニズム（RRM）」を中心に据えている。
6　トランプ政権下でとられた通商法 301 条に基づく対中追加関税も，1962 年通商拡大法 232 条に
　基づく鉄鋼・アルミニウム製品への追加関税も，多少内容は変更されながらもバイデン政権下で継
　続されている。輸出管理についても EL の積極活用は，第 3 節で示しているようにトランプ政権時
　代から行われてきた。バイデン政権の通商政策は，基本的にトランプ政権の方針が踏襲されている。
7　例えば，民主党ではシェロッド・ブラウン上院議員（オハイオ州）が，強力で強制力のある労働
　基準がない通商協定は受け入れられないと述べるなど，通商協定における労働条項に強硬な立場と
　して知られている。共和党では，通商を所管する下院歳入委員会のジェイソン・スミス委員長（ミ

160　第3部　サプライチェーンの変容

ズーリ州）がトランプ前大統領を支持し，米国労働者の保護を優先する立場をとっている。
8　IRA に基づく EV 購入時の税額控除要件は，WTO 協定の最恵国待遇や内国民待遇違反の可能性
　があると指摘されており，EU や韓国などが懸念を表明している。
9　米国の人権保護に関する主要な通商上の措置である，違反商品保留命令（WRO）や UFLPA に
　ついては，本書の補論「ウイグル強制労働防止法のサプライチェーンへの影響」を参照。
10　CFIUS の審査対象における「支配」には，取得する株式の多さなど，明確な基準は示されてい
　ない。
11　製品だけでなく，サービスも含まれる。
12　第4節は，赤平（2023b）をもとに，統計などを更新したもの。
13　適用除外制度とは，本来は追加関税の対象品目であるが，米国内で調達が難しい，新型コロナ対
　策のための必要な品目であるなどの理由から，追加関税が賦課されない品目のこと。
14　今後のリチウムイオンバッテリーの輸入の推移をみるにあたり，米国での EV 需要は 2023 年で
　一服したとも指摘されている点には留意が必要。
15　ユーラシアグループ（2024），2ページ。

参考文献

赤平大寿（2023a），「米国内回帰を促す動きが半導体，EV，新薬で加速」ジェトロ。
赤平大寿（2023b），「米中対立が対米サプライチェーンに与えた影響—通信機器で変化の兆し—」ジェ
　　トロ。
磯部真一（2024），「輸出管理，ルール改定のみならず執行面も強化の傾向」ジェトロ。
大原典子（2024），「2023 年の米自動車販売，前年比 12.3％増の 1,562 万台」ジェトロ。
甲斐野裕之（2022），「米国のウイグル強制労働防止法への対応は—企業のサプライチェーンに影響も
　　—」ジェトロ。
ジェトロ（2023a），「2023 年度日本企業の海外事業展開に関するアンケート調査」。
ジェトロ（2023b），「海外進出日系企業実態調査（北米編）」。
内閣府（2011），「バブル／デフレ期の日本経済と経済政　第1部第4章日米貿易摩擦」第1巻『日本
　　経済の記録—第2次石油危機への対応からバブル崩壊まで—』内閣府経済社会総合研究所。
ユーラシアグループ（2024），「2024 年 10 大リスク　日本への影響」。
Congressional Research Service (CRS) (2024), *The Committee on Foreign Investment in the United
　　States*.
International Monetary Fund (IMF) (2023), *World Economic Outlook: Navigating Global
　　Divergences*.
Ito, T. and Hoshi, T. (2020), *The Japanese Economy*, 2nd Edition, The MIT Press.
OECD Employment and Labour Market Statistics (2023), Average annual wages.
United States Department of Commerce, Bureau of Economic Analysis (BEA) (2023), Activities
　　of U.S. Multinational Enterprises, 2021.
United States Department of Commerce, Bureau of Economic Analysis (BEA) (2024), Gross
　　Domestic Product by State and Personal Income by State, 4th Quarter 2023 and Preliminary
　　2023.
United States Department of Commerce, Bureau of Industry and Security (BIS) (2024), *Export
　　Enforcement: 2023 Year in Review*.
United States Department of Commerce, Census Bureau (US Census), Population Estimates.
United States Department of Labor, Bureau of Labor Statistics (BLS) (2024a), Median usual
　　weekly earnings of full-time wage and salary workers by sex.

United States Department of Labor, Bureau of Labor Statistics (BLS) (2024b), *Labor Force Statistics from the Current Population Survey*.

White House (2021a), *Executive Order on America's Supply Chains*.

White House (2021b), *Building Resilient Supply Chains, Revitalizing American Manufacturing, and Fostering Broad-Based Growth*.

White House (2022), *National Security Strategy*.

第 8 章

メキシコ

はじめに

　新型コロナの感染拡大によるサプライチェーンの分断や米中通商摩擦を背景
に，メキシコは北米向けのニアショアリング製造拠点として，外資系企業の間
で再び注目を浴びることとなった。平均年齢が 29 歳と若い約 1 億 3,000 万人
の人口を有し，依然として米国との比較では大きなコストメリットがある豊富
な熟練労働力の存在が北米における製造拠点としてのメキシコの魅力だ。他
方，1960 年代から続いている保税加工制度の存在は，メキシコの北米におけ
る組立加工立国としての立ち位置を確立したが，部品・原材料，資本財を輸入
に依存する状態が恒常化し，アジアと比較すると裾野産業が未成熟なことがメ
キシコの弱点といえる。

　2020 年 7 月に発効した米国・メキシコ・カナダ協定（USMCA）に基づく
自動車や鉄鋼関連分野の原産地規則の厳格化，米国通商法 301 条に基づく対中
追加関税の課税を回避する目的で中国系企業を中心とする対メキシコ投資が活
性化し，米国インフレ削減法（IRA）に基づくクリーンビークル税額控除を視
野に入れた電気自動車の北米組立やバッテリー部品の北米調達に向けた投資と
いった追い風が吹く中，メキシコのサプライチェーンは徐々に強化される方向
にある。本章では，北米におけるニアショア製造拠点としてのメキシコにおけ
るサプライチェーン拡充の動きを解説する。

第8章　メキシコ　　163

第1節　メキシコ製造業の特徴と外資系企業進出状況

1．製造業の特徴

　1994 年 1 月の北米自由貿易協定（NAFTA）発効以降に原産地規則に基づき一定程度の現地生産が義務付けられた自動車産業などを除き，メキシコの輸出製造業の付加価値は総じて高くない。電子部品，鋼材や樹脂などの素材，機械設備の多くを輸入に依存しており，未だに低コスト労働力を強みとした組立加工立国の域を出ない。

　国立統計地理情報院（INEGI）のデータを用いて製造業の生産額に占める国内付加価値の比率をみると，過去 10 年間で 2.7 ポイント上昇しているものの，2022 年時点でも 15.6％に過ぎない。輸出額に占める国内付加価値の比率でみると，2022 年は 40.4％となり，2012 年の 41.7％からむしろ低下している。代表的な業種でみると，メキシコの輸出総額の 3 割以上，輸出製造業付加価値の 4 割以上を占める自動車産業（自動車・トラック製造＋自動車部品製造）

8-1 表　メキシコの主要輸出製造業の国内付加価値比率

（単位：%）

北米産業分類（SCIAN）	業種	国内付加価値／製造業総生産		国内付加価値／製造業輸出額		輸出製造付加価値の業種別構成比	
		2012 年	2022 年	2012 年	2022 年	2012 年	2022 年
3361	自動車・トラック製造	38.8	36.2	51.8	47.4	24.7	24.8
3363	自動車部品製造	23.7	26.5	37.0	38.7	16.3	18.2
－	自動車産業全体	31.0	31.4	44.7	43.3	41.0	43.1
3341	コンピュータ・周辺機器製造	12.3	15.6	20.7	19.3	2.4	3.6
3391	非電子医療機器・医療素材・試験用機器	29.0	31.6	33.8	34.9	2.8	3.6
3314	非鉄金属（アルミニウムを除く）製造	38.1	20.6	97.0	77.2	10.4	3.5
3343	AV 機器製造	15.3	23.0	19.2	25.0	3.1	3.5
3344	電子コンポーネント製造	11.5	14.7	17.1	20.9	2.5	3.3
3121	飲料製造	8.1	13.3	76.5	85.2	1.5	2.6
3353	発電・送配電機器	18.5	20.6	41.1	38.6	1.4	1.7
3359	その他の電気機器	18.9	19.2	39.1	43.1	1.8	1.6
－	その他	－	－	－	－	33.1	33.6
	製造業全体	12.9	15.6	41.7	40.4	100.0	100.0

（資料）国立統計地理情報院（INEGI），Valor Agregado de Exportación de la Manufactura Global（VAEMG）より作成

の粗付加価値は同業種の国内生産額の36.2％，輸出額の47.4％を占めるが，過去10年間で国内付加価値の上昇はみられない。コンピュータやAV機器，医療機器などその他の輸出製造業でみると，過去10年間で国内付加価値比率は上昇傾向にあるものの，コンピュータ関連で生産額の15.6％，医療機器で31.6％，AV機器で23.0％と依然として多くの部品・原材料を輸入に依存している現状が垣間見える（8-1表）。

2．人口動態

少子高齢化，核家族化の兆しは見えているとはいえ，2020年時点でも平均年齢29歳，比較的綺麗な人口ピラミッド（8-1図）が描ける若い人口構成が製造立国としてのメキシコの強みだ。国家人口評議会（CONAPO）の推計データによると，メキシコの人口は2050年までは増え続け，2052年をピークに減少傾向に転じるとみられている。ピーク時の人口は1億4,702万人を見込

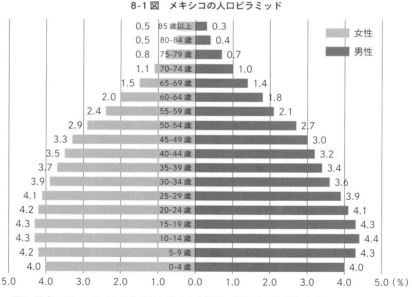

8-1図　メキシコの人口ピラミッド

（注）目盛，データラベルは全人口に占める各性別・年齢層の構成比（％）
（資料）国立統計地理情報院（INEGI）「2020年国勢調査」

む。

2023年の失業率（年平均）は2.8％となり，過去最低の水準まで低下した。不完全就業率（より多くの時間就業したいと考える就業者の比率）も7.8％まで低下し，雇用環境は改善傾向にある。就業機会が拡大しているため，労働参加率も60.4％の水準に達した。しかし，失業率は低いが，人を雇うことが難しい状況とも言い難い。就業人口の55.0％が雇用契約や社会保険ネットワークのないインフォーマル就労者であり，安定した雇用を求めているからである。

3．対内直接投資動向

近年の対内直接投資は好調に推移している。2023年の対内直接投資は2023年末時点確認データで前年比0.7％減の360億5,800万ドルとなった。この投資額は2013年，2022年に次ぐ過去3番目の水準だ。対内直接投資統計は，後に当初発表値から上方修正されることが多いため，2023年度の投資額は，最終的に2022年を超えるとみられる。米国の対中301条を回避する目的の中国の新規投資に加え，USMCAの自動車・鉄鋼分野の原産地規則厳格化への対応など，ニアショアリングの観点から進む外資系企業の拡張投資（利益再投資）が目立つ。

米国政府の脱炭素政策にけん引された投資もみられる。米国のジョー・バイデン大統領は，2021年8月に2030年までに販売される新車の50％以上を，電気自動車（EV，プラグインハイブリッド車；PHEVを含む）と燃料電池車とする大統領令を発令し，2022年8月にはインフレ削減法（IRA）に署名した。IRAにはEVや燃料電池車（FCV）などを購入する消費者に対し，最大7,500ドルの税額控除（EV税額控除）が盛り込まれており，EV普及が中国や欧州に比べて遅れていた米国におけるEV普及促進に向けた大きなインセンティブとなっている。EV税額控除は，北米で最終組み立てされた車両の購入が条件となり，さらに最大限の控除を享受するためには，バッテリー構成部品の北米産要件も加わる。メキシコは北米と見なされるため，メキシコにおけるEVの最終組立やバッテリー構成部品の生産・調達に向けたインセンティブとしても機能する。メキシコを北米向けの車両生産拠点として強く位置づける米系完成車メーカーは，IRAの成立に先立ちEVの生産計画を発表し，既にフォー

ドや GM はメキシコで EV を生産しているが，バイデン政権が進める自動車産業電動化の急速な流れを受け，フォルクスワーゲン（VW）や BMW など欧州系メーカーもメキシコにおける EV 生産に向けた投資を相次いで発表している。2023 年 3 月には EV 専業メーカーであるテスラも北東部ヌエボレオン州における EV 工場設立を発表した（8-2 表）。

EV 向けの自動車部品の分野では，北部を中心とした台湾系大手 EMS のテスラ北米工場向け電子部品の基板実装（フォックスコン，クワンタ・コンピュータ，ペガトロンなど），電動車駆動用モーター・インバーター・モジュール製造（韓国・カナダの LG マグナ・イーパワートレイン），電動車駆動用モーターコア製造（韓国系ポスコ，日系三井ハイテックなど）の投資が目立つ。他方，EV 用バッテリーに関連する投資は大半が米国側で行われており，メキシコにおけるバッテリー工場の建設は，現状では BMW の計画しか発表されていない。メキシコの連邦政府や一部の州政府関係者によると，中国系バッテリーメーカーのフィージビリティ調査（F/S）が行われているようだが，決定には至っていない。構成部品ではないが，バッテリーのアタッチメントである

8-2 表　メキシコにおける電気自動車（EV）に関する投資動向

発表時期	車両メーカー	本社所在国	工場所在地	投資額	投資内容
2019 年11 月	フォード	米国	メキシコ州	11 億ドル	スポーツ用多目的車（SUV）タイプの「マスタング・マッハ E」の EV 車の製造
2021 年4 月	GM	米国	コアウイラ州	10 億ドル	ラモス・アリスペ工場を 2023 年 3 月より EV 生産工場に変更
2022 年10 月	フォルクスワーゲン（VW）	ドイツ	プエブラ州	7 億 6,350 万ドル	EV の塗装工場建設。2024 年末の新型SUV の製造開始。2026 年以降に EV の組み立て
2023 年2 月	BMW	ドイツ	サンルイスポトシ州	8 億ユーロ	EV 生産とメキシコ初の高電圧バッテリー製造工場の新設
2023 年2 月	ステランティス	オランダ	コアウイラ州	2 億ドル	EV バン「RAM ProMaster EV」の2023 年末の生産開始。EV ピックアップ・トラック「RAM1500REV」の生産も検討
2023 年3 月	テスラ	米国	ヌエボレオン州	非公表	北米輸出向けの EV 車両工場の建設
2023 年 5月	起亜自動車	韓国	ヌエボレオン州	非公表	EV9 と噂されているが，生産車種は不明

（資料）各社プレスリリースなどから作成

タブリード（リード線）を製造する住友電工の工場建設投資が，2023年9月に発表されている。

第2節　メキシコ固有のチャンスとリスク

1．ニアショアリングの流れがもたらす投資機会

既に述べた通り，メキシコでは消費地の近くに供給源を設ける「ニアショアリング」の流れを受け，北米向けの生産や調達をアジアから北米域内に移転する動きが続いており，サプライチェーン強化に向けた追い風になっている。メキシコ中銀は2023年7月，メキシコへの拠点再配置（ニアショアリング）が企業活動に与える影響についてのアンケート調査を従業員100人以上の製造業，非製造業を対象に実施した。同調査では，「新型コロナ禍後の需要の拡大，または拠点再配置の影響で，過去12カ月の間に生産，販売，投資が増加したか」を尋ね，さらに，その要因（主に需要の拡大か，拠点再配置の影響か）を特定した。同アンケート調査によると，地域的には北部で，産業的には輸出比率の高いグローバル製造業を中心に拠点再配置の影響を実感する比率が

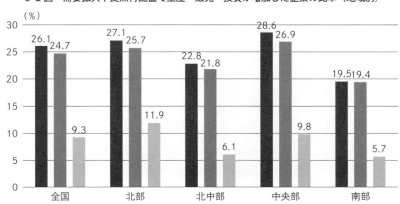

8-2図　需要拡大や拠点再配置で生産・販売・投資が増加した企業の比率（地域別）

（資料）中央銀行「拠点再配置に関する企業見解調査」（2023年9月発表）

8-3図 需要拡大や拠点再配置で生産・販売・投資が増加した企業の比率（産業別）

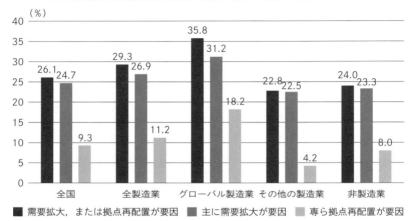

（資料）8-2図に同じ

　高い（8-2図，8-3図）。ニアショアリングの流れを受けた製造投資の活性化はGDP統計にも表れており，2023年の投資（総固定資本形成）は過去最高の規模に達している。

　中銀の調査において，拠点再配置に直接起因した生産・販売・投資増は9.3％となった。製造業と非製造業を比べると，製造業の恩恵が大きく，拠点再配置に直接起因した好影響を実感した企業は11.2％となる。グローバルチェーン参画製造業の場合は拠点再配置に直接起因した好影響で18.2％と2割近くの企業がニアショアリングの影響を直接実感している。地域別にみると，北部における影響の実感が大きく，南部では拠点再配置に直接起因した好影響を挙げた企業が相対的に少ない（8-2図）。

　メキシコへの生産・調達の移転は，中国などアジアからメキシコへという流れだけではない。米国の製造業における深刻な人材雇用難とコスト高が，自動車産業を中心に米国からメキシコへの生産移転の流れを加速させている。ジェトロが2023年8月に実施した進出日系企業実態調査[1]の結果によると，米国進出日系企業で人材不足の問題に直面していると回答した企業は70.2％に及び，製造業（全体）では74.4％，完成車製造では87.5％，自動車部品製造では88.1％に及ぶ。近年はメキシコでも企業進出ラッシュにより人材獲得競争が

激化しているが，メキシコ進出日系企業で人材不足の問題に直面している企業
の比率は，全体で 63.5％，製造業で 69.5％，完成車製造で 57.1％，自動車部
品製造で 79.5％となっており，米国よりは低い数値となっている。また，賃金
水準にも依然として大きな開きがある。ジェトロの投資コスト比較調査による
と，2023 年時点で米国の製造業における賃金は一般工でメキシコの約 7 倍，
エンジニアで 3 倍強，中間管理職でも 2 倍強に及ぶ。

　ジェトロが 2023〜2024 年第 1 四半期にかけて実施したメキシコ進出日系自
動車部品メーカーへのヒアリング調査によると，グローバルな Tier1 サプライ
ヤーの多くが米国からメキシコへの生産移管やメキシコにおける生産ライン
の増設を検討している。背景には，米国の自動車産業におけるコスト高が影
響し，収益が圧迫されていることがある。米国工場では高付加価値品の生産に
集約し，大量生産品はなるべくメキシコに寄せることを検討している企業が多
い。伝統的にメキシコでは労働集約的な汎用品の生産が中心であったが，昨
今は高付加価値品についてもメキシコで生産を拡大する動きがみられる。2023
年度の進出日系企業実態調査によると，自動車産業に属する進出日系製造業で
今後 1〜2 年間に事業を拡大すると回答した企業のうち，高付加価値品の生産
を拡大すると答えた企業の比率が 55.0％に達し，同設問の調査開始以来，汎用
品の生産を拡大すると答えた比率（2023 年は 50.0％）を初めて上回った。

2．ポピュリスト政権下でビジネス環境は悪化，電力など経済インフラの　整備に課題

　メキシコのインフレ率は落ち着いており，財政収支均衡や中銀の独立性確保
などを支援材料として為替も安定しており，輸入規制強化や外資規制の強化，
海外送金規制など他の新興国でみられるような保護主義的な動きはあまりな
い。したがって，外資系企業にとっての最低限の投資環境は確保されている。
しかし，アンドレス・マヌエル・ロペス・オブラドール（AMLO）政権（2018
年 12 月〜2024 年 9 月）による福祉政策拡充のための財源確保を目的とした緊
縮財政の下で，連邦政府の行政手続き遅延は深刻化し，ビジネス環境の悪化が
みられる。現政権下では所得分配政策のみが重視され，経済成長を促進するた
めの政策，特定の産業を育成強化する産業政策が欠如している。

また、エネルギー分野で国営企業を優先する大統領のイデオロギーから、再生可能エネルギー発電に比較優位を持つ民間企業のビジネスが阻害されており、現政権下（2019～2023年）の発電事業への対内直接投資の年平均額（6億1,800万ドル）は、エンリケ・ペニャ・ニエト前政権下（2013～2018年）の年平均（13億8,100万ドル）の半分以下に縮小している。さらに、国の戦略的分野として国営電力庁（CFE）に委ねられている送配電のインフラ整備が進んでいない。AMLO政権下4年間（2019～2022年）の送電線網の拡張は年平均667キロメートルにとどまり、前政権下の年平均（1,492キロメートル）の半分にも満たない（8-3表）。変電所の建設件数も年平均23カ所にとどまり、前政権の43カ所の半分以下である（8-4図）。

ニアショアリングで外国企業の進出が加速する中、経済活動の活性化に伴い年々需要が高まる電力の供給能力や太平洋岸の港湾の取り扱い能力が限界に近

8-3表　電力庁（CFE）の送電線網（回線延長）

（単位：km）

電圧	2012年末時点	2018年末時点	前政権下6年間の拡張（注）		2022年末時点	AMLO減政権下4年間の拡張	
			拡張合計	年平均		拡張合計	年平均
161～400kV	50,905	55,088	4,183	697	56,389	1,301	325
69～138kV	48,163	52,929	4,766	794	54,296	1,367	342
合計	99,068	108,017	8,949	1,492	110,685	2,668	667

（注）エンリケ・ペニャ・ニエト前政権は厳密には2012年12月～2023年11月の6年間だが、便宜的に2013～2018年の6年間のデータを採用。同様にAMLO政権下の4年は2019～2022年までの4年間を採用
（資料）エネルギー省（SENER）データから作成

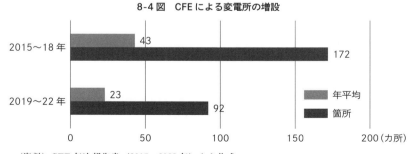

8-4図　CFEによる変電所の増設

（資料）CFE年次報告書（2015～2022年）から作成

づいており，このままの状況が続けば，さらなる企業進出にとっての深刻な
ハードルとなる。

　メキシコ最大手の商業銀行 BBVA メキシコは 2023 年 7 月，メキシコ工業団
地協会（AMPIP）の会員企業を対象にアンケート調査[2]を実施した。この調
査によると，工業団地デベロッパーが考える外資系企業の進出にとっての障害
（複数回答）として最も多かったのは，「電力（の供給不安）」（回答率 91％）
だった。これに，「行政手続き」（74％），「水資源」（63％），「天然ガス」
（40％），「道路へのアクセス」（34％）と続いた。AMPIP 会員の 9 割以上が電
力供給不安を問題視する。ニアショアの流れで工業団地への企業進出が活発化
し，一部の工業団地では既存入居地域で配電容量が足りなくなる事態が生じて
いる。財源に乏しい CFE は，送配電に必要なインフラを自己予算で十分に整
備できていない。このため，新規進出企業や生産拡張企業自らが国家電力エネ
ルギー管理センター（CENACE）とも相談の上，自社工場付近までの高圧送
電線を新たに敷設し，新たな変電所を建設することを余儀なくされている。こ
の場合，経費は企業が負担しながら，完成したインフラは結局，CFE に寄付
することになる。

第3節　経済安保関連の政策やその影響

1．米国政府の要請に基づく迂回輸入防止措置の導入

　中立不干渉を外交政策の柱に据えるメキシコは，中国に対して特に優遇もし
なければ，差別することもしない。ロシアに対しても同様である。ただし，米
国政府がメキシコを経由した中国製品の迂回輸入に警戒感を示しているため，
米国側の圧力に応じて中国からの輸入を抑制する措置をここ数年で導入してき
ている。

　メキシコ政府は 2023 年 8 月，連邦官報で政令を公布し，鉄鋼，アルミニウ
ム，繊維，衣類，履物など 392 品目の一般（MFN）関税率を，2025 年 7 月末
までの期限で翌日から一時的に引き上げた。関税率は品目に応じて 5〜25％と
なった。世界的な鉄鋼の過剰生産が続いていることや，新型コロナ禍で打撃を

受けて回復しきれていない繊維・履物などの国内産業を保護することを目的としているが，背景には米国政府の圧力があったとみられている。

さらにメキシコ政府は2024年4月，連邦官報で政令を公布し，鉄鋼など544品目の一般（MFN）関税率を4月23日から2026年4月22日までの期限で一時的に引き上げた。今回の引き上げでは前回と比べて新たな品目が加わり，関税率引き上げ期間も約9カ月延長となった。最も対象品目が多いのは，鉄鋼（HS72類）・同製品（HS73類）で，合計226品目の関税率は大半が25〜35％，ワイヤーロッド（72.13項）の2品目については50％まで引き上げた。これらの品目については，概ねWTOで約束した譲許税率の上限まで引き上げたことになる。同措置は，2024年2月に米国とメキシコの間で合意された鉄鋼・アルミニウム製品の輸出入監視強化策の1つである。

2．中国企業によるメキシコへの製造投資

直接出資が最大である企業の国籍を基準に作成される対内直接投資統計では，第3国を経由した対メキシコ投資はその第3国からの出資と計上されるため，中国からの対内直接投資額は2023年時点でも1億5,100万ドル（全体の0.4％）と小さく，統計にはあまり現れていない。しかし，州政府や企業自身のプレスリリースや報道などを通じた投資計画の発表では，中国系企業の投資が目立つ。デロイト・メキシコが2023年3月に発表したレポート[3]は，2021〜2022年に発表された外資系企業のニアショアリングに起因した投資計画53件を報道などからリストアップし，分析している。業種別にみると，自動車産業が最多で22件，家具が6件，電気機器が5件，電子機器が4件，家電が3件となっている。出資国でみると中国が19件で最多，米国が8件，日本とドイツが6件，台湾が4件，イタリアが3件と続く。中国系企業の業種は雑多であり，自動車産業が5件，家具が4件，電気機器が3件，家電と建設機械が2件ずつで続く。中国系企業の進出の背景には米国の通商法301条に基づく広範な中国製品に対する米国の追加関税があるとみられ，同課税を回避する目的とみられる。

中国からメキシコへの調達先の移転，中国企業の対米輸出向け製造を視野にいれたメキシコ進出は今後も続くと考えられるが，中国企業によるEVのメキ

第8章　メキシコ　173

シコにおける組立には米国の政府や国会議員，業界団体などが目を光らせている。米国下院に設置された「米国と中国共産党間の戦略的競争に関する特別委員会」は 2023 年 11 月，中国メーカーの EV が第 3 国を経由して米国に流入にすることについて懸念を示す文書を USTR 宛に発出した。米国共和党の大統領候補であるドナルド・トランプ氏は 2024 年 3 月，中国企業がメキシコで製造した自動車に 100％の関税を課すと発言している。バイデン政権も 2024 年 5 月，USTR に対して，鉄鋼・アルミニウム，半導体，電気自動車（EV），バッテリー，重要鉱物，太陽電池，船舶対陸上（STS）クレーン，医療製品など戦略分野で，1974 年通商法 301 条に基づく対中追加関税（301 条関税）の関税率を引き上げるよう指示した。今後もメキシコを経由した中国製品，特に EV の米国市場への流入には厳しい監視の目が向けられるだろう。

　中国系 EV メーカーでメキシコ製造を検討しているとされているのは，奇瑞汽車（Chery），長城汽車（GWM），比亜迪汽車（BYD）などだ。報道された後の具体的な動きが乏しいが，州政府関係者へのヒアリングによると，メキシコ国内の複数の州でフィージビリティ調査（F/S）を行っているようだ。米国における対中警戒感や USMCA の厳格な原産地規則の関係もあり，当面は国内市場を狙った動きとみられる。

第4節　人権関連の政策の実施状況と影響

1．USMCA の批准などを契機とした団体交渉権の強化

　メキシコの労働組合には伝統的に企業のイニシアティブで組織される「御用組合」が多く，穏健な組合連合組織との間で「保護協約（Contrato de Protección）」と呼ばれる形式的な労働協約を締結することにより，外部の過激な労働組合の介入を防止する慣行が一般的に行われていた。労働者には実質的に組合を選ぶ権利はなく，労働協約の内容すら知らないことが多かった。このような慣習は，国際労働機関（ILO）などからも問題視されていたため，かなり前から団体交渉権を強化する内容の連邦労働法改正案が国会で議論されていたが，国会審議の進展は緩慢であった。

174　第3部　サプライチェーンの変容

　このような状況を一変させたのは，包括的および先進的な環太平洋パートナーシップ協定（CPTPP）の批准（2018年5月），ILO第98号条約（団結権および団体交渉権）の批准（2018年9月），米国・メキシコ・カナダ協定（USMCA）の署名（2018年11月）である。特にUSMCAの別添23-Aは，団体交渉権を強化する措置の労働法規への導入をメキシコ政府に明示的に義務付けている。メキシコはこれら国際協定で定められている労働者の団体交渉権を確実に保護するための連邦労働法の改正に乗り出し，2019年5月1日に同改正を公布した。同改正は労働裁判制度の改革と団体交渉権の強化から成るが，後者については，雇用主の声を反映する「御用組合」をなくすため，新設の第390-2条で労働協約を締結する組合が労働者の声を真に代表すること（最低でも職場の30％以上の労働者の署名が必要）を確認する手続き詳細が規定され，第390-3条で労働協約の内容を職場の過半数の労働者によって承認するプロセスを導入，同承認を得た労働協約のみ連邦調停労働登録センター（CFCRL）に登録できることにした。また，改正施行日（5月2日）から4年以内に少なくとも1度は，すべての既存の労働協約を労働者の声を反映した内容に見直すことを義務付けた。

2．USMCAの個別事業所の労働権侵害に対する迅速メカニズム（RRM）の活用

　2019年12月に締結されたUSMCAの改訂議定書に基づき，紛争解決の章（第31章）の別添31-A（米国とメキシコ），別添31-B（カナダとメキシコ）として，労働者の結社の自由と団体交渉権に関する権利侵害の疑義がある場合に限り，「事業所特定の迅速な労働問題対応メカニズム（RRM）」と名付けられた，特定の事業所を対象とした紛争解決メカニズムが創設された。RRMの特徴は，労働権侵害を疑うに足る事実がある場合，相手国政府ではなく，特定の事業所に対して適用されることにある。特定事業所の権利侵害が確認された場合，当該事業所の輸出産品に対する特恵関税の否認や制裁金の賦課などが行われる。

　RRMの流れとして，加盟国（提訴国）政府の判断で実施，あるいは労働権侵害を疑う疑義があるとして労働組合等の第3者が提訴することも可能。第3

者からの訴えの場合，提訴国政府が30日以内に審査し，事実確認要請の要否を判断する。その後，提訴国政府が被提訴国政府に事実確認を要請し，被提訴国政府は10日以内に事実確認実施の要否を回答する。事実確認の不実施または期限内に回答がない場合，提訴国によるパネル設置要請が可能となる。一方，確認を行う場合は，被提訴国が45日以内に結果を報告し，侵害事実を肯定する場合は，両国が10日以内に改善策の策定で協働し，合意に達した場合は問題解決となる。

　RRMを活用した初の事例は，バイデン政権が政権自身の判断で提訴したグアナファト州シラオ市のGMの工場での事例である。同工場で2021年4月に行われた労働協約の適法化プロセス[4]における労働権侵害をめぐり，2021年5月にUSTRがメキシコ政府に事実確認を要請し，メキシコ政府が調査を開始した。調査で同工場の労働権侵害が確認され，両国政府が改善策で合意した後，ILOおよび国家選挙院（INE）から監視員を派遣したうえで，労働協約適法化の再投票が実施された。再投票では，既存の労働協約が反対多数で否決された。GMシラオ工場との間で新たな労働協約を交渉する労働組合を決める投票は2022年2月に行われ，新興労組の自動車産業全国独立労働組合（SINTTIA）が勝利した。

　RRMの活用は2022年末までは5件にとどまっていたが，2023年以降加速度的に適用が増え，2024年4月末までに合計22件が米国政府により提訴されている。そのうちメキシコが労働権侵害の事実確認を受諾した案件は21件，1件のみ既にメキシコ政府による是正措置が開始されていたことを理由に不受託となっている。現在調査中の3件を除き，メキシコが事実確認要請を行ったうえで労働権の侵害があったと判断したのは15件，その確証は無いと判断した案件は2件，労働権侵害は認めたもののUSMCA発効前に発生したものであり，RRMの対象外と判断した案件が2件ある。両国間が救済策の内容などで合意できずにパネルの設置に至った案件は2件，1件はメキシコ側の勝訴（労働権の侵害は協定発効以前に行われたと裁定），もう1件は審理中である（2024年4月末時点）。22件のうち，解決に至ったとUSTRが判断した案件は15件，未解決は7件である。

　対象となった事業所のうち，20件が鉱工業，2件がサービス業（貨物航空輸

176 第3部 サプライチェーンの変容

送とコールセンター）だ。鉱工業のうち，自動車および自動車部品製造が14件で最多，続いて多いのが鉱業で2件，残りはタイヤ，繊維製品，建設機械，食品，鉄鋼製品が1件ずつ。地域別には鉱工業の事業所が集積している地域で多くなっており，コアウイラ州，タマウリパス州など北東部とグアナファト州，アグアスカリエンテス州，ケレタロ州，サンルイスポトシ州など中央高原バヒオ地域が大半を占めている。

3．強制労働製品の輸入規制

メキシコ政府は2023年2月，連邦官報で労働社会保障省の輸入規制を受ける商品を定める経済省令を公布し，同年5月18日以降，強制労働（児童労働を含む）により生産された商品の輸入を禁止した。同省令では，関係者からの告発に基づき，労働社会保障省が外国政府の当局などと協力して調査を行い，強制労働により生産されたと判定された場合は，メキシコへの輸入を禁止する対象リストに加えるプロセスが定められている。同リストは，労働社会保障省のウェブサイトで公開され，税関では同リストを基に輸入の差し止めが行われる。なお，外国当局からの要請による調査や，労働社会保障省が職権で行う調査も可能である。

メキシコが同措置を導入した背景には，USMCAがある。USMCAの第23.6条は，加盟国が強制労働により生産された産品の輸入を禁止することを義務付けているが，メキシコには強制労働により生産された産品の輸入を禁止する効果的な枠組みが存在しなかった。メキシコはUSMCAが定める国際約束を，協定発効から約3年遅れるかたちで形式上は果たしたことになる。しかし，2024年4月末時点で，強制労働で生産された商品のリストは公開されていない。

第5節　脱炭素・グリーン関連の政策の実施状況と影響

1．脱炭素に向けた政策はAMLO政権で停滞

メキシコは従来，温室効果ガス（GHG）の排出削減に向けた政策には積極

的な立場を示していた。フェリペ・カルデロン政権下の2012年6月に気候変動一般法（LGCC）を公布，国家全体が気候変動対策に取り組むための枠組みを整備し，GHG排出量が多い企業などに報告義務を課した。エンリケ・ペニャ・ニエト政権下の2015年12月にはエネルギー転換法が公布された。再生可能エネルギー発電や省エネを促進する法律で，電力の大口需要家は，2018年から消費電力の5％以上の電力をクリーンエネルギーで調達することが求められ，同比率が段階的に引き上げられることとした。2018年7月にLGCCの改正が公布され，メキシコにおけるGHG排出権取引制度（ETS）の段階的導入が定められた。同改正により，36カ月間のパイロットプログラムが導入され，そのための暫定市場原則が2019年10月1日に官報公示された。

パイロットプログラムは2020年1月に開始され，国営石油公社（PEMEX）と電力庁（CFE）などのエネルギー部門に加え，GHGの年間排出量が10万トンを超える鉱工業部門の約300の民間事業所が対象となった。排出枠は固定排出源からの直接排出のみが対象となり，電力消費などの間接排出は対象外とされた。パイロットプログラムは2022年末までの3年間で終了したが，翌年に予定されていた本格的なETSの開始は実現しておらず，現時点でも目途はたっていない。この背景には，2018年12月に発足したAMLO現政権の消極的な姿勢がある。AMLO大統領は，エネルギー分野において国営企業を重視する政策を打ち出しており，PEMEXやCFEなど国営企業にも大きな負担となる同制度の導入に前向きではないとみられる。

2．民間部門による再生可能エネルギー発電にブレーキ

AMLO政権下では，エンリケ・ペニャ・ニエト前政権で2014年8月に公布された新たな電力産業法（LIE）体系化で実施される長期電力競売（SLM，前政権下では3回実施）が事実上停止され，民間発電事業者からの大規模な再生可能エネルギー電力の調達にストップがかかっている。さらに，CFEによる発電を優先するAMLO大統領は，CFEを民間発電事業者よりも優遇するさまざまな政策を導入し，民間事業者への発電許可や系統接続許可の付与をさまざまな手続き上の理由をもとに却下したり，遅延させたりしている。AMLO政権のエネルギー政策は，USMCAが定める自由競争の原則に反するとして，

米国とカナダが 2022 年 7 月に USMCA の紛争解決の枠組みで協議を申請する事態に至っている。

エネルギー省によると，2022 年末時点でメキシコの系統電力の 64％が火力発電によるもの[5]。再生可能エネルギー発電能力は大規模水力を含めても 31.5％に過ぎない。コーポレートレベルの脱炭素目標を掲げるグローバル企業にとって，メキシコの系統電力から CFE を通じて電力を購入すると目標達成が困難になる。豊富な太陽光などを活用した自家発を計画する企業も多いが，発電許認可が円滑に取得できない。電力需要が 1MW を超える有資格電力利用者は，再生可能エネルギーにより発電した電力のみを扱う民間事業者から電力を調達することもできるが，エネルギー規制委員会（CRE）に対する有資格利用者としての登録，CENACE に対して申請する供給事業者の変更許可，CFE の配電部門に対して行うメーターの交換手続きなどを行う必要ある。これらの手続きは恒常的に遅延している。

第 6 節　今後の展望

米中対立，ニアショアリングのコンセプトの下での調達先，生産拠点の再配置など現在の国際情勢は対米輸出製造拠点としてのメキシコにとって明らかな追い風になっている。他方で，現政権はこの追い風を活かしきれているとはいえない。投資誘致や産業政策を担当する経済省の予算を年々削減し，前政権下で行われていた特定産業向けの育成策を廃止し，浮いた予算を大統領が重視する社会福祉プログラムに充当するなど，経済成長よりも所得分配を過度に重視する政策を展開しているからだ。また，エネルギー分野を中心に国営企業重視の政策が目立ち，発電など民間事業者にとってビジネスが困難な領域も増えた。社会福祉プログラムの財源確保のための緊縮財政は連邦行政手続きの遅延を深刻化させ，ビジネス環境は総じて前政権よりも悪化している。

さらに，大統領は南部開発など大統領自身が重視するインフラ事業に投資予算を集中させ，経済活動の根幹を担う電力や港湾などの経済インフラへの投資が不十分だ。その結果，一部の地域における電力供給不安や太平洋岸の複数の

港湾における深刻な混雑などが目立つようになっている。2024年は年初から異常気象が続き，5月には例年よりも気温が高い日が続いた。そのため，5月7〜11日にかけて一時的に電力需要が電力供給を上回る事態となり，少なくとも全国32州のうち13州で停電が発生した。同事態を受け，民間発電事業を阻害するだけでなく，国が独占する送配電部門における投資も十分に行ってこなかった現政権のエネルギー政策に対する批判の声が上がっている。

　経済界や日系企業を含む外資系企業組織は，2024年10月の新政権の発足に期待を寄せる。福祉政策に偏る現政権とは異なり，新政権では国としての産業育成策や脱炭素戦略など経済成長や企業活動を支援する政策を導入してほしいという期待だ。2024年5月時点では与党連合の候補が優勢であり，大きな政策方針の転換はないとみられている。しかし，現政権下で肥大化した福祉予算が次期政権でも歳出予算を圧迫するとみられるため，必要なインフラ整備事業では今まで以上に民間資本の導入が不可欠な状況になるだろう。民間資本の活用を進めることなく国に必要なインフラ整備を進めることはできないとみられており，現政権よりは民間部門との対話を進める必要が出てくるだろう。

　2024年は米国でも大統領選挙が行われ，トランプ氏が当選した場合は，メキシコ経済は再び国外にも不安定要素を抱えることになる。ただし，2017〜2020年にトランプ政権と上手く付き合ってきたメキシコにとって，トランプ大統領の誕生は以前ほど大きな衝撃にはならないとみられる。新型コロナ禍を経て，北米経済の一体化が誰の目にも明らかな現状において，北米のサプライチェーンを大きく分断する事態には至らないという見方が一般的だ。しかし，米国における中国製品・中国企業への警戒感が増す中，EVやバッテリー，半導体など米国の戦略分野において，中国資本の米国市場を目的としたメキシコへの製造投資は，これまでよりは減速する可能性があるだろう。

（中畑貴雄）

注
1　日本貿易振興機構（2023）。
2　BBVA Research（2023）．
3　Deloitte México（Galaz, Yamazaki, Ruiz Urquiza, S. C.）（2023）．
4　2019年5月に施行された連邦労働法の改正に基づき，それ以前に締結された労働協約を見直し，職場の労働者の過半数の承認を経て連邦調停労働登録センターに再登録するプロセスのこと。

180　第3部　サプライチェーンの変容

5　Secretaría de Energía（2023）．

参考文献

日本貿易振興機構（2023）「2023年度 海外進出日系企業実態調査（北米編，中南米編）」12月。

BBVA Research（2023），Encuesta a miembros de AMPIP, Mexico City.

Deloitte México（Galaz, Yamazaki, Ruiz Urquiza, S. C.）（2023），Nearshoring en Mexico, Mexico City.

Secretaría de Energía（2023），Programa de Desarrollo del Sistema Eléctorico Nacional（PRODESEN）2023-2037, Mexico City.

第 9 章

中　国

はじめに

　米国防省が 2023 年 11 月に公開した「国家防衛産業戦略」[1] には，「30 年かけ中国は，多くの主要分野—造船から重要鉱物（critical minerals），マイクロエレクトロニクスまで—において世界的な産業大国となり，米国のみならず，欧州とアジアの主要な同盟国を合わせた生産能力を大幅に凌駕している」と，中国の巨大な産業集積への高い関心が示されている。中国経済の力の源泉であるその集積には，夥しい数の外資企業が組み込まれている。

　中国は世界の主要工業製品の製造工程が集積する過程で，2009 年に輸出でドイツを抜き世界第 1 位となった。2010 年には GDP 規模で日本を抜き，1 位になり得る世界第 2 位として注目を集めた。当時は改革開放（1978 年）から 30 年余で，実質 GDP は 21 倍，名目（ドルベース）では 28 倍に膨れ上がり，輸出拡大の牽引役が外資企業から民営企業に移りつつあった。2015 年に政府が発表した「中国製造 2025」は，中国は製造「大国」ではあるが「強国」ではないとして，製造業のアキレス腱ともいうべき半導体の内製を課題の筆頭に掲げた。2017 年 5 月に北京で開催された「一帯一路サミットフォーラム」は，29 カ国の国家元首や政府首脳，130 以上の国と 70 以上の国際機関から 1500 名以上の参加者を集め，世界からの「一帯一路」への支持を誇示した。中国は米国の思惑とは違い，経済発展を遂げながらも民主化はせず，「社会主義市場経済」の道を歩み台頭を続けた。当時米国では米国第一主義を掲げるトランプ政権が発足し，早々に TPP 交渉からの離脱を発表した。トランプ政権が注力し

たのは対中貿易赤字をめぐるディールであった。報復関税の応酬の後，輸出管理の強化によって先端半導体の外国依存という中国の産業集積の急所を突いた[2]。その後中国で「国家安全」[3]の強靱化が加速した。

中国は，2020年のコロナ禍では，国民の行動を徹底監視することで感染の抑えこみに成功した。その後，国民生活への影響力を拡大しつつあった巨大テック企業への管理強化を進めた。2022年3月，オミクロン株による上海市でのコロナ再流行の際もロックダウンや厳しい行動制限を実施した。当時の習近平総書記・国家主席は，秋の3期目入りが濃厚ではあったが，国家主席の3選を禁じてきた憲法を改正し実現する続投に間違いは許されなかった。ゼロコロナ政策で流行は沈静化したが，生産活動は麻痺した。企業は，グローバルサプライチェーンの主戦場である中国に，パンデミックと権威主義的傾向の強まりからくる固有の事業リスクを再認識した。2022年6月には，米国でウイグル強制労働防止法（UFLPA）が施行され，新疆ウイグル自治区が関与する製品輸入を禁止した。グローバル企業のサプライチェーンの中核を担うことで世界の製造の中心的地位を確立したかに見えた中国で，企業は米中対立と3年におよぶゼロコロナ政策により，中国にサプライチェーンを展開していることのリスクに直面してきた。

この章では，事業展開先としての中国に起こっている近年の変化を概観し，サプライチェーンの今後について考える。以下，第1節で「産業の特徴，人口動態，海外からの進出状況」を概観し，第2節で「中国におけるチャンスとリスク」について触れ，第3節で「政策の実施状況と影響」として経済安全保障，人権，脱炭素・グリーンの3つのイシューのサプライチェーンへの影響について指摘し，第4節で「今後の展望」について述べる。

第1節　産業の特徴，人口動態，海外からの進出状況

1．産業の特徴

中国の経済運営は，1978年の「改革開放」により，独力で経済の立て直しを図る「自力更生」から対外開放に転換した。時代が進み，東西冷戦の終結に

より「メガコンペティション」の時代が幕を開け，1990年代に外資企業は，労働力の豊富な中国に加工組立工場の建設を加速させた。広東省を嚆矢として転廠（中国国内において外資企業間で半製品を流通させること）が黙認され，その展開地域が広がるとともに，部品メーカーの進出が加速し，地場企業への技術移転も進んだ。外資企業のサプライチェーンは製造技術を向上させた地場企業を取り込み拡大していった。2000年代前半にはそうした沿海部の工業発展に出稼ぎ労働者の供給が追い付かない状況となり，中国は「ルイスの転換点」を超えたと言われた。労働者引き止めのため，各地方政府は毎年のように最低賃金を引き上げた。賃金上昇によって中国の加工組立拠点としての中国の魅力は低下していったが，一方で中国の消費者の購買力は高まり，WTO加盟（2001年）後は中国国内市場での販売拡大が外資企業の主な進出動機となっていった。ドルベースのGDP規模は2010年に世界第2位となり，その後も順調に増え続け，今や世界第1位も射程内にある。1人当たりGNIは2019年以降1万ドルを超えており，上位中所得国に分類される。ワーカーの月給は，例えば沿海部に近い江蘇省蘇州市が589ドル，内陸の四川省成都市が689ドルであり，タイの首都バンコク（385ドル）を大きく上回る[4]。今の中国に，安価な労働力が内陸から無尽蔵に供給されるといわれたかつての姿はない。

　製造業の特徴は産業集積の厚みにあるが，先端半導体をはじめとして先進技術分野を国外に依存し，貿易戦争下でファーウェイ（華為技術有限公司），ZTE（中興通訊）など大手企業が米企業から半導体の供給を止められ窮地に陥った。他方，各種のハイテク製品に不可欠なレアアースの生産では世界の7割を占めている[5]。2010年9月，尖閣諸島での中国漁船衝突事件を契機に中国はレアアースの日本への輸出を全面的に停止し，日本の産業界に衝撃を与えた[6]。非製造業は所得向上とeコマースの普及を支えに卸小売業が拡大基調を維持している。イノベーションの社会実装[7]への抵抗が少なく，GAFAMの中国版ともいうべきBATH[8]が急成長を遂げた。EVの製造・販売も急拡大している。

　しかし2020年11月，BATHの躍進にも転機が訪れた。BATHの一角を占めるアリババ集団が予定していた，傘下のアント・グループの上海市場，香港市場での上場の延期が突如発表された。アリババ集団は天猫（Tmall），淘

184　第3部　サプライチェーンの変容

宝網を展開する中国のeコマース最大手で，決済アプリのアリペイはウィーチャットペイと中国市場を二分する。上場延期の理由については，アリババ集団創業者の馬雲（ジャック・マー）氏の発言が原因との報道がある一方[9]，関根・宋（2021）は，「上場延期決定前から，同グループの営業収益（2020年1〜6月）の4割を占めるインターネットや証券化を活用した貸付業務への規制強化が始まっていた」ことも指摘している[10]。その後，アリババ集団以外のテック企業やプラットフォーマーに監督強化が広がった。

　中国は良くも悪くも，産業政策や政治の力が強い。中国政府は産業の強化のため多くの補助金を国内企業に支給し[11]，産業の急速な成長を後押ししてきた。国務院は2015年5月，「中国製造2025」を発表した。2025年までに製造強国となり（第一段階），2035年までに世界の製造強国の中位に達し（第二段階），2049年（中華人民共和国成立100周年）までに世界の製造強国の先頭集団に入る（第三段階）ことを目標に掲げた。「中国製造2025」にはその第一段階のロードマップが示されている。政治の力の好例としてテスラが指摘できる。中国政府は18年に外資が全額出資でEVを製造することを認め，テスラが第1号となった。習氏の右腕であった王岐山国家副主席（当時）らとイーロン・マスクCEOの太いパイプによるものと言われ，マスク氏は今も李強総理とバイの面談ができる強力なコネクションを持つ。テスラの上海工場は，「実質的な生産能力が95万台を超え，世界全体の4割」[12]とされ，テスラの中国依存は顕著である。

　強力な産業政策が効果を発揮する産業もあれば，そうでない産業もある。世界の輸出台数ランキングで首位となった自動車産業は，これまでのところ成功例といえるだろう。他方，半導体産業は成功していない。「中国製造2025」で中国政府は半導体の自給率を2015年の14％から，2020年に49％，2030年には75％とする目標を掲げ，「国家集積回路産業投資基金」などを通じ資金面から半導体産業を支援したが，自給率はその後も10％台半ばで推移している[13]。

2．人口動態

　中国の総人口は2022年末，14億1,175万人で前年末比85万人の減少となった。減少は61年ぶりである[14]。2023年も人口は減少（14億967万人，208万

人減），出生数は 902 万人と 7 年連続の減少で 1949 年の中華人民共和国建国以来最少となった。これまで政府は，2016 年に 2 人目，2021 年に 3 人目の出産をすべての夫婦に認め，産児制限を事実上廃止しているが，出生率低下に歯止めはかかっていない[15]。その要因として指摘されているのは，住居費，教育費の高騰と雇用不安である。

　中国の場合，失業率は若年層で特に高い[16]。背景には高等教育の急速な普及がある。親の世代，学士はエリートであったが，今はそうとも限らない。一人っ子政策で子供の数が制限されたことは，子供 1 人当たりの教育費を増やす面があり，また一人の子供が二人の親の老後を支えることを意味した。少しでも所得の多い仕事につくことが親としても子供としても切実な問題であり，教育熱は高まった。しかし今や学士となれても高給の企業は狭き門である。また，就職しハードワークをこなしても給与は都市の生活コストに消える。中国では持ち家が結婚の条件とされるが，不動産価格の持続的上昇でそれも手に入るかどうか分からず，仮に持てたとして，今や不動産は含み損が当たり前の時代になっている[17]。経済発展の陰で，頑張らないことを選択した人々を指す「寝そべり族（躺平：タンピン）」は流行語にもなった。親の世代にしても，老後の生活の支えと考えていた不動産が含み損になれば，大学院進学や就職浪人といった子供のモラトリアムを支えられなくなる。労働力人口の減少が進む中，政府は「新たな質の生産力」の発展加速を政府の重点施策の筆頭に掲げる。「新たな質の生産力」とは簡単に言えば先端技術を用いて高い付加価値を生む生産力であり，先進性が優先される。今後は労働力人口の減少が予見されるから全要素生産性を引き上げる術を考える，という思考は論理的ではあるが，今の若者が就業するかどうかとは別の問題にみえる。

　人口減少，少子高齢化の下で想定されるのは，第一に不動産購買層の減少と価格上昇期待の後退，第二に地方の中小都市からの人口流出とそれによる不動産市況の悪化である。超大都市（一線都市）へは人口流入が続く反面，中小都市では人口流出が起こっている。大手デベロッパー，碧桂園控股有限公司（広東省仏山市）の経営難も，主戦場の中小都市（三線，四線都市）での販売不振が原因とされる。地方を主戦場とする不動産不況は地方財政にも大きな打撃となる。なぜなら地方政府の歳入は，土地の使用権を不動産開発企業に売却する

ことで賄われている部分が大きいためである[18]。

3．海外からの進出状況

2000年代まで中国は，生産（輸出拠点），販売（巨大な国内市場）の両面から注目された進出先であったが，2010年代に入ると，ビジネス展開を考える上で解消の困難な問題が浮上してきた。第1に，1979～2014年の「一人っ子政策」の影響で，生産年齢人口が減少トレンドに入った。第2に，成長率の低下が始まった。第3に，製造技術を向上させ外資企業に比肩しうるようになった地場企業が増加し，中国市場での競争が激化した。対中投資の伸び率は2010年代に入り鈍化した（9-1図）。

ジェトロ調査部は毎年，「海外進出日系企業実態調査」で，「今後2～3年の事業展開の方向性」を企業に尋ねているが，2023年度の中国は，「拡大」が27.7％で，同調査の「アジア・オセアニア編」が対象とする19カ国・地域のうち下から3番目という低さである。「第三国（地域）への移転，撤退」は0.7％と極めて少ないものの，これは中国からの撤退が他に比べ少ないことを意味しない。「第三国（地域）への移転，撤退」の回答比率は国ごとの差がほとんどなく，16カ国が1.0％以下となっている。この調査は回答者が現地法人

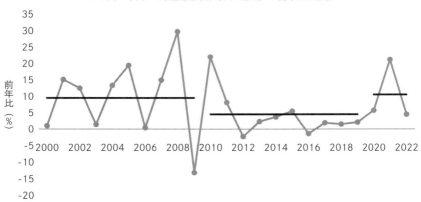

9-1図　中国への直接投資額（ドル建て）の前年比の推移

（注）マーカーのない3本の線はそれぞれ2000年代，2010年代，2020年代の平均
（資料）CEICをもとに筆者作成

であり，その点は類例のない貴重なアンケートであるが，これは移転・撤退した企業が毎年調査対象から除かれ，現地に止まった企業のみにアンケートをしているということでもある。結果が示しているのは，現在中国で活動している日系企業が競争の激しい中国市場で事業を継続できている強い企業であるということと，その強い企業であっても事業拡大意欲が減退しているということである。

9-1表　中国の対外投資

（金額：100万ドル，シェア：％）

	累積額 （2022年末）	シェア	増加額 （2017→2022年）	比率
アジア	1,831,858	66.5	692,535	37.8
香港	1,588,674	57.7	607,408	38.2
インドネシア	24,722	0.9	14,183	57.4
マカオ	12,686	0.5	3,006	23.7
マレーシア	12,050	0.4	7,136	59.2
シンガポール	73,450	2.7	28,882	39.3
タイ	10,568	0.4	5,209	49.3
UAE	11,885	0.4	6,512	54.8
ベトナム	11,661	0.4	6,695	57.4
アフリカ	40,901	1.5	-2,395	-5.9
欧州	141,073	5.1	30,218	21.4
ドイツ	18,551	0.7	6,387	34.4
ルクセンブルク	20,555	0.7	6,618	32.2
オランダ	28,302	1.0	9,773	34.5
スウェーデン	18,675	0.7	11,367	60.9
英国	19,349	0.7	-969	-5.0
ラテンアメリカ	596,153	21.6	209,261	35.1
英領バージン諸島	367,281	13.3	245,220	66.8
ケイマン諸島	211,509	7.7	-38,173	-18.0
北米	103,487	3.8	16,581	16.0
カナダ	13,306	0.5	2,369	17.8
米国	79,172	2.9	11,791	14.9
バミューダ	11,009	0.4	2,421	22.0
オセアニア	41,341	1.5	-422	-1.0
豪州	35,788	1.3	-387	-1.1
合計	2,754,814	100.0	945,778	34.3

（注）①「合計」は出所に所蔵されていないため上記6地域を合算した
　　　②「比率」は累積額に対する割合で，投資が過去5年にどれほど集中しているかを示す
（資料）CEIC

4．対外投資の状況

　中国の対外投資は統計上，ほとんどの投資が香港向けあるいはタックスヘイブン向けとなっており，データで分かる部分は限られる（9-1表）。2022年末の残高でみれば，対外投資の中心はアジアでこれにラテンアメリカが続くが，理由は既述の通りである。

　近年中国の対外投資がどこに向かっているのかを，過去5年の残高の増加が残高に占める割合でみてみると，タックスヘイブンの英領バージン諸島を除けば，マレーシア，インドネシア，ベトナムといったASEAN諸国に向かっていることが分かる。そのほかスウェーデンも最近投資が増えている国である。

5．輸出入の状況

　中国の海外からの調達の状況を輸入の構成でみると9-2表の通りである。輸入総額に占める上位10カ国のシェアは2000年の68.3％に対し2023年には54.5％に低下した。輸入先が分散する傾向にある。シェアダウンが顕著なのは日本である（18.4％→6.3％）。またG7としてみても，37.8％から21.2％に低下し，中国の先進国依存度が顕著に低下しているといえる。他方，ASEAN10のシェアは9.9％から15.2％に高まっている。

9-2表　中国の輸入の推移（国・地域別）

（金額：億ドル，シェア：％）

		2000			2010			2020			2023	
	世界	2,251	100.0	世界	13,948	100.0	世界	20,660	100.0	世界	25,636	100.0
1	日本	415	18.4	日本	1,762	12.6	台湾	2,005	9.7	台湾	2,004	7.8
2	台湾	255	11.3	韓国	1,380	9.9	日本	1,747	8.5	米国	1,661	6.5
3	韓国	232	10.3	台湾	1,157	8.3	韓国	1,731	8.4	韓国	1,625	6.3
4	米国	224	9.9	米国	1,013	7.3	米国	1,353	6.5	日本	1,608	6.3
5	ドイツ	104	4.6	ドイツ	743	5.3	豪州	1,177	5.7	豪州	1,550	6.0
6	香港	94	4.2	豪州	602	4.3	ドイツ	1,051	5.1	ロシア	1,276	5.0
7	ロシア	58	2.6	マレーシア	504	3.6	ブラジル	855	4.1	ブラジル	1,224	4.8
8	マレーシア	55	2.4	ブラジル	381	2.7	ベトナム	785	3.8	ドイツ	1,065	4.2
9	シンガポール	51	2.2	タイ	332	2.4	マレーシア	752	3.6	マレーシア	1,028	4.0
10	豪州	50	2.2	サウジアラビア	328	2.4	ロシア	577	2.8	ベトナム	928	3.6
	10カ国計	1,537	68.3	10カ国計	8,202	58.8	10カ国計	12,032	58.2	10カ国計	13,970	54.5
	ASEAN10	222	9.9	ASEAN10	1,544	11.1	ASEAN10	3,016	14.6	ASEAN10	3,895	15.2
	G7	851	37.8	G7	3,978	28.5	G7	4,890	23.7	G7	5,425	21.2
	EU27	313	13.9	EU27	1,685	12.1	EU27	2,784	13.5	EU27	3,030	11.8

（資料）GTAをもとに筆者作成

第9章　中国　189

9-3表　中国の輸出の推移（国・地域別）

（金額：億ドル，シェア：％）

	2000			2010			2020			2023		
	世界	2,492	100.0	世界	15,779	100.0	世界	25,900	100.0	世界	34,222	100.0
1	米国	521	20.9	米国	2,831	17.9	米国	4,517	17.4	米国	5,060	14.8
2	香港	445	17.9	香港	2,183	13.8	香港	2,726	10.5	香港	2,787	8.1
3	日本	417	16.7	日本	1,202	7.6	日本	1,426	5.5	日本	1,581	4.6
4	韓国	113	4.5	韓国	688	4.4	ベトナム	1,138	4.4	韓国	1,510	4.4
5	ドイツ	93	3.7	ドイツ	680	4.3	韓国	1,125	4.3	ベトナム	1,419	4.1
6	オランダ	67	2.7	オランダ	497	3.1	ドイツ	868	3.4	インド	1,186	3.5
7	英国	63	2.5	インド	409	2.6	オランダ	790	3.1	ロシア	1,114	3.3
8	シンガポール	58	2.3	英国	388	2.5	英国	726	2.8	ドイツ	1,011	3.0
9	台湾	50	2.0	シンガポール	323	2.0	インド	667	2.6	オランダ	1,007	2.9
10	イタリア	38	1.5	イタリア	311	2.0	台湾	601	2.3	マレーシア	900	2.6
	10カ国計	1,864	74.8	10カ国計	9,512	60.3	10カ国計	14,584	56.3	10カ国計	17,574	51.4
	ASEAN10	173	7.0	ASEAN10	1,381	8.8	ASEAN10	3,837	14.8	ASEAN10	5,370	15.7
	G7	1,200	48.2	G7	5,911	37.5	G7	8,657	33.4	G7	9,760	28.5
	EU27	411	16.5	EU27	3,125	19.8	EU27	4,634	17.9	EU27	5,830	17.0

（資料）GTA をもとに筆者作成

　一方輸出をみると，総額に占める上位10カ国のシェアは，2000年の74.8％から2023年には51.4％と，輸入同様低下している。中でも日本のシェア低下は16.7％から4.6％と著しい。米国も20.9％から14.8％に下がっている。無論G7でも48.2％から28.5％と大幅ダウンである。一方，ASEAN10は7.0％から15.7％に高まっている。調達（輸入）先同様，販売（輸出）先も分散化が進み，先進国への依存度が低下している（9-3表）。

第2節　中国におけるチャンスとリスク

1．産業政策

　中国経済の特徴として党主導の強力な産業政策の存在が挙げられる。育成対象となった産業は，政府が補助金で企業の新規参入を促し短期間で成長する。しかし往々にして生産能力過剰に陥り，多くの企業が淘汰される。また，国外の市場で中国からの輸出ドライブへの懸念を惹起してきた。欧米諸国は太陽光パネル，EV などについて中国の過剰生産を指摘し中国はそれに反論している。

　自動車産業について，中国政府は長らく外資の完成車メーカーの独資での進

190 第3部 サプライチェーンの変容

出を認めず，地場企業との合弁企業設立を義務付け，しかも過半出資を認めなかった（外資出資比率規制が完全に撤廃されたのは 2022 年）。2010 年代，中国政府は購入補助金によって EV 産業の立ち上げを後押しした。内燃機関技術で先を行く日本やドイツでも EV の販売シェアは 2015 年時点でそれぞれ0.5％，0.7％に止まっていた。中国市場の EV のシェアは 2015 年の 1.0％から2023 年には 38％にまで高まり[19]，自動車輸出台数では 491 万台で日本（442万台）を抜き世界で首位に立った（2023 年）。中国については EV が生産過剰との声も聞かれる中，自動車輸出増の主因は新エネルギー車（前年比 52 万6,000 台増）であった[20]。世界的に EV は，普及を後押しするための発売時の大幅な値引きや性能の陳腐化の速さを背景に再販価格が安く，それがエンジン車から EV への買い替えにブレーキをかけているとも言われる[21]。

2．国内の政治情勢，対外関係

　国内政治は「習一強」と言われる。国家主席の任期を 2 期 10 年までとする憲法の条文は 2018 年 2 月の改正で削除されており，2022 年 10 月に習政権は三期目を迎えた。しかし政権が強力に推進していたゼロコロナ政策への反発もあり，2022 年 11〜12 月には「白紙革命」と呼ばれるデモが発生した。天安門事件（1989 年）以来最大の反政府デモと言われる。

　対外的には，トランプ政権下での貿易戦争を機に，米国との対立が激化している。米国は他国とも連携し，サプライチェーンの中国依存脱却を主導し，フレンドショアリングを推進している。米国の国別輸入額で中国は 2023 年，17 年ぶりに 1 位から陥落した[22]。中国からの輸入品に対する関税率の引き上げは，中国企業のみならず，中国に進出する外資企業の対米輸出にも適用される。先端半導体製造装置の対中禁輸措置も，在中国の企業に対するものであり，中国企業であるか外資企業であるかを問わない。IPEF（インド太平洋経済枠組み）では 4 つの柱[23] の先陣を切って「サプライチェーン協定」が 2024年 2 月に発効した。米国主導で中国包囲網の構築が進む。一連の動きに対し中国は，外国からの中国公民・組織に対する差別的措置に報復する法的根拠である「反外国制裁法」を施行している（2021 年 6 月）。また，機密情報の国外流出に対しても改正「反スパイ法」を施行し対応を強化した（2023 年 7 月）。米

国国家防諜安全保障センター（NCSC）はスパイ行為対象の「曖昧な定義に基づいて，あらゆる文書などが中国の国家安全保障に関連があるとみなされ得る」としている[24]。この「反スパイ法」は実際に逮捕者が出ており，外国人に中国への渡航に対する不安の声が上がっている[25]。米中双方の規制や今後の変化，被る報復の可能性などを考え，外国企業は中国ビジネスについて警戒心を強めざるを得ない状況にある。

第3節　政策の実施状況と影響

1．経済安全保障

2010年に中国はGDP規模で日本を抜き，第1位になり得る第2位として注目を集め，2015年発表の「中国製造2025」で中国は製造強国化実現のため半導体の内製を課題の筆頭に掲げた。トランプ政権は，ラストベルトの雇用悪化は中国との貿易が原因として対中輸入関税を引き上げた。報復関税の応酬に続き米国は2019年5月，ファーウェイはじめ関連68社をEL（エンティティーリスト）に追加した。ファーウェイは半導体が調達できず窮地に陥った。その後，中国の「国家安全」の強化は加速した。

2020年5月，党中央政治局常務委員会において「双循環戦略」が提起された。「国内循環を主体とし，国内と国際の2つの循環が相互に促進する新たな発展戦略」[26]であるため「双循環」とよばれる。中国としては調達における外国依存を減らすとともに（戦略的自律性），外国には中国のサプライチェーンに依存させること（戦略的不可欠性）を通じ，米国はじめ諸外国によるサプライチェーンからの排除を回避しようとしている[27]。

法制面では欧米諸国の制裁措置等に対し，対抗措置として「信頼できないエンティティ・リスト」制度，「輸出管理法」，「外国の法律および措置の不当な域外適用を阻止する規則」，「反外国制裁法」を相次いで施行した（9-4表）。また，データの越境管理についても，「サイバーセキュリティ法」（2017年6月施行），「データ安全法」（2021年9月施行），「個人情報保護法」（2021年11月施行）を整備した。さらに，国家安全を守り，人民の利益を保護することを

192　第3部　サプライチェーンの変容

目的として，改正「反スパイ法」（2023年7月）が施行された。2023年7月には，半導体やLED，太陽電池等，電子部品の原材料であるガリウム，ゲルマニウム，11月にはリチウムイオン電池の材料に使われ中国が世界で圧倒的生産シェアを誇る黒鉛の輸出制限を開始した。12月には「輸出禁止・輸出制限技術リスト」を改正し，レアアース磁石の製造技術その他のハイテク技術品目

9-4表　欧米諸国の制裁措置等に対する中国の対抗措置を規定した法令等

法令等の名称	施行	対象となる外国の制裁行為等	対抗措置（報復措置）の内容
「信頼できないエンティティ・リスト」制度	2020年9月	✓中国の国家主権，安全，発展の利益に危害を及ぼす行為 ✓市場取引の原則に違反し，中国企業等との取引を中断する行為など	当該リストに登録された外国企業，その他の組織または個人に対し ✓輸出入の禁止または制限 ✓投資の禁止または制限 ✓関係者の入国の禁止または制限 ✓関係者の在留資格の制限または取消など
輸出管理法	2020年12月	✓中国外の組織および個人が，輸出管理規定に違反し，国家安全および利益を侵害する行為など（域外適用規定）	✓対等な措置
外国の法律および措置の不当な域外適用を阻止する規則	2021年1月	✓外国の法律・措置が国際法および国際関係の基本準則に違反し，中国企業等が国外企業等と正常な貿易，取引を行うことが不当に禁止または制限される場合	✓当局が，当該法律・措置を承認，執行，遵守してはならない旨の禁止命令を発令 ✓中国公民等が禁止命令に違反した場合，警告，是正命令，過料等の処分 ✓禁止命令に違反した国外企業等に対する損害賠償請求
反外国制裁法	2021年6月	✓外国国家が国際法および国際関係の基本準則に違反し，さまざまな口実をもって，またはその国の法律に基づいて中国に対して抑制し，圧力をかけ，中国の公民，組織に対して差別的な制限措置を実施し，中国の内政に干渉する場合 ✓中国の主権，安全，発展の利益を害する行為およびその実施，協力，支援	✓入国拒否，在留資格の制限または取消等 ✓資産凍結 ✓取引等の禁止または制限 ✓その他の必要な措置 ✓中国の企業および個人等に対する差別的制限措置を実行等した企業および個人等に対する損害賠償請求

（注）元の表にあった「運用・発動状況」は割愛した。
（資料）ジェトロ調査部「中国の経済安全保障に関する制度情報」（2024年4月）

等の輸出の禁止・制限を発表した。

　多国籍企業にとっては米中いずれも重要な事業展開先であり，米中両国から踏み絵を迫られている。対米国の通信機器の供給の状況をみると，中国で製造された機器からの情報漏洩に対する米国政府の懸念表明もあり，中国からベトナムとインドへのシフトがみられる[28]。

　日系企業の事業展開の意向をみると，2020 年以降，米国では日系企業の拡大意欲が維持される一方，中国では意欲の低下が鮮明となっている（9-2 図）。もっとも，中国の事業環境の評価自体は決して悪いものではなく，中国の日系企業団体である中国日本商会が実施している「景気・事業環境認識アンケート」では，「所在地の事業環境の満足度について」（2023 年 10-12 月期）との問いに対し，「非常に満足」が 3％，「満足」が 51％であるのに対し，「改善してほしい」は 41％，「非常に改善してほしい」は 5％となっており，肯定的評価がやや優勢である[29]。9-2 図にみられる差が中国の景気の悪化による可能性も否定はできない。中国は 2024 年に入っても 5％成長を維持しているものの，「1990 年以来最悪の経済状態」[30]との声もある。

　米国政府としては基盤技術を中国から守る必要はある。しかし，米国企業が電子機器をはじめその製造の多くを中国に依存していることも現実であり，米国にとって規制分野は広いほどよいとも言えない。2023 年 4 月，ジェイク・サリバン大統領補佐官（国家安全保障担当）は，ブルッキングス研究所で行っ

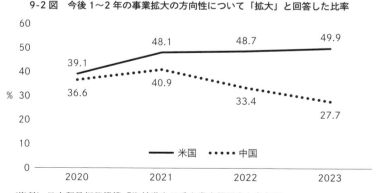

9-2 図　今後 1〜2 年の事業拡大の方向性について「拡大」と回答した比率

（資料）日本貿易振興機構「海外進出日系企業実態調査」各年版

194 第3部 サプライチェーンの変容

た演説「米国の経済的リーダーシップの刷新」で，ウルズラ・フォン・デア・ライエン欧州委員長の言葉をそのまま借りる形で，米国は「デカップリングではなく多元化，デリスキングを目指」しており，「輸出規制は引き続き，軍事バランスを崩す可能性のある技術に限定的に焦点を当てていく」と述べている[31]。米国政府はこれまで，軍事技術の拡散防止を主な目的として輸出管理政策を推進してきたが，軍事技術と民生用技術の境目があいまいとなる中での輸出管理強化は，米国内でフォーリンアベイラビリティ[32]から来る批判に度々さらされてきた。米国政府は2022年10月，基盤技術の中核である先端半導体に関し，製造装置，設計に必要なソフトウェアに至るまで広範な輸出管理規則を施行したが，レガシー半導体は含まれていない。

2．人　権

　米国政府はウイグル強制労働防止法（UFLPA）で，2022年6月から新疆ウイグル自治区が関与する製品輸入を禁止した。デミニミス規定はなく，対象品目が原材料として微量でも含まれれば輸入禁止となる適用対象の広い法規である。

　中国は太陽光発電関連製品の生産力が世界的に突出している。特にポリシリコンは世界生産の約半分を新疆ウイグル自治区が占めるとされるが[33]，太陽電池モジュールであれ原料のポリシリコンであれ，米国政府がUFLPAを根拠として新疆ウイグル自治区で生産されたものである限り輸入不可としたため[34]，米国企業の間では，サプライヤーを中国から他国に変更する，中国のサプライヤーを買収しサプライチェーンの管理体制を強化するなどの動きが起こっている[35]。

　UFLPAの影響は米国以外の企業にも及んでいる。ドイツの化学メーカーBASFは，合弁相手である中国企業，新疆美克化学工業に強制労働や弾圧などの可能性があると報じられたことから，新疆ウイグル自治区の工場を運営する合弁会社の株式売却を発表した[36]。フォルクスワーゲングループ（VW）でも，新車数千台が米国の港で押収されるという事件が発生している[37]。車に使用した部品についてサプライヤーから，新疆ウイグル自治区で製造された可能性があるとの連絡を受けたVWが米当局に通報し，当該部品を交換しなけれ

ば納車ができない状況となったためであった。

UFLPA は，中国からの調達を大きく制約する強力な法律である。EU でも 2024 年 3 月，強制労働により生産された製品の流通や輸入の禁止する案に EU 議会，EU 理事会が暫定合意した[38]。ウイグル族に対する強制労働が念頭にあるとされ，適用は 3 年後の見通しである。

3．脱炭素・グリーン

GDP 規模で米国に次ぎ，人口ではインドに次ぐ中国は，CO_2 排出量で世界の 30.7％を占める。第 2 位米国（14.0％）の倍以上という圧倒的首位である（2022 年実績）[39]。2020 年までの削減目標を定めた京都議定書（2005 年発効）では，CO_2 削減目標が課されたのは先進国のみで，中国は途上国の扱いであったが，パリ協定（2016 年発効）は 2020 年以降について途上国を含め削減目標を定めた[40]。CO_2 排出の多さの原因として石炭火力への依存が指摘されており，太陽光発電，風力発電といった脱石炭に資する産業は党・政府の強力な指導で急成長を遂げた。中国石油化工をはじめとする中国の石油大手はグリーン水素の生産・輸送設備の整備を進めている[41]。この党・政府の強力な指導は諸刃の剣でもある。エネルギー消費の強度（GDP 当たりのエネルギー消費量）と総量を抑制するため，2021 年 9 月には自治体ごとに目標が設定された際には[42]，エネルギー消費の多い企業が電力制限や休業を指示されるといった事態も発生した。

中国政府は世界的なカーボンニュートラル志向の広がりを踏まえ，2030 年までにカーボンピークアウト，2060 年までに実質的なカーボンニュートラル実現を目指している[43]。中国の関連施策としては，ETS（Emission Trading Scheme：排出量取引スキーム），RPS（Renewable Portfolio Standards：再生可能ポートフォリオ基準），グリーン電力取引プログラムなどが挙げられる。上記 3 つの施策の概要は次の通りである。

炭素排出権取引制度（ETS）は 2013 年に一部の省・直轄市で運用が始まり，2021 年 7 月に全国に展開された。ETS の排出権取引は CEA（炭素排出枠）が主要な取引クレジットであるコンプライアンス市場と，CCER（中国認定排出削減量）が主要な取引クレジットであるボランタリー市場に分けら

れる。CEA は政府が重点排出事業者に義務として割り当てた炭素排出枠である。これに対し CCER はプロジェクト単位の排出削減により生じたカーボンクレジットである。政府枠組みでの認証を経て発行されるもので，重点排出事業者も自主的に排出量を削減しようとする参加者も共に購入することができる。現在は電力業界の企業が参加対象であるが，将来的には石油化学，化学工業，建材，鉄鋼，非鉄金属，製紙，航空輸送事業者などへ拡大していくことが見込まれている[44]。

RPS 制度は再生可能エネルギーの消費促進のため 2020 年から実施されている。RPS の市場主体（グリッド会社，電力小売事業者，卸売市場参加企業，自家発電を行うユーザー）は，総電力消費量／販売量の一定割合を再生可能エネルギーとする必要がある。屋根置き太陽光発電やグリーン PPA（Power Purchase Agreement）のように実際に再生可能エネルギーを消費する以外に利用できる方法として，①過剰消費量の調達，②グリーン電力証書の調達がある[45]。

グリーン電力取引プログラムは，2021 年 9 月にパイロットプログラムが実施され，発電事業者，グリッド会社，電力ユーザー，小売事業者など 17 の省の 259 の事業体が参加した。取引は北京電力取引所と広州電力取引所が仲介したが，将来的には全国に拡大する見込みである。再生可能エネルギー発電事業者から直接グリーン電力を購入する卸売市場への参加と，電力小売事業者からグリーン電力を購入する小売市場への参加の 2 つの方法がある。取引には国家電網のプラットフォーム（e-交易）が使用されている[46]。

第 4 節　今後の展望

「経済の武器化」と言われる今日，米国にとっての武器は最先端の半導体技術であり，中国のそれは産業集積と鉱物資源である。本来両国は経済的に補完しあうことが望ましいが，両国の力の急接近が緊張を生んでいる。猛追する中国に対し米国は，"small yard, high fence" での管理を厳格化し，技術格差を少しでも長く維持しようとしており，対立が短期に解消することは望めそうも

第9章　中　国　197

ない。今や外資企業の中国戦略には，米国の輸出管理，みなし輸出規制に抵触しないという前提が付されている。さらに言えば，中国の国家安全確保の1つのツールである反スパイ法は，中国事業に対する外国企業の思考をより慎重なものにしている。また，中国が今世紀に入り生産力の多くを担うようになったその背景にあったのは価格と時間効率を制するものが市場を制するという競争のルールであり，各国はこぞって中国にサプライチェーンを展開し，それが中国の経済力を押し上げたが，その競争のルールには，グリーン，人権といった観点からの修正が加えられてきている。米中対立が続くことと，グリーン，人権への配慮によるルールの修正を前提に，これから1，2年先の中国のサプライチェーンにはどのような変化が予想されるだろうか。

中国は2030年までのカーボンピークアウトを目指しており，地場企業・外資企業を問わず関連規制への対応が求められる。人権については，UFLPAへの対応として，外国企業は中国からの調達を見直すことになる。米国市場へのアクセスを考え，生産拠点の中国から第三国への移転は，外資企業，中国企業に限らず検討されるだろう。既に中国からメキシコへ投資の増加や[47]，BYDが対米輸出拠点としてメキシコ生産を検討していることが報じられている[48]。また，中国企業がASEANに投資し，そこから米国に輸出するなどの経路も考えられる。マレーシア，インドネシア，ベトナムへの投資は実際増えている。

半導体産業で中国企業は，米国の"small yard, high fence"の外にある汎用品の生産に注力する様子もみられるが，根本的な解決策は技術のキャッチアップである。2020年5月の米国からの制裁により，ファーウェイから生産を受託するファウンドリーは皆無となったはずであるが，2023年9月にファーウェイが発表したハイエンドスマートフォン，Mate60Proに搭載されていたチップKirin 9000sの回線幅は7nmであり，米国にとって事件であった。また中国の人工知能（AI）関連大手企業の間で米エヌビディアから国産半導体へのシフトも起こっていると報じられている[49]。党中央から半導体産業に対する技術向上のプレッシャーは今後一層増していくと考えられる。中国の研究開発は，金額では2023年，世界の2割を占めた。ファーウェイ，騰訊控股（テンセント），アリババ集団などは，通信や人工知能（AI），半導体などの分野に

198　第3部　サプライチェーンの変容

巨費を投じている[50]。また技術は，人材の移動により中国に流出していく可能性もある。日本の製造業でも，電気機械産業を典型例として，退職者や現役社員の引き抜きを通じ外国企業に技術が流出してきた。

　外資企業の中国事業には，中国国内市場での販売と，本国や第三国への輸出という2つの柱がある。米国の輸出管理は直接的には中国国内事業に影響を及ぼさないと考えられるが，地場企業であれ中国企業であれ，中国からの輸出に米国の輸出管理という制約が加わることで各企業が中国国内市場への傾注の度合いを強めれば，国内市場での競争が激化することも考えられる。輸出については，EARに抵触する恐れのある事業を中国から移転撤退させるのか，輸出管理を精緻化して継続するのか各社で検討されている。社内デカップリングを実施・検討している企業もあるだろう。ある日本企業の輸出管理担当者は，「以前は，エンティティーリストに載った企業であれば自動的に取引を考えないことになったが，それでは商売が減っていくだけなので，今ではリストに載っても検討資料をそろえた上で取引するかどうかの判断を上に仰ぐようになった」と語っていた[51]。企業は，米国輸出管理法の順守を受け入れ，法律やELのアップデートのフォロー，デミニミスルールの計算，そのためのサプライチェーンのトレース，みなし輸出の確認等にどれだけの時間と労力をかけるのが妥当であるのかを模索している。これから2年程度の間にも，輸出コンプライアンスのプロセスの自動化，標準化の努力は続けられ，事務コストの軽減が図られるだろう。

　米国の輸出管理厳格化で起こるのは，外資企業の中国からのエクソダス（大量出国）なのだろうか。中国に広がるサプライチェーンのうち，米国にとっての重要技術に関連する部分が程度の差こそあれ中国を離れざるを得ないことになるとしても，中国の生産能力と産業集積は，"small yard, high fence"の外にも広く及んでいる。また，中国による半導体技術のキャッチアップの様子がさまざまな製品で確認される状況が続き，米国の輸出管理はその都度改訂が施され米中関係は依然緊張がまだ続くにしても，米国の輸出管理厳格化への企業の対応コストは低下していくというのが今後1，2年後の姿ではないか。もっとも，米国の輸出管理厳格化を前提とすると，米国およびその同盟国企業のサプライチェーンの中国依存度が一定程度低下し他国へ分散することは不可避と

考えられる。

（箱﨑　大）

注

1　U.S. Department of Defense（2023）.
2　KPMG コンサルティング，トムソン・ロイター（2024），50 ページによれば，「中国事業に関して米中対立の観点から懸念するリスク」の第 1 位は「米国による輸出規制強化（EAR 等）」（回答企業 46.6％），第 2 位は「中国による重要物資の輸出制限」（同 44.5％）。
3　「国家安全」の維持を目的とする国家安全法（全人代常務委員会で 2015 年 7 月可決）第 2 条によれば，「国家安全」とは，「国家の政権，主権，統一と領土の保全，人民の福利，経済社会の持続可能な発展，および国家のその他の重要な利益に相対的に危険がなく，内外の脅威を受けない状態にあること，および安全な状態の持続を保証する能力が保障されていること」を指す。
4　日本貿易振興機構ウェブサイト「投資コスト比較」より。調査実施時期は蘇州が 2023 年 8 月下旬～9 月中旬，成都が 2023 年 9 月，バンコクが 2022 年 11 月 1 日～2023 年 1 月 6 日。2000 年の調査（日本貿易振興機構「第 11 回アジア主要都市・地域の投資関連コスト比較」）では，中国最大の経済都市である上海市は 126～272 ドルで，バンコク（147 ドル）より概ね高かったが，蘇州や成都は外資の進出が少なく調査対象となっていなかった。ちなみに広東省深圳市は 70～135 ドルであった。
5　U.S.Geological Survey（2024）. 2023 年の世界の生産量（酸化物量換算）35 万トンのうち中国が 24 万トンを占める。
6　岡部（2010）。
7　高口（2018）。
8　テック企業の代表格である Baidu（百度公司），Alibaba（阿里巴巴集団），Tencent（騰訊控股有限公司），Huawei（華為技術有限公司）の略称。
9　10 月 24 日，金融当局や銀行業界の要人が出席したバンドサミットで馬氏は，「国内の金融規制が技術革新の足を引っ張っており，経済成長を高めるなら改革がなされねばならない」と発言したとされる（「焦点：舌禍が招いたアント上場延期，ジャック・マー氏の大誤算」『ロイター』2020 年 11 月 10 日付）。
10　関根・宋（2021）。
11　岡田（2022）。
12　日本経済新聞（2024k）。
13　三浦（2023）は中国の半導体企業の抱える課題として，「①人材不足が顕著である，②産業政策の効果が低い，③半導体の製造コストが相対的に高い」の 3 点を挙げている。
14　前回の減少は 1960, 61 年で，「大躍進」政策の失敗がもたらした飢饉による餓死が主な原因であった。
15　日本経済新聞（2024b）。
16　例えば都市部調査失業率は 2023 年 1 月～2024 年 3 月，5.0～5.6％で推移しているが，うち 16～24 歳は 2023 年 1～6 月，17.3～21.3％で推移した。7 月に公表が中止され，12 月には学生を除く形でデータ公表が再開したが，その後 2024 年 3 月までの間は 14.6～15.3％で平均の約 3 倍となっている。
17　三浦（2024）は，都市家計資産全体の 63.0％を保有する上位 2 割の世帯について，資産の 7 割が住宅との仮定をおき，中古住宅価格の変動率に基づき対前年比含み損益を試算したところ，2020 年と 2021 年は世帯可処分所得比で 50.7％，35.4％の含み益だが，2022 年と 2023 年は 42.7％，

110.7％の含み損であり，「住宅の保有状況によって差はあるものの，2022年以降，ほとんどの家計が含み損を抱えるようになった」と述べている。

18　日本経済新聞（2024d）。
19　International Energy Agency, "Global EV Data Explorer" 参照。ちなみに世界は18％，ドイツ24％，米国9.5％，日本3.6％などとなっている。
20　輸出台数は，新エネルギー車が67.7万台（2022年）から120.3万台（2023年）に増加した（「2024年1月中国汽車工業協会信息発布会」プレスリリース）。
21　日本経済新聞（2024j）。
22　日本経済新聞（2024a）。
23　貿易，サプライチェーン，クリーン経済，公正な経済。
24　NCSC（2023）.
25　中国日本商会（2024）には，事業環境について改善してほしい具体的な内容（Q11-2）の1つとして，「反スパイ法などの施行状況が不明確で，生活に大きな不安がある。本社も投資の許可を出さない」と記されている。
26　関（2020）。
27　関（2020）。
28　赤平（2023）。
29　中国日本商会（2024）。
30　瀬口（2024）で公開は2024年4月。
31　The White House（2023）.
32　外国での入手可能性。例えば中国が，米国の輸出管理厳格化により，ある製品を米国企業から調達できなくなっても，同等の製品を製造できる米国以外の企業から調達できている場合，米国の輸出管理厳格化は実質的に，中国の調達に影響を与えていないことになる。
33　日本貿易振興機構（2022），27ページ。
34　葛西（2023）。
35　甲斐野（2022）。原出所はウォールストリート・ジャーナル（電子版，2022年7月4日付）。
36　日本経済新聞（2024f）。
37　日本経済新聞（2024h）。
38　読売新聞（2024）。
39　Energy Institute（2023）.
40　資源エネルギー庁（2022）。
41　日本経済新聞（2024i）。
42　国家発展改革委員会「エネルギー消費強度・総量両規制制度改善方案」（発改環資［2021]1310号）。
43　宋（2023）。
44　宗金・富永（2023）。
45　日本貿易振興機構（ジェトロ）上海事務所（2023）。
46　日本貿易振興機構（ジェトロ）上海事務所（2023）。
47　赤平（2023）。
48　日本経済新聞（2024g）。
49　日本経済新聞（2024e）。
50　日本経済新聞（2024c）。
51　ジェトロが2024年3月に行った非公開のワークショップでの参加者の発言。

第 9 章　中　国　201

参考文献

赤平大寿 (2023),「米中対立が対米サプライチェーンに与えた影響　通信機器で変化の兆し」『地域・分析レポート』日本貿易振興機構, 10 月 16 日。

磯部真一 (2023),「バイデン米政権が中国で活動する米企業に注意喚起, 中国の改正反スパイ法施行を受け」『ビジネス短信』2023 年 7 月 3 日付。

エベレット・ロジャーズ著, 三藤利雄訳 (2007),『イノベーションの普及』翔泳社。

岡田陽 (2022),「中国の政府補助金は市場歪曲的なのか：中国の政府補助金の実態分析」経済産業研究所ウェブサイト, 8 月 22 日。

岡部徹 (2010),「レアアース問題をめぐって見えてくる諸課題」『外交』Vol. 4, 12 月。

甲斐野裕之 (2022),「米国のウイグル強制労働防止法への対応は　企業のサプライチェーンに影響も」『地域・分析レポート』日本貿易振興機構, 8 月 5 日。

葛西泰介 (2023),「中国製品に対する輸入規制が向かい風に米国太陽光発電需給逼迫（後編）」『地域・分析レポート』日本貿易振興機構, 4 月 3 日。

関志雄 (2020),「中国の新たな発展戦略となる『双循環』―『国内循環』と『国際循環』の相互促進を目指して―」経済産業研究所, 10 月 14 日。

KPMG コンサルティング, トムソン・ロイター (2024),「地政学・経済安全保障リスクサーベイ 2024 速報版」。

資源エネルギー庁 (2022),「あらためて振り返る,「COP26」（前編）～「COP」ってそもそもどんな会議？」3 月 3 日 (https://www.enecho.meti.go.jp/about/special/johoteikyo/cop26_01.html, 2024 年 4 月 23 日アクセス)。

関根栄一・宋良也 (2021),「アント・グループの上場廃止とその背景―中国の金融系プラットフォーマーへの規制強化をめぐる議論」『野村資本市場クオータリー』2021Spring。

瀬口清之 (2024),「中国日本商会の画期的改革から 1 年, 進み始めた投資環境改善　組織改革後 1 年間でハブ機能強化がもたらした成果」『JPpress』2024 年 4 月 18 日付。

宋青青 (2023),「カーボンニュートラル達成に向けた中国政府, 企業の対応状況」『地域・分析レポート』日本貿易振興機構, 8 月 8 日。

高口康太 (2018),「中国の強みは社会実装のスピードにあり？――現代中国・イノベーションの最前線」『gemba』2018 年 8 月 16 日付 (https://gemba-pi.jp/post-173000, 2024 年 4 月 8 日アクセス)。

中国日本商会 (2024),「第 2 回『景気・事業環境認識アンケート』の結果について」2024 年 1 月 15 日。

日本経済新聞 (2024a),「米輸入, 中国 2 位以下へ　米中対立で変わる供給網　昨年, 17 年ぶり　メキシコ経由は拡大」『日本経済新聞』2024 年 1 月 11 日付。

日本経済新聞 (2024b),「中国, 響かぬ『出産奨励』　出生数 7 年連続減少の公算　国策転換も効果薄く　補助金・休暇など支援急ぐ」『日本経済新聞』2024 年 1 月 12 日付。

日本経済新聞 (2024c),「研究開発費, 中国が米国猛追　ファーウェイなどハイテクけん引」『日本経済新聞』2024 年 2 月 2 日付。

日本経済新聞 (2024d),「中国の土地収入, 昨年 13％減　不動産不況」『日本経済新聞』2024 年 2 月 2 日付。

日本経済新聞 (2024e),「中国 AI, 半導体を国産に　米輸出規制で切り替え　性能・量産化に懸念残る　エヌビディアに逆風」『日本経済新聞』2024 年 2 月 3 日付。

日本経済新聞 (2024f),「独 BASF, 新疆の 2 工場売却へ　合弁相手に人権侵害疑惑」『日本経済新聞』2024 年 2 月 10 日付。

日本経済新聞 (2024g),「BYD, メキシコ生産検討　EV 対米輸出拠点に　低コスト魅力, 大手の参入相次ぐ」『日本経済新聞』2024 年 2 月 14 日付。

日本経済新聞 (2024h),「米国, VW 高級車の輸入差し止め　ウイグル禁止法に違反」『日本経済新聞』

202　第3部　サプライチェーンの変容

2024年2月15日付。

日本経済新聞（2024i），「グリーン水素，中国が攻勢　再エネ由来電力で生成石油大手，インフラ投資急ピッチ　内陸部の余剰電気活用」『日本経済新聞』2024年3月5日付。

日本経済新聞（2024j），「EVシフトに中古の壁　未成熟な市場に『成長痛』再販価格下落で企業・消費者が敬遠」『日本経済新聞』2024年3月30日付。

日本経済新聞（2024k），「テスラ，中国と『互恵』構築　マスク氏訪問　運転支援実用化狙う」『日本経済新聞』2024年5月1日付。

日本貿易振興機構（2022），「中国で強制労働により採掘，生産または製造された物品の輸入を防止するための戦略（UFLPA戦略）2022年6月17日（暫定的な仮訳）」『調査レポート』6月。

日本貿易振興機構調査部（2023），「2023年度　海外進出日系企業実態調査アジア・オセアニア編」。

日本貿易振興機構（ジェトロ）上海事務所（2023），「中国における脱炭素に向けた取組・方法に関する調査」『調査レポート』3月。

宗金建志・富永笑恵子（2023），「法的対応必要な排出権取引市場の整備が進展，CCER再始動に期待　全国炭素排出権取引制度が2021年7月に始動」『地域・分析レポート』日本貿易振興機構，12月12日。

三浦有史（2023），「中国半導体産業の行方―デカップリングと自給戦略の成否―」『RIM環太平洋ビジネス情報』Vol. 23, No. 89，5月12日。

三浦有史（2024），「低調な個人消費が中国の経済成長の足かせに」『アジア・マンスリー』4月号。

読売新聞（2024），「EU，強制労働による製品の流通・輸入禁止へ…中国・ウイグル族の人権問題を念頭」『読売新聞』2024年3月6日付。

Energy Institute (2023), "The 2023 Statistical Review of World Energy".

National Counterintelligence and Security Center (2023), "Safeguarding our future U.S. Business Risk: People's Republic of China (PRC) Laws Expand Beijing's Oversight of Foreign and Domestic Companies," June 20.

The White House (2023), "Remarks by National Security Advisor Jake Sullivan on Renewing American Economic Leadership at the Brookings Institution," April 27.

U.S. Department of Defense (2023), "National Defense Industrial Strategy 2023".

U.S. Geological Survey (2024), "Mineral Commodity Summaries," January.

第10章

ASEAN

はじめに

　米中対立が深刻化するなか，グローバル企業の生産拠点立地が進んでいるのが東南アジア諸国連合（ASEAN）の各国である。日本企業は古くからASEANに生産拠点を設置し，生産ネットワークの中核として発展させ，地場産業と人材の育成に貢献してきた。日系製造業のASEAN進出は1985年のプラザ合意以降に加速し，その後，数回の進出ブームの後，2010年代前半にピークを迎えた。2010年前後から，中国沿岸部の賃金上昇や尖閣問題に端を発する中国リスクの高まりを受け，中国以外にASEANにも生産拠点を持つというリスク分散戦略（チャイナ・プラスワン）も，日系企業のASEAN進出を後押しした。

　2010年代後半からは，米中対立の影響により，米国の対中関税回避を目的とし，グローバル企業が輸出向け生産拠点を中国からASEANへとシフトさせる動きが鮮明となっている。「チャイナ・プラスワン」と異なり，米国や欧州，台湾，韓国，そして中国企業自体も，中国市場向けの生産工場は中国本土に残しつつ，輸出向けはベトナムやタイ，インドに置こうとする「チャイナ・フォー・チャイナ（China for China）」という考えが主流になっている。この数年で米国のアジアからの輸入先は，中国からASEANへのシフトがみられる。新型コロナ禍を経た2020年代も，欧米，中国，韓国，台湾ほか，あらゆる資本の製造業がASEANへの投資に力を入れており，世界の対内直接投資（FDI）に占めるASEANのシェアは右肩上がりである。

他方，ASEAN も高齢化が進みつつあり，かつての低廉で豊富な労働力というメリットは失われつつある。ASEAN 各国は，先進国入りを迎える前に，高齢化による低成長時代に突入するという危機感をもっている。各国が高付加価値産業，産業高度化を求めるなか，先端産業や外資企業の誘致合戦の様相を呈している。しかし，その基盤となる高度人材は一朝一夕に育成され得るものではない。特にエンジニアやマネージャー層の人材不足と採用難の問題は，日系企業にとって頭の痛い問題になっている。

　また，米国市場などでの販売が困難となった中国企業は，ASEAN 市場に活路を見出そうとする動きが鮮明となっている。最たる例は，電気自動車（EV）や機械，電気機器，鉄鋼製品などだ。日系企業も，ASEAN 市場における中国企業との競争激化は避けられそうにない。こうした米中対立に起因する問題に加え，新たなリスクとして，脱炭素や人権デューディリジェンス（DD）といった課題にも対応しなければならない。

　ASEAN はグローバル生産拠点として存在感を高めたが故に，サプライチェーン上での脱炭素化，人権侵害リスクの低減，透明性の向上といった，国際社会からの要請への対応が求められている。日系企業も，こうした分野に取り組みを進めているものの，ASEAN には資金や人的リソースに余裕がない中小企業も多く，リスク低減の取り組みが後手に回っているのも現実である。

　本章では，生産拠点としての ASEAN の基礎的データや長期的な課題，中長期的な成長戦略と産業政策を紹介した上で，なぜ ASEAN が世界の投資を誘引しているのかを考察する。そして，地域共通の課題と各国特有のリスクなどをレビューしたうえで，昨今の ASEAN を取り巻く３つの大きな潮流として，米中対立，気候変動対策・脱炭素，人権デューディリジェンスを取り上げ，サプライチェーンの観点から，企業活動への影響について，その最新状況と，これからの取り組みの方向性について紹介する。

第10章　ASEAN　205

第1節　イントロダクション：
　　生産拠点としてのASEANのプロフィール

1．世界の中でのASEAN

　ASEANは，1967年に設立された東南アジアの地域国家連合で，10カ国（インドネシア，タイ，シンガポール，マレーシア，フィリピン，ベトナム，カンボジア，ラオス，ミャンマー，ブルネイ）が加盟している。今後，東ティモールの加入が見込まれている。加盟国の名目国内総生産（GDP）を合計すると，3兆8,600億ドル（2023年推定値）と世界経済の3.7％を占める。2000年ではASEANの名目GDPは日本の13％に過ぎなかったが，2023年には91％と同水準まで拡大した。数年のうちに日本を上回る見通しだ。世界貿易においてもASEANの重要性は拡大している。ASEANの2023年の貿易総額は3兆5,400億ドルと，世界貿易の7.5％を占めている。2003年時点ではASEANの貿易総額（8,700億ドル）と日本（8,500億ドル）は同程度だったが，20年を経た現在は日本の約2.4倍の規模に追い越している。

　ASEANが国際生産ネットワークにおいて重要な役割を獲得した背景の1つに，ASEANが推進してきた地域統合の効果が挙げられる。ASEANは地域内でFTAを推進し，域内関税の大部分を撤廃している。またASEANとして，日本や中国，韓国，オーストラリア，ニュージーランド，インドといった域外の主要パートナーともFTAを締結した（ASEAN+1 FTA）。2022年には，これらをまとめた地域的な包括的経済連携（RCEP）協定が発効した（インドは交渉途中で脱退）。RCEP協定締約国のGDP合計は世界の約3割を占める。ASEANは，巨大な経済圏の中心的な役割を担うようになった。ASEANに立地する生産工場は，輸出競争力を獲得できる。また，中国と異なり，米国などへ輸出する上で追加関税や特別な規制などが発生することもない。

　ASEANは2015年にASEAN共同体を発足させた。これは，ASEAN政治安全保障共同体（APSC），ASEAN経済共同体（AEC），ASEAN社会文化共同体（ASCC）の3本柱からなる地域での協力枠組みである。AECでは，長期計画である「AECブループリント」が策定されており，これに基づき，

206 第3部 サプライチェーンの変容

ASEANが域内外で締結する自由貿易協定（FTA），デジタルやグリーン経済の推進に向けた行動計画など，さまざまな地域経済協力が進められている。しかし，ASEANは欧州連合（EU）と異なり，域外に対して関税率や通商ルールを統一しているわけではない。ASEANは，あくまで加盟国間やパートナーとの間で関税を削減する「自由貿易地域」であり，地域内で通貨が統一されていたり，ビジネスパーソンが自由に国境を越えて移動したり，通関手続きなしに商品を輸送するといったことができるわけではない。

ASEANにビジネス展開する上では，あくまで各国の法令・規制・規格に従い，各国事情に合わせた取り組みが必要となる。各国は，国土や気候，歴史的背景，民族・文化・宗教・言語も異なり，多様性に富んでいる（10-1表）。政治体制，所得水準，発展段階も異なるため，それぞれ違った目標と課題を抱え

10-1表　ASEAN各国の経済指標・一般情報（2023年）

	インドネシア	タイ	シンガポール
名目GDP	1兆4,174億ドル	5,122億ドル	4,973億ドル
GDP／人	5,109ドル	7,298ドル	8万7,884ドル
人口	2億7,743万人	7,018万人	566万人
国土面積	190万4,569km²	51万3,120km²	719km²
主な民族	ジャワ人40%	タイ人98%	華人74%，マレー14%
主な宗教	イスラム87%	仏教95%	仏教31%
主な言語	インドネシア語	タイ語	英語・中国語・マレー語・タミル語
政治体制	大統領制	立憲君主制	議会制共和国

	ベトナム	フィリピン	マレーシア
名目GDP	4,334億ドル	4,357億ドル	4,309億ドル
GDP／人	4,316ドル	3,859ドル	1万3,034ドル
人口	1億40万人	1億1,289万人	3,306万人
国土面積	33万1,210km²	30万km²	32万9,847km²
主な民族	キン族 85%	タガログ族 24%	ブミプトラ 64%
主な宗教	無宗教 83%	カトリック 79%	イスラム 64%
主な言語	ベトナム語	フィリピン語・英語	マレーシア語・英語・中国語
政治体制	共産主義国	大統領制	連邦立憲君主制

	ミャンマー	カンボジア	ラオス
名目GDP	749億ドル	309億ドル	142億ドル
GDP／人	1,381ドル	1,916ドル	1,879ドル
人口	5,421万人	1,615万人	758万人
国土面積	67万6,578km²	18万1,035km²	23万6,800km²
主な民族	ビルマ族（68%）	クメール人（97%）	ラオ族（53%）
主な宗教	仏教（89%）	仏教（97%）	仏教（65%）
主な言語	ミャンマー語	クメール語	ラオ語
政治体制	国軍が全権掌握	立憲君主制	共産主義国

（注）主な民族，主な宗教の構成比は，閲覧時点（2024年4月）での最新の数値に基づく
（資料）IMF，CIA，外務省の資料から作成

ている。そのため，生産拠点立地や消費市場などのビジネス展開先として考えた場合，企業にとって，それぞれにメリットとリスクが存在する。

2．長期的な課題：迫りくる超高齢化社会

ASEANの長期的リスクの1つは，高齢化である。ASEANの人口は2023年時点で6億8,700万人と推計されている（国連統計部）。2060年頃にピークに達し，約8億人まで拡大する見込みだが，高齢化の進展度合いは各国によって異なり，早期に人口がピークアウトする国もある。なかでも，高齢化が急速に進んでいるのはシンガポールとタイである。両国は2021年に65歳以上の人口の割合が14％を突破し，「高齢社会」に突入した。2028年にシンガポール，2030年にタイが，老齢人口が21％を超える「超高齢化社会」となると予測されている（10-1図）。

労働人口が豊富なベトナムにおいても，2015年に7％を超える「高齢化社会」に突入しており，「高齢社会」も2036年と，そう遠くない未来に迫っている。3カ国に比べて緩やかだが，マレーシアは2020年，インドネシアは2023年に「高齢化社会」に突入した。高齢化は，労働力不足をはじめ，ASEAN各国の社会，ビジネス環境にゆっくりと変化をもたらしている。

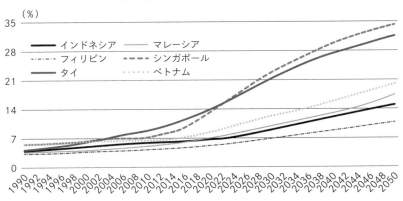

10-1図　各国の全人口に占める65歳以上の割合

（資料）国連統計部より作成

208　第3部　サプライチェーンの変容

3．各国の産業政策：老いる前に先進国入りを目指す

　英エコノミスト誌（2023年10月14日付）は，「アジア諸国が豊かになる前に老いていく」とするリポートを掲載した。「高齢化社会」から「高齢社会」に突入するまでに，日本は24年間，米国は72年間かかったが，タイは19年間と短期間で進行した。一方，1人当たりGDPは依然として7,000ドル前後にとどまっている。

　既に高所得国となったシンガポールやブルネイを除き，各国としては子供や高齢者といった従属人口に比べて，労働人口（15歳以上65歳未満）の割合が

10-2表　各国の1人当たり国民総所得（GNI）と成長戦略・経済政策

1人当たりGNI （2022年）	国名	中長期的な成長戦略 大型経済政策
6万7,200ドル	シンガポール	2014年からスマートネーションが国家戦略に。未来経済委員会がイノベーションの振興，労働生産性の向上を国家戦略化。2050年のネットゼロ達成目指し，脱炭素の取り組みを加速。国家AI戦略も策定。
3万1,410ドル	ブルネイ	石油・ガスの地下資源がGDPの半分を占めるなか，外資誘致により新たな産業の育成を目指す。
1万3,206ドル	高所得国	
1万1,780ドル	マレーシア	2023年にマダニ経済政策，新産業マスタープラン2030を発表。脱炭素化，デジタル化の推進。製造業の高度化や雇用創出。電気・電子産業，石油化学産業の育成。
7,230ドル	タイ	バイオ・循環型・グリーン（BCG）経済の促進。東部経済回廊（EEC）を中心としたターゲット産業の投資誘致。タイランド4.0による産業高度化。電気自動車（EV）ハブ化。
4,580ドル	インドネシア	2045年の先進国入りを目指す。豊富な資源を用いた川下分野への産業基盤の裾野拡大。産業全体の高付加価値化。EV・バッテリー産業の誘致。新首都「ヌサンタラ」への移転プロジェクト。
4,256ドル	上位中所得国	
4,010ドル	ベトナム	5カ年社会・経済発展計画を2023年11月に採択。2030年までに近代的工業を有する上位中所得国となる。
3,950ドル	フィリピン	8つの社会経済政策アジェンダ。インフラ整備，貿易・投資の促進。研究開発やイノベーション活動，デジタル経済，グリーン経済，海洋経済を強化。
2,360ドル	ラオス	第9次社会経済開発5カ年計画（2021〜2025年）で，持続的な質の高い成長を目指す。気候変動への対応，スタートアップの促進をはかる。
1,700ドル	カンボジア	ペンタゴン（5角形）戦略。グッドガバナンス，農業の強化，インフラ整備，民間部門の開発，人激資本の開発に重点。気候変動対策やデジタル・イノベーションも重視。
1,210ドル	ミャンマー	
1,086ドル	低位中所得国	

（資料）世界銀行，ジェトロより作成

高い「人口ボーナス期」に経済を高成長させ，高所得国入りを目指したいところだ。しかし，現実的には所得水準が中程度の水準に達した後に，これまでの経済成長パターンを転換できず，経済成長が鈍化してしまうという「中所得国の罠」に陥るリスクがあると指摘される。これまで低賃金や工業化に伴うインフラ・設備投資を成長ドライバーとして高成長してきた国が，中所得国入りに達した段階で，低賃金・低価格では競争できず，かといって先進国ほど高い技術力もないことから，国際競争上で苦戦を強いられるという現象である。

　中所得国の罠から抜け出すには，(1) 生産および雇用の重点化・高度化，(2) 技術革新の推進，(3) 熟練労働者の教育制度のシフト（新たな商品やプロセスの創造），といった要素が重要とされる（内閣府 2013）。このため，発展段階に応じた差はあるものの，ASEAN 各国では総じて，高付加価値な産業を育成しようとし，それを外国企業の誘致によって達成しようとする傾向がある（10-2 表）。

第2節　世界の投資を誘引する ASEAN

1．直接投資先として存在感を増す ASEAN

　米中対立，新型コロナ禍を経て，ASEAN はグローバル企業の投資先として，世界の中で重要性を増している。ASEAN への対内直接投資（FDI）をみると，2010～2016 年の間は中国と同規模か，やや少ない状況であった（10-2 図）。しかし，2017 年に 1,500 億ドルを突破して中国を上回り，新型コロナ以降は右肩上がりに投資が拡大している。ASEAN が世界の FDI に占めるシェアも，2016 年までは 5～10％の水準であったが，2022 年には 16.9％に達した。

　ASEAN 加盟国の中では，シンガポールへの対内 FDI 額（2022 年）が 1,412 億ドルと圧倒的に大きい。続いて，インドネシア（220 億ドル），ベトナム（179 億ドル），マレーシア（169 億ドル），タイ（100 億ドル），フィリピン（92 億ドル）の順になっている。業種別（ASEAN 事務局資料）にみると，最も投資が多かったのは製造業で，全体の 29％を占める。金融・保険業も 28％と大きい。この 2 つの産業が ASEAN への投資増大をけん引する格好となってい

10-2図　中国・ASEANへの対内直接投資（FDI）フロー，世界のFDIに占めるASEANのシェア

（資料）UNCTADから作成

る。次いで，卸売・小売業（構成比：15%），運輸・倉庫（10%），情報通信業（5%），不動産業（5%）が続く。FDIの流入元をみると，米国が最大（16%）で，ASEANが12%（シンガポールが8%），日本が12%，EUが11%，中国が7%，香港が6%，韓国が6%である。

ASEANにおける製造業において，日本企業の存在感が別格に大きいというイメージは，過去の話になりつつある。昨今，投資を受け入れるASEAN側にとって，日本は数ある投資国の1つに過ぎない。2022年の製造業によるFDIでは，最大の投資家は米国である。米国は2014年では全体の6%を占めるに過ぎなかったが，2018年には21%と増加し，2022年では31%まで拡大した。一方，日本は2014年に25%を占めて首位だったが，2018年に18%，2022年には3%まで低下した。米国以外では，中国の製造業によるFDIが拡大しており，2014年に2%だったのが，2022年には8%まで拡大した。台湾も3%から5%へ増えた。なお，ASEANは22%から16%，EUは29%から15%，韓国は11%から6%へと縮小した。

2．それでも日本企業を魅了するASEAN：成長性・市場規模と既存の集積が強み

日系企業は古くからASEANに進出し，長い年月をかけて生産ネットワー

クの中核として育ててきた歴史がある。松下電器（現パナソニック）は1961年にタイに生産拠点であるナショナル・タイを設立し，1965年にマレーシア松下電器，1967年にフィリピン，1970年にインドネシアと生産拠点を設立した。自動車では，トヨタが1962年にタイに生産現地法人を設立し，日産も同年に組み立て工場を開始している。日本企業によるASEANへの生産拠点立地が始まったのは1985年のプラザ合意以降だが，長い歴史を経て，日系製造業にとってASEANは中国と並ぶ重要な地域となっている。

　経済産業省の海外事業活動基本調査（2023年）で日本企業の海外製造現地法人の数をみると，中国が3,533社で，ASEANが3,481社となっている。米国の996社，欧州の819社と比べて，こと製造拠点ということとなると，中国・ASEANの規模は3倍以上に大きい。なお，ASEANの内訳は，タイが1,265社，ベトナムが664社，インドネシアが633社，マレーシアが390社，シンガポールが161社である。

　引き続き，ASEANは日系企業から投資先として人気が高い。ジェトロが日本本社側に実施している「日本企業の海外事業展開に関するアンケート調査（2023年）」では，今後の事業拡大先としてベトナムが2位，タイが5位，インドネシアが7位，シンガポールが9位，マレーシアが10位，フィリピンが11位と上位にランクインしている。国際協力銀行が日本の製造業向けに実施している海外アンケート調査（2023年）の「中期的な有望事業展開先国・地域（今後3年程度）」においても，ベトナムが2位，インドネシアが5位，タイが6位，フィリピンが8位，マレーシアが9位である。

　ASEANが人気である理由として，(1) 市場規模・成長性，(2) 顧客・納入先の企業の集積，(3) 既存拠点の存在，(4) 海外拠点戦略などが挙げられる。前述のジェトロの日本本社側へのアンケート調査では，事業拡大先の選択理由を聞いている（10-3表）。日本本社が事業拡大を判断する上で，最も重要な理由は「市場規模と成長性」であり，ASEAN各国は本要件を満たしている。そして，顧客・納入先企業の集積，既存拠点の存在，自社の海外拠点戦略については，ASEANに多くの日系企業が集積していることが関係している。

　前述の経済産業省の調査（2023年）によると，ASEANには世界の日系現地法人の29.7%が立地し，中国（28.3%）を抜いて世界最大の日系企業の集積

212　第3部　サプライチェーンの変容

10-3表　日本企業の今後の事業拡大先（本社側）　事業拡大先の選択理由

(単位：%)

全体	(n=1,180)	ベトナム	(n=294)
市場規模・成長性	81.8	市場規模・成長性	76.9
顧客（納入先）企業の集積	35.0	既に自社拠点がある	31.6
既に自社拠点がある	33.0	人件費の安さ，豊富な労働力	27.6
自社の海外拠点戦略に基づく	24.9	顧客（納入先）企業の集積	22.8
安定した政治・社会情勢	20.4	自社の海外拠点戦略に基づく	20.1
タイ	**(n=207)**	**インドネシア**	**(n=164)**
市場規模・成長性	66.2	市場規模・成長性	82.9
顧客（納入先）企業の集積	33.8	顧客（納入先）企業の集積	25.0
既に自社拠点がある	31.9	既に自社拠点がある	19.5
自社の海外拠点戦略に基づく	23.2	自社の海外拠点戦略に基づく	18.3
関連産業の集積（現地調達が容易）	15.5	人件費の安さ，豊富な労働力	14.6
シンガポール	**(n=115)**	**マレーシア**	**(n=90)**
市場規模・成長性	59.1	市場規模・成長性	66.7
安定した政治・社会情勢	32.2	自社の海外拠点戦略に基づく	28.9
自社の海外拠点戦略に基づく	20.0	顧客（納入先）企業の集積	25.6
顧客（納入先）企業の集積	14.8	既に自社拠点がある	20.0
言語・コミュニケーション上の障害の少なさ	14.8	安定した政治・社会情勢	18.9

（資料）日本企業の海外事業展開に関するアンケート調査（2023年）から作成

地となっている。ASEAN が有する成長性と集積の強みに加え，各国が持つ特長である，人件費の安さ・豊富な労働力（ベトナム，インドネシア）や，現地調達の容易さ（タイ），政治・社会情勢の安定性（シンガポール，マレーシア）などが加わる。また，シンガポール，マレーシア，タイでは，駐在員の生活環境が整っていることも魅力であり，日本企業が安心して駐在員を派遣できることも重要なメリットである。治安も比較的よく，外国人が安心して暮らせる住居環境が整っており，日本食レストランや日系小売店も利用できる。駐在員子女の教育面でも，豊富な学校の選択肢がある。

3．在 ASEAN 日系企業が直面する労働・雇用のリスク

　反対に，在 ASEAN 日系企業が抱えている課題やリスクは何だろうか。ジェトロの海外現地法人に対するアンケート調査をみると，「人件費の高騰」に加えて，「労働力不足・人材採用難」，あるいは「不安定な政治・社会情勢」，「現

地政府の不透明な政策運営」、「行政手続きの煩雑さ（許認可など）」や「税制・税務手続きの煩雑さ」などが上位に挙がってくる（10-3図）。

10-3図　各国の投資環境上のリスク　上位5項目（複数回答）

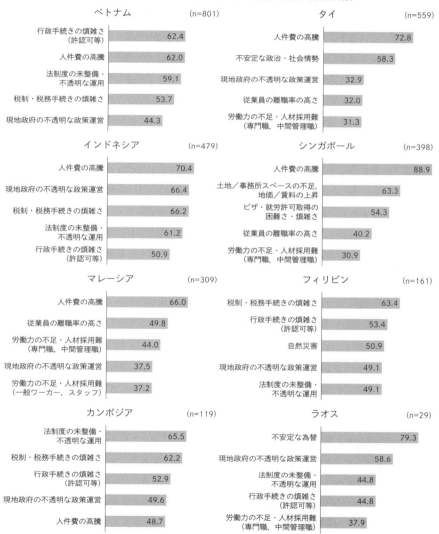

（資料）ジェトロ「2023年度　海外進出日系企業実態調査（アジア・オセアニア編）」から作成

多くの国で「人件費の高騰」や「労働力不足・人材採用難」,「従業員の離職率の高さ」が上位だが,労働需給がタイトになっていることが背景にある。グローバル企業のASEAN投資が拡大するなか,マネージャーやエンジニアの人材不足感は,いずれの国でも共通する課題となっている。そうした人材層を育成するには時間がかかり,労働市場への供給も限られているからだ。かつて日系企業が雇用できていた優秀な人材は,採用しづらくなっている。後から進出してきた外資系企業が高給を提示し,日系企業が育ててきた社員を引き抜かれるというケースは,各地で頻繁に耳にするところだ。

それに比べて,一般工員やスタッフの募集はしやすい。ただ,少子高齢化により,労働力が豊富といえる国はフィリピンなど一部に限定されつつある。人口規模の少ないシンガポール,マレーシア,ラオスでは,工場作業員の不足も顕著である。ジェトロの海外進出日系企業実態調査では,在ラオス日系企業の92%,在シンガポール日系企業の65%,在マレーシア日系企業の59%が,工場作業員の不足について「とても深刻」「やや深刻」であると回答している。

マレーシアでは,マレーシア人は3Kの仕事を敬遠するようになっている。同国の製造業の現場においては,インドネシア人,バングラデシュ人,ネパール人などの外国人労働者がいなければ成り立たない。他方,同国では中所得国の罠／低付加価値産業からの脱却という方針の下,外国人労働者の採用枠を制限する措置を採ることが多い。人手不足の問題が常に付きまとい,リスクとなっている。また,移民労働者の増大は,不法滞在などの社会問題,強制労働という新たな人権リスクを生じさせつつある。なお,タイにおいても同様に,外国人労働者の課題・リスクが顕在化している。

労働力不足を補う観点からは,自動化・ロボティクスの導入,デジタル・トランスフォーメーション(DX),生産性向上といった取り組みが急務だ。前述の海外現地法人側への調査では,在ASEAN日系企業のうち,自動化に「すでに取り組んでいる」割合は30%,「今後取り組む予定がある」割合も30%となっている。また,自動化への関心度合いについては「非常に関心がある」が31%,「まあ関心がある」が43%と,7割を超える企業が関心をもっている。ASEANにおける自動化・ファクトリーオートメーション(FA)は,市場が拡大する有望産業だといえる。

4．ASEAN 主要国で注意を要する政治・政策や法制度のリスク

　労働力以外でも，ASEAN 各国では，注意すべき，政治・政策や法制度のリスクが存在する。タイでは「不安定な政治・社会情勢」（58.3％）の割合が高い。2006 年のタイ軍事クーデター以降，赤シャツ隊（タクシン派）と黄シャツ隊（王党派）の衝突，2014 年のクーデター，軍事政権の樹立などが起こり，過去 10 数年にわたって政治情勢が不安定な状況が続いている。2023 年に総選挙が行われたが，第 1 党であった前進党は，首相指名の仕組み[1]や党首の議員資格の一時停止などにより政権を担うことはできず，民意が置き去りにされた状態となった。近年では，バンコクでデモや集会が行われているが，暴動や騒乱といった暴力的事態には発展しておらず，日系企業のビジネス活動，外国投資誘致政策に影響は少ない。しかし，格差が大きいタイ社会において，社会・経済構造に変革が起こらないという限界を感じ，停滞感に不満を抱える層は多いとみられる。産業構造の転換，イノベーションや起業が起こりづらい状況につながっているという指摘もある。

　ベトナムでは，「行政手続きの煩雑さ（許認可など）」（62.4％）が最大のリスクに挙げられており，法制度，現地政府の政策についてもリスクだとする回答割合が多い。同国はタイと異なり，共産党の一党支配という点で，政治的な混乱は起こりづらい。また，低廉で真面目な労働力が豊富で，市場成長性も高い。こうしたメリットがあるため，チャイナ・プラスワンが本格化した 2010年代以降，ベトナムは日本企業にとって最も人気のある投資先の 1 つである。しかし，昨今では共産党内部での汚職を理由とした更迭・粛清が相次いでいることに留意が必要だ。2023 年にグエン・スアン・フック国家主席（当時）がコロナ禍における汚職で辞任に追い込まれた。2024 年 3 月にはボー・バン・トゥオン国家主席（当時），5 月にはブオン・ディン・フエ国会議長（当時）が解任され，最高指導部をはじめ幹部の更迭が相次いでいる。そうした粛清の材料になりかねない大型インフラ事業について，政権の中枢を担う共産党幹部は計画を承認することに慎重になっており，インフラ整備を遅滞させる原因ともなっている。年々，電力需要が増大するなか，発電所の増設が間に合っておらず，電力不足による停電が発生している。

　インドネシアも，「現地政府の不透明な政策運営」（66.4％）のほか，税務や

法制度についての項目の回答割合が高い。同国は ASEAN 最大の人口と経済
規模を誇り，唯一の G20 メンバー国である。ASEAN 議長国を務めた 2023 年
に見られたように，ASEAN の盟主としてリーダーシップを発揮しようとす
る姿勢がみられる。また，近年は 5% 前後の安定的な経済成長率を継続してお
り，ジャカルタからヌサンタラへの首都移転プロジェクトなどの目玉政策もあ
り，大きな事業機会を有すると見込まれている。他方，近年は保護主義的な
姿勢が目立つ。ASEAN の経済統合に逆行するような措置が散見され，日系企
業の事業活動に影響を与えている。同国は 2018 年から国産品優先政策や特定
商品や政府調達での国産化率の義務化といった措置を強化してきた。2023 年
から開始した「商品バランスシステム」（政府が需要と供給のバランスを決定
し，事業者に輸出入量の許可を発行する制度）は強力な輸入制限措置となって
いる。これにより国内で調達できない部品・材料が輸入できず，操業停止寸前
まで追い込まれた日系企業もある。また，輸出側においても未加工のニッケル
（2020 年）やボーキサイト（2023 年）といった鉱石の輸出を禁じており，資源
ナショナリズムの動きもみられる。

第3節　米中対立とサプライチェーンの変容

1．米中対立により，米国の輸入先は中国から ASEAN にシフト

　米中対立の深刻化により，グローバル企業は世界的なサプライチェーン戦
略の見直しを迫られることとなり，ASEAN にも大きな影響を与えている。
ASEAN は基本的なスタンスとして，米国，中国のどちらにも与せず，大国に
振り回されず，独立性を保ちながら地域の中心としての役割（ASEAN 中心
性）を発揮していこうとしている。反面，どちらつかずの曖昧な立場をとるこ
とで，漁夫の利を得ているとも言われる。米国による対中関税を回避すべく，
中国から生産拠点を移管させようとする企業の受け皿となっているからだ。

　米国の輸入統計をみると，中国からの輸入は 2018 年をピークに減少傾向が
著しい。2023 年では 4,272 億ドルと 2012 年以来の低水準に落ち込んだ。反対
に，ASEAN からの輸入額は新型コロナ以前に比べて大幅に拡大しており，

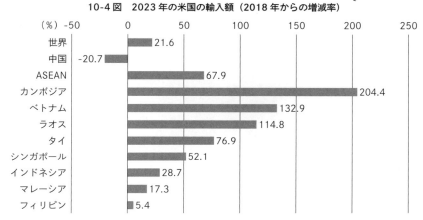

10-4図 2023年の米国の輸入額（2018年からの増減率）

(資料) グローバル・トレード・アトラスから作成

2022年は3,363億ドル，2023年はやや減少したものの，3,103億ドルと高水準を持続した。2012年の水準からすると約2.5～2.7倍，2018年比では68％増となっている。国別でみると，カンボジア（2018年比で約3.0倍），ベトナム（約2.3倍），ラオス（約2.1倍），タイ（76.9％増）と，メコン地域諸国からの輸入が拡大している（10-4図）。増減額でみると，中国からの輸入は2018年から2023年にかけて1,113億ドル減少したが，ASEANからは1,255億ドル増加した。ベトナムが653億ドルと最も増えており，タイの増加額が245億ドル，シンガポールが138億ドル，カンボジアが78億ドル，マレーシアが69億ドル，インドネシアが60億ドルの順となっている。

2．脱中国，China for Chinaで投資が増えるASEAN

どういった品目で，サプライチェーンの変化が起こっているのか。2023年の米国の対ASEAN輸入の上位品目をみると，携帯電話・スマホ，パソコンおよび周辺機器，半導体デバイス（太陽光パネルも含まれる），家具・マットレス，ゴム製タイヤ，カバン・バッグ，履物などとなっている。多くの品目がこの5～10年間で大きく拡大したものだ。これらの品目は，代わりに中国からの輸入が減少している（10-4表）。

実際にASEAN側で起きている現象の1つとして，ゴム製タイヤを例にと

218 第3部 サプライチェーンの変容

10-4表 2023年の米国の対ASEAN輸入（上位20品目），対中輸入

	ASEANからの輸入			中国からの輸入		
	（金額）	2013年比 （伸び率）	2018年比 （伸び率）	（金額）	2013年比 （伸び率）	2018年比 （伸び率）
携帯電話・スマホ（8517）	31,022	262.4	117.7	54,588	1.3	△23.4
パソコン（8471）	17,311	100.1	115.6	39,169	△27.5	△23.7
半導体デバイス（8541）	16,506	623.3	458.8	704	△70.0	△50.5
集積回路（8542）	15,005	76.0	△23.1	1,818	△8.8	△42.5
修理用再輸出品（9801）	8,803	150.9	104.6	3,755	116.8	42.8
家具・同部品（9403）	8,634	157.8	68.9	5,605	△30.6	△55.1
ゴム製タイヤ（4011）	6,260	301.8	75.3	831	△78.5	△63.6
血清・ワクチン（3002）	6,178	2,052.6	194.3	448	1,144.4	148.9
プリンター・同部品（8443）	5,605	58.7	17.1	1,836	△78.6	△68.7
PC周辺機器（8473）	5,283	162.8	129.2	6,426	△28.8	△61.6
整流器，インダクター（8504）	5,034	399.4	273.2	4,122	△19.9	△33.5
マットレス，ソファ（9401）	4,877	373.0	143.1	6,436	△18.8	△40.6
革製履物（6403）	4,777	125.9	62.4	2,507	△66.0	△47.2
テレビ（8525）	4,497	190.1	244.6	2,228	△44.1	△60.8
固有機能を有する電気機器（8543）	4,349	1,660.7	827.3	1,982	△9.3	△52.0
バッグ，カバン（4202）	4,303	326.5	101.0	2,650	△63.9	△58.1
マイク，ヘッドホン（8518）	4,099	904.7	629.4	5,215	43.8	50.4
ニット衣類（6110）	4,027	11.3	△2.3	2,382	△60.0	△49.5
布製履物（6404）	3,902	355.3	6.1	2,643	△18.8	△41.1
不揮発性半導体記憶装置（8523）	3,477	913.7	76.9	487	△69.7	△88.7
合計（その他含む）	310,342	144.5	67.9	427,229	△3.0	△20.7

（資料）グローバル・トレード・アトラスから作成

　ると，2014年に米国は中国製タイヤにアンチダンピング税を導入した。その結果，中策ゴム，玲瓏（リンロン）タイヤといった中国の大手メーカーがタイに進出し，大規模な工場を構えるようになった。このタイ進出の時期を境として，輸入先首位だった中国からのタイヤ輸入は減少し，代わりにタイから輸入が拡大した。タイは，米国のタイヤ輸入先として首位になった。

　太陽光パネルも，ASEANへのシフトが鮮明な品目の1つだ。中国系大手パネルメーカーであるトリナ・ソーラー（天合光能）は，2021年にベトナム工場を完成させ，北米向けに輸出を開始した。同社は2023年9月に第3工場（約4億ドル）の投資も発表した。トリナは，インドネシアやマレーシアでも太陽電池工場の建設を発表している。同じく中国大手のジンコ・ソーラー（晶

科能源）も，ベトナム工場の生産能力を拡大させている。2022年にクアンニン省のシリコンウエハー工場（投資額：約3.7億ドル）が稼働し，2023年にも新工場（約7.5億ドル）が落成した。また同年にクアンニン省での新たなプロジェクト（約15億ドル）の投資認可を受けている。

台湾貿易センター（TAITRA）へのヒアリングによれば，スマホやパソコンなどを生産する台湾の電子機器メーカーは，米国や欧州市場の主要顧客から，中国本土や台湾にある生産工場を，早期にベトナムやタイ，インドに移転するよう要請されているという。なお，米中対立や台湾有事のリスクを踏まえ，輸出向け生産拠点を東南アジアに移してほしいという，サプライチェーンからの「脱中国」を要請される事例は，台湾企業だけではない。中国企業にとっても，ASEANでの生産工場設置に駆り立てる重要な要素となっている。

ただし，中国工場を閉鎖してASEANに移管する事例は稀だ（例：韓国のサムスン，米国の玩具メーカー・ハズブロなど）。依然として，中国は巨大かつ利益が得られる重要市場だからだ。これまでの中国事業におけるノウハウやネットワークもあるなか，撤退してしまった場合，同条件で再参入することは難しい。そのため，中国にある生産拠点は，中国国内市場向けの生産に集中し，輸出向け生産拠点はASEANなどの違う国に設けるという「China for China」の戦略が昨今では主流になりつつある。

ASEANに工場を新設しつつ，中国工場も拡張するといった企業も少なくない。デンマークの玩具大手レゴは，2021年12月にベトナム南部ビンズオン省での新工場建設計画を明らかにした。総投資額が10億ドルを超える大規模な投資となっており，典型的なチャイナ・プラスワンかと思われた。しかし，同社は2022年1月，中国・浙江省嘉興市にある工場の拡張計画を発表した。特に中国市場での需要が大きいため，それに応える形で生産能力を増強する。

日系企業では，村田製作所は米中対立を踏まえ，ASEANで生産拠点を増強する動きがみられる。同社は2023年3月，タイ北部で積層セラミックコンデンサ（MLCC）の新生産棟を竣工した（投資額は建屋のみで約120億円）。同年8月には，ベトナム中部ダナンでコイル製品の新工場が竣工（同・約43.2億円）。同月，フィリピンのバタンガス州でMLCCの新工場に着工した（同・約112億円）。その一方，同社は2022年11月に中国の無錫に新工場（MLCC

向けシート）の建設も発表しており，この投資額は約445億円に上る。中国，ASEANとも増強する動きと言える。

3．警戒感が高まる迂回輸出への対策と日系企業への影響

多数の中国企業が，北米向け生産工場をASEANに新設していることを受け，米国は迂回輸出の警戒感を強めている。前述のタイヤの例では，2020年12月に米国商務省がタイ，ベトナムなどからのタイヤにアンチダンピング（AD）措置を行う仮決定をした。対象は，中国企業のタイ工場から出荷されているタイヤだけでなく，米中対立以前からタイで生産していた日系タイヤ・メーカーの製品も含まれることとなった。米中対立による影響を，日系企業が被る結果となった。

太陽光パネル関連製品も同様であり，米国商務省は2023年8月，中国系メーカー5社（BYD，ニューイーストソーラー，カナディアン・ソーラー，トリナ・ソーラー，ビナ・ソーラー）がAD税や補助金相殺関税（CVD）を回避するため，カンボジア，マレーシア，タイ，ベトナムのASEAN4カ国を経由し，米国に迂回輸出を行っているとの最終決定をした。

米国からの要請に基づき，タイ商務省では米国・EUへの迂回輸出防止のための監視対象品目リストを整備しており，これらの輸出品に伴う非特恵原産地証明書の発給については厳格化を強めている。原産地を詐称する目的などでの迂回輸出行為の防止措置を設け，違反者に法的措置も含め対応を行うとともに，仕向け地の税関当局と情報交換を行うといった対応を行っている。

なお，ASEANにおける輸出管理については，シンガポール，マレーシア，タイでキャッチオールなどの既存の安全保障貿易管理が実施されている。しかし，現在のところ，米国による経済安全保障の観点からの，中国やロシアを念頭においた（半導体などの）先端技術の輸出管理の厳格化については，在ASEAN日系企業に大きな影響を与えていない。高度品目を輸出入している企業は少ないからだ。

しかし，今後，米国，中国のどちらの陣営につくのか，という踏み絵のような輸出管理枠組みがでてきた場合，ASEANが最も嫌がるシナリオとなり得る。加盟国間で分裂を招きかねないからだ。米国主導のフレンドショアリング

の取り組みと目されるインド太平洋経済枠組み（IPEF）には，カンボジア，ラオス，ミャンマーは参加していない。また，参加した ASEAN 各国からも，米中の二者択一を望まないという声が上がっている。

4．ASEAN で増大する中国企業のプレゼンス

米中対立がもたらした影響の1つに，ASEAN における中国企業のプレゼンス増大が挙げられる。中国政府の後押しの下，中国企業は活発に南進を進めている。ASEAN の各地では中国企業による工業用地や不動産の「爆買い」や，高い給与での人材の引き抜きといった現象がみられている。また，各地で中国人街が誕生したり，中国語人材のニーズが増大したり，変化が見られるようになっている。日系企業にとっては，中国製品との競争激化や，マネージャーや技術者などの人材不足といった影響に繋がっている。

米国などの主要輸出先を失い，生産能力を持て余した中国企業は，ASEAN に活路を見出そうとしている。一例が，ファーウェイ，ZTE といった中国の大手通信機器メーカーである。ファーウェイは米国市場から締め出されたが，ASEAN においては受容されており，ASEAN の消費者は中国製通信機器について，ネガティブなイメージを抱いていない。むしろ，ファーウェイは ASEAN 各国において 5G 設備導入の中核サプライヤーとなっており，デジタル人材育成施設やプログラムを提供し，ASEAN 経済に積極的に貢献する姿勢を見せている。各国政府へのロビーイング活動も深めており，デジタル政策にも関与するようになっている。

日系企業がこれまで高いシェアを獲得していた自動車市場においても，中国メーカーのバッテリー式電気自動車（BEV）が流入することにより，市場の様相がガラリと変わってきている。地域の自動車大国であるタイでは，2021年まで国内市場の約9割は日本ブランドが占めていたが，BEV の普及を推進する政府方針を追い風として，中国ブランドの BEV が補助金を受けて販売された結果，2023年は日系勢のシェアは78％へと低下してしまった。既に進出している上海汽車，長城汽車に加え，BYD や長安汽車，広州汽車（AION）などが相次いでタイ工場の新設を発表し，2024年からは本格的な EV 生産がタイで開始される。

第4節　脱炭素・グリーン関連の政策の実施状況と影響

1．ASEAN における GHG 削減目標

温室効果ガス（GHG）削減については，2020 年代に入って，ASEAN においても急速に関心が高まっているテーマだ。ドイツの環境 NGO ジャーマン・ウオッチの「グローバル気候変動リスク指数（2021）」は，2000 年から 2019 年にかけて気象災害の影響が大きかった国（犠牲者数や経済損失が大きかった

10-5表　各国の GHG 削減目標

国名 （提出時期）	2020 年の GHG 排出量 2030 年の BAU シナリオ		GHG 排出量削減目標（2030 年）			長期目標
				目標値	BAU 比での削減	
ブルネイ （2020 年 12 月）	2020 年 2030 年	12 MtCO2e 30 MtCO2e	目標	24 MtCO2e	20%	－
カンボジア （2020 年 12 月）	2020 年 2030 年	75 MtCO2e 155 MtCO2e	目標 条件付	90 MtCO2e	65 MtCO2e	2050 年：CN
インドネシア （2022 年 9 月※）	2020 年 2030 年	1,476 MtCO2e 2,869 MtCO2e	目標 条件付	1,953 MtCO2e 1,632 MtCO2e	31.9% 43.2%	2060 年：NZE
ラオス （2021 年 5 月）	2020 年 2030 年	43 MtCO2e 104 MtCO2e	目標 条件付	42 MtCO2e 34 MtCO2e	60%	2050 年：NZE
マレーシア （2021 年 7 月※）	2020 年 2030 年	368 MtCO2e 1,339 MtCO2e	目標	736 MtCO2e	45% （炭素集約度）	2050 年：CN
ミャンマー （2021 年 8 月）	2020 年 2030 年	247 MtCO2e 843 MtCO2e	目標 条件付	598 MtCO2e 428 MtCO2e	244.5 MtCO2e 414.8 MtCO2e	
フィリピン （2021 年 4 月※）	2020 年 2030 年	228 MtCO2e 360 MtCO2e	目標 条件付	351 MtCO2e 90 MtCO2e	2.7% 75%	
シンガポール （2022 年 11 月※）	2020 年 2030 年	64 MtCO2e 91 MtCO2e	目標	60 MtCO2e	－	2050 年：NZE
タイ （2022 年 11 月※）	2020 年 2030 年	451 MtCO2e 555 MtCO2e	目標 条件付	389 MtCO2e 333 MtCO2e	30% 40%	2050 年：CN 2065 年：NZE
ベトナム （2022 年 11 月※）	2020 年 2030 年	458 MtCO2e 928 MtCO2e	目標 条件付	781 MtCO2e 524 MtCO2e	15.8% 43.5%	2050 年：NZE

（注）①※は目標をアップデート，上方修正した国。
　　　②条件付は，国際機関や諸外国からの支援があった場合など。
　　　③「BAU シナリオ」とは，Business as Usual の略で，今後追加的な対策を見込まないまま推移した場合という意味。
　　　④「CN」とは，カーボンニュートラルのことで，二酸化炭素排出量と吸収量を中立させる（ゼロにする）こと。「NZE」はネットゼロ・エミッションのことで，GHG の排出量を正味ゼロにすること。ほぼ同じ意味で使われているが，タイでは異なる時期をターゲットに設定している。

（資料）UNFCC，NDC，Bain & Tamesek から作成

国）を指数化している。ミャンマーが世界ワースト2位，フィリピンが4位，タイが9位と，ASEANから3カ国がワースト10にランクインした。ベトナム（13位）やカンボジア（14位）も上位だ。ASEAN諸国は気候や地理の面で，洪水や台風といった気象災害の影響を受けやすく，気候変動リスクに脆弱な国が多い。

　シンガポールのシンクタンク，ISEASユソフ・イシャク研究所の報告書「東南アジア気候見通し：2023年調査報告」では，ASEANの市民に気候変動に対する意識などをアンケート調査している。それによると，気候変動に対する認識では，回答者の49％が「自国の幸福に対する深刻かつ差し迫った脅威」と選択し，42％が「監視を要する重要問題」とし，脅威や重要問題という認識が9割を超えた。深刻な脅威とする割合は，フィリピン（57％），ベトナム（50％），インドネシア（50％）で半数に上った。

　ASEAN各国は国連気候変動枠組条約（UNFCCC）およびパリ協定へ参加し，「国が決定する貢献」（NDC）を提出した上で，2030年までのGHG削減目標達成を発表している（10-5表）。NDCで約束した目標を達成するため，各国は気候変動に対するマスタープランを策定し，取り組みを進めている。長期的な目標としてカーボンニュートラル（CN）や，ネットゼロ・エミッション（NZE）を宣言した国も多数ある。

2．GHG排出削減のカギを握るASEANと日本への期待

　グローバルでGHG排出量の削減を考えた場合，ASEANにおけるGHG削減の取り組みは，地域的な問題にとどまらず，世界の気候変動対策に大きなインパクトを持つ。オックスフォード大学のOur World In Data（OWID）で2022年の各国・地域のGHG排出量をみると，中国が世界全体の25.9％を占め，米国が11.1％，インドが7.5％，EU27が6.2％と続く。ここでASEAN10カ国を合計すると8.1％に上る。ASEANのGHG排出量はインドよりも多く，米中に次ぐ規模である。ASEANでGHG排出量が多いのは，インドネシア（世界全体の4.0％），ベトナム（1.2％），マレーシア（0.9％），タイ（0.8％），フィリピン（0.5％），ミャンマー（0.4％）の順である。

　このため，ASEANの域外パートナーである日本，中国，米国，EU，オー

ストラリアなどは，ASEAN における GHG 排出削減の取り組みを支援している。ASEAN 各国の期待も大きく，NDC で「外国からの支援があった場合」という条件で，より高い目標を掲げる国も少なくない。日本はアジア・ゼロエミッション共同体（AZEC）を立ち上げ，日本企業が強みを持つ脱炭素技術とアジアの成長の好循環を目指している。2023 年 12 月には，東京で AZEC 首脳会合が初めて開催され，日本，オーストラリア，ASEAN9 カ国の首脳が，アジアの脱炭素化と経済成長を同時に進める AZEC の取り組みや方向性を確認した。

ASEAN の気候変動対策では，日本の民間企業が有する技術やソリューションに期待が高い。ISEAS ユソフ・イシャク研究所が実施した ASEAN の有識者に対するアンケートによると，「世界の気候変動イノベーションをリードする国はどこか（再生可能エネルギー技術開発，グリーン・ビルディング，自然をベースとしたソリューションなど）」という問いでは，日本が 23.7％で 1 位となっており，EU（17.8％）や中国（17.5％）よりも期待が高い結果となっている。また，「自分の国で，気候に関する専門知識，実践能力，技術的ノウハウを共有する上で，どの国がより積極的な役割を果たせるか」という問いでも，日本が 25.8％と圧倒的に高い支持を得ている。

3．ASEAN のグリーンビジネス機会

今後も経済成長や人口増加が見込まれる ASEAN では，エネルギーの消費自体は拡大する見込みである。ASEAN 傘下の ASEAN エネルギーセンター（ACE）によれば，各国が脱炭素化の対応をせずに現在のエネルギー利用を継続した場合，2050 年の ASEAN の一次エネルギー供給量は，26 億 4,700 万石油換算トンになると試算している。これは，2020 年の実績の 4 倍以上に相当する。燃料別で見ると，2050 年の一次エネルギー供給量の 9 割近くは化石燃料となる見込みだという。

ASEAN 全体での GHG 排出量（2022 年）は，二酸化炭素（CO_2）換算で 43 億 7,600 万トンとなっており，CO_2 の排出量は 35 億 100 万トンとなっている。各国によってバラつきはあるものの，石炭や石油，ガスなど化石燃料・産業による CO_2 排出量が大きい（10-6 表）。ジェトロの「ASEAN の気候変動対策と

10-6表　各国の二酸化炭素（CO2）排出量と内訳（2022年）

（単位：100万トン，％）

	CO2 排出量					土地利用の変化	再生可能エネルギー比率（注）
		化石燃料・産業（その他含む）					
			石炭	石油	ガス		
インドネシア	1,647.5	728.9	404.6	214.3	80.0	918.6	19.1
ベトナム	595.3	343.6	201.1	68.0	14.8	251.7	44.1
マレーシア	461.1	291.1	74.3	109.3	93.2	170.0	19.1
タイ	308.0	270.7	69.8	103.8	75.6	37.2	17.5
フィリピン	174.1	150.4	80.5	53.4	6.0	23.7	22.4
ミャンマー	131.3	34.9	4.4	19.9	8.1	96.4	48.5
カンボジア	48.5	20.0	4.5	9.6	—	28.6	59.2
ラオス	69.8	23.2	14.3	3.4	—	46.6	73.5
シンガポール	53.5	53.3	1.9	30.0	21.4	0.2	3.9
ブルネイ	12.0	10.8	2.2	3.5	5.0	1.3	0.1
ASEAN 合計	3,501.1	1,926.8	857.4	615.2	304.1	1,574.3	—

（注）再生可能エネルギー比率は，総発電量に占める再生可能エネルギー電源構成の割合
（資料）OWID（原典は Global Carbon Budget）から作成

産業・企業の対応に関する調査」（2022年）では，ASEAN各国統計などから GHG排出量を部門別に調べており，発電などのエネルギー部門，交通・輸送部門，産業部門が大部分を占めることが分かっている。今後，エネルギー需要自体が増大するなかで，エネルギーなどの供給側，工場や輸送など需要側の両面で，いかにCO2を削減できるかがポイントになってくる。

　各国の電源構成もさまざまであり，それぞれ事情は異なってくる。ラオスでは再生可能エネルギー比率は73.5％に上る。大部分が水力発電（73.2％）だ。同国では低炭素で生産活動を行えるほか，周辺国にクリーン電力を供給する「ASEANのバッテリー」として注目を集めている。シンガポールは2022年からマレーシア，タイを経由してラオスから電力輸入を開始している。水力発電の比率が高いカンボジア（52.4％），ミャンマー（48.4％），ベトナム（31.0％）は再生エネルギーによる発電構成が高い。

　他方，主要国では石炭，天然ガスが主要電源となっている。インドネシア（石炭：61.4％，天然ガス：16.7％），マレーシア（47.9％，32.5％），フィリピン（58.5％，17.6％）については，石炭火力の発電効率を上げる必要がある。石炭に比べてCO2排出量が少ない天然ガスを主要な電源とするシンガポール（1.2％，93.9％），ブルネイ（21.8％，77.5％），タイ（19.9％，62.2％）につい

ては，バイオ燃料や太陽光といった再生エネルギーによる発電の増大，あるいは周辺国からの再生エネルギーの輸入などに取り組む必要がありそうだ。クリーン電源を利用できるかどうかは，外国企業が投資先を選定するにあたって重要な要素になりつつある。

こうした潮流から，炭素削減の必要性はリスクだけでなく，ビジネス機会ともなる。コンサルティング会社ベイン＆カンパニー，シンガポール政府系ファンドのテマセクの報告書「東南アジアのグリーン経済2024年」によれば，2030年の東南アジア経済において，グリーン経済[2]は年間3,000億ドルとGDP全体の5％を占める規模に拡大すると予測されている。内訳は，電力が900億ドル，輸送が700億ドル，自然・農業が600億ドル，建築が400億ドル，産業・廃棄物が300億ドルなどである。

前述のジェトロ調査（2022）によれば，日本のグリーン成長戦略で定めている14分野の中で，ASEANの多くの国で，短期的に有望なのは，再生エネルギー／新エネルギー，自動車・蓄電池，住宅・建築・エネルギーマネジメント関連としている。中長期的には，水素や燃料アンモニア，ロジスティクス，食品・農業，カーボンリサイクル，サーキュラーエコノミー，ライフスタイルなどだ。日本企業にとっても，ビジネス機会が豊富にあるといえよう。

4．サプライチェーンにおける脱炭素化のプレッシャー

ASEANでは，炭素税やキャップアンドトレード方式[3]による排出量取引制度（ETS）といったCO_2排出に伴って支払いを強制される仕組み，カーボンプライシングが一部の国でしか導入されていない。シンガポールが2019年に炭素税を開始し，インドネシアが2023年に電力事業者向けに強制的なETS制度を導入しているが，その他の国では炭素削減に取り組まなくても，罰則はない。しかし，（1）輸出先・顧客からの炭素削減の要請，（2）EUの炭素国境調整措置（CBAM）などにより，ASEAN各国においても炭素削減に対する意識が高まりつつある。

顧客からの要請では，アップルの事例が分かりやすい。同社のサプライヤーリスト（2024年）をみると，ベトナムが35工場，タイが24工場，シンガポールが23工場，マレーシアが18工場，フィリピンが17工場，インドネシアと

カンボジアが1工場となっている。ASEANを合計すると，中国本土（156工場）と並ぶ重要な調達先だ。これらのサプライヤーの大部分は，「クリーン・エネルギー・プログラム・サプライヤー」として，2030年までにアップル関連製品の生産プロセスを100％再生エネルギーにする約束をしている。アップルと取引を続けたいサプライヤーは，脱炭素化に取り組まざるを得ないのだ。こうした要請は，欧米企業をはじめグローバル企業に納入しているサプライヤーからは，一般的に聞かれるようになっている。

　2つ目がEUのCBAMの導入である。2023年のASEANの輸出先として，EUは4.5％を占める重要市場である。EUは2026年からCBAMの導入を始める予定で，2023年10月からはGHG排出量の報告義務を輸入者に課した。輸出者側にあたるASEAN各国では，業界団体が懸念を表明し，政府が事業者へ早期対応を呼びかけるといった反応があった。実際，各国からEUに輸出しているCBAM対象製品の割合は少ない。タイの場合，2022年の対EU輸出のうち，CBAM対象製品が占める割合はわずか0.8％で，タイの輸出全体でみると0.07％にすぎない。しかし，将来的にプラスチック製品なども対象に含まれる可能性があること，米国など他の主要輸出先でもCBAM導入の可能性があることから，タイ政府は事業者に対応を急ぐよう求めている。

5．ASEAN各国における日系企業の取り組み状況

　ASEAN域内で生産活動を行う日系企業にとっても，炭素削減は重要性を増している。ジェトロの海外進出日系企業調査（2023年度）によると，在ASEAN日系企業のうち脱炭素化に取り組んでいる企業の割合は39.2％で，2021年に比べて10ポイント上昇した（10-5図）。しかし，同割合は在欧州日系企業（61.7％）や，在オセアニア日系企業（56.3％），在南西アジア日系企業（47.3％）に比べ高くない。

　ASEANの大企業では52.2％と過半数がGHG削減に取り組んでいるが，中小企業では23.7％と対応が遅れている。このため，中小企業の進出比率が大きいタイ，ベトナムなどで取り組んでいる企業の割合が低い。実際，進出日系中小企業へのヒアリングでは，ASEANにおける炭素削減はコスト増要因にしかならず，炭素削減に向けた担当者を用意することも難しいという声も多い。中

228　第3部　サプライチェーンの変容

10-5図　脱炭素化（温室効果ガスの排出削減）への取り組み状況

	すでに取り組んでいる	今後取り組む予定がある	取り組む予定はない
ASEAN（2,883）	39.2	34.3	26.5
大企業（2,760）	52.2	29.9	17.9
中小企業（1,311）	23.7	39.5	36.8
シンガポール（382）	47.6	25.7	26.7
マレーシア（302）	45.4	35.1	19.5
インドネシア（474）	44.3	33.8	21.9
フィリピン（157）	41.4	31.8	26.8
タイ（549）	36.2	34.8	29.0
ベトナム（770）	34.4	38.3	27.3
ラオス（29）	31.0	44.8	24.1
ミャンマー（104）	28.8	33.7	37.5
カンボジア（116）	28.4	34.5	37.1

（資料）ジェトロ「2023年度　海外進出日系企業実態調査（アジア・オセアニア編）」

小企業においては，何らかの支援がなければ十分な対応を採ることが困難なことも現実である。

　ASEANにおける具体的な取り組みとして，屋根置き太陽光発電の導入は一般的になっている。太陽光パネルを設置する事業者も増えている。パネル導入に伴う初期コストはかからないが，電気料金を通常の電力会社に支払う代わりに事業者に支払うという長期リース契約・電力購入契約（PPA）事業が増えている。また，バイオマス燃料などを導入する企業もある。IoTを使った工場での省エネルギー，空調の効率改善，断熱・保冷素材などもニーズが高い。また，日系スタートアップなどが提供する，企業の炭素排出量を算定・可視化するソリューションなども，ASEAN各地で導入が進んでいる。

第5節　人権関連の政策の実施状況と影響

1．新たなサプライチェーン上のリスクとなるASEANの人権DD

　この数年，新たなリスクとして認識され始めているのが，ビジネスと人権（BHR）の分野である。ASEANでは，まだ人権デューディリジェンス（DD）

第 10 章 ASEAN 229

の法制化は進んでいないが，ASEAN からの輸出品が，輸出先である欧州や米国の市場で取引停止になり，港で差し止められるケースが発生し，ビジネスリスクとして顕在化している。

著名な事例としては，2014 年にタイの地場大手食品会社が輸出するエビについて，英国紙が奴隷労働の疑いがあると報じた結果，欧州や米国の小売店が一斉に取引を見合わせるとしたケースがある。当該食品会社において強制労働があったわけではなく，同社がエビの養殖用に使っていた飼料（魚介類）の供給業者の漁船において，ミャンマー人やカンボジア人など外国人労働者を過酷な条件で働かせていたという疑惑が持ち上がったのである。

東南アジアにおいては，サプライチェーンの上流や下流など，発見しにくい人権侵害リスクの存在がしばしば指摘されている。自社やグループ会社が直接管理しているわけではないので，問題が表面化しづらい。特に下請け会社を使うことが多い業界，外国人労働者が多数働いている産業などでリスクが高い。業界で言えば，水産業や農園・プランテーション，建設業，縫製業の現場などが代表的な例である。ローカル人材が就業したがらない，肉体労働の多い，厳しい 3K の就業環境であることが多い。

最近の事例では，マレーシアのゴム手袋メーカーの輸出品が，2021 年に米国で差し止められた事例も注目を集めた。米国では関税法に基づき，強制労働に依拠した製品の輸入差し止めが認められている。マレーシアのメーカーの製造現場において，強制労働に関する国際労働機関（ILO）指標への抵触が確認されたという。同国では外国人従業員が多く働いており，複数のゴム手袋メーカー，パーム油製品などで差し止め措置を受けている。

米国で 2022 年 6 月から本格試行された「ウイグル強制労働防止法（UFLPA）」も ASEAN に影響している。同法は，中国の新疆ウイグル自治区が生産に関わっている製品を「強制労働」によるものと推定し，米国への輸入を原則禁止する。中国からの輸入品が対象のように見えるが，実際には中国よりも ASEAN からの物品の方が差し止められている。米国の税関情報（2024年 4 月 1 日までの実績）によると，金額でみた国別上位 3 カ国は，マレーシア（14 億 6,200 万ドル，1,929 件），ベトナム（9 億 400 万ドル，2,602 件），タイ（4 億 2,100 万ドル，725 件）となっており，全体の約 9 割を占めている。中国

(3億4,900万ドル，2,629件) からの物品は4番目となっている。

2．日系企業の人権DDへの取り組み状況

サプライチェーンと人権に関するリスクが高まりつつあるが，在ASEAN日系企業において人権DDの実施が進んでいるとは言い難い。ジェトロの海外進出日系企業実態調査 (2023年度) によると，在ASEAN日系企業のうち，人権DDを実施している企業の割合は22.3％にとどまっており，人権DDや情報収集を実施していない企業の割合の方が多かった (10-6図)。他の地域はといえば，オセアニア，欧州や北米では実施している企業の方が多数派だ。南西アジアや中南米においても3割前後は人権DDに取り組んでいる。

この結果の背景には，中小企業において対応が追い付いていない点が挙げられる。ASEANにおいても，大企業では29.5％が人権DDを実施しているが，中小企業では13.6％と低くなる。大企業においては本社の方針や対応要請・サ

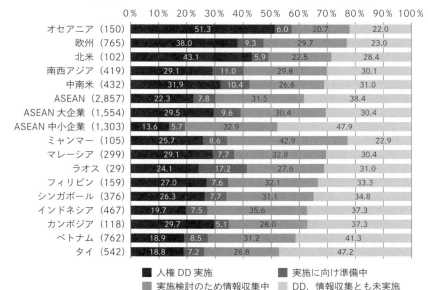

10-6図 事業活動における人権デューディリジェンス (DD) の実施状況

(資料) ジェトロ「2023年度 海外進出日系企業実態調査 (アジア・オセアニア編)」

ポートもあり，比較的対応がされやすい。人権 DD に対応する部署や責任者・担当者などを有する企業もある。一定のリソース配分がされているケースが少なくない。他方，中小企業においては人員・資金も限られている。現地側から積極的に対応しようとする事例はほとんど見られない。このため，中小企業の進出が多いタイやベトナムでは，人権 DD の実施割合でみると，他国，他地域よりも低い割合にとどまっている。

　タイやベトナムは企業の生産拠点が多いため，人権 DD に関する啓発活動は盛んに実施されている。タイについては，国連アジア太平洋経済社会委員会（ESCAP）をはじめ，国際労働機関（ILO），国連開発計画（UNDP）や国際移住機関（IOM）など，地域本部を設置している国際機関も多い。タイは 2019 年 10 月に，「ビジネスと人権に関する行動計画（NAP）」をアジアで初めて策定したこともあり，BHR 分野に対する取り組み度合い，関心度合いは高いと言える。

3．日系企業のグッドプラクティスと取り組みに向けたアクション

　日系企業にヒアリングすると，人材育成や労働者の安全確保に高い配慮を払っている企業も多い。日系企業における労働条件・環境は，他国資本に比べて良好なことが多い。労働者に対するケア，地域社会に対する貢献といった面で，現地に根差した取り組みを継続的に行っている企業も少なくない。しかし，国際標準に準拠した方針策定，自社の取り組みの評価，外部に対する取り組みの説明・情報開示，NGO を含めたステークホルダーとの関わり合い，救済措置や苦情処理制度の設置といった面で不十分であるという指摘もある。BHR に基づいた取り組みを行うことで，自社の CSR 活動の段階から，輸出競争力につなげることも期待できる。

　良好な労働環境を構築しているにもかかわらず，外部公表の面でアピール機会を損なっている面もある。企業が一歩を踏み出す上で，同業者や取引企業の取り組みは参考となる。ASEAN においては，人権 DD の取り組みを進めている代表的な日本企業があり，ジェトロ，ILO の「責任ある企業行動と人権デューディリジェンス：日本企業のグッドプラクティス事例集」で紹介されている。同事例集には，アシックス，ファーストリテイリング，パナソニック，

キヤノンなどの取り組みが記載されている。

　実際に取り組む上では，ジェトロの「ビジネスと人権早わかりガイド」や経済産業省の「責任あるサプライチェーンなどにおける人権尊重のためのガイドライン」，同「責任あるサプライチェーンなどにおける人権尊重のための実務参照資料」を参照の上，国際機関やNGO，法律事務所など関係者から支援を受けることも有効である。

第6節　今後の展望

　米国大統領選の結果にかかわらず，米中対立の構造が中期的に大きく変わらないと見込まれるなか，グローバル企業がASEANでの生産を拡大させる動き，中国企業がASEAN市場に活路を求める動きは，当面の間は変わりそうもない。日本企業にとってASEANは，世界で最も現地法人を抱える地域であり，製造業にとっては世界最大の従業員数を抱える地域である。また，日本の直接投資収益の面では世界の約2割を占める大事な市場である。この重要地域において一層の競争が生じることとなるが，日系企業が現在のプレゼンス，シェアを維持していくためには，さらにASEANにおける事業活動に力をいれ，新たな競争力を獲得していかざるを得ない。

　ASEANにおける日系企業の「競争力」，「強み」の1つに，これまで日系企業が蓄積してきた実績やノウハウ，培った信頼性が挙げられる。ASEANは気候変動，ビジネスと人権，デジタル・トランスフォーメーション，高齢化社会といった課題を抱えている。ASEANは各国の社会課題について，一部で解決済みであることを良しとせず，「誰一人，取り残さない（Leave No One Behind）」という目標，理想を掲げている。これに対して，日本政府や日本企業はこれまでの信頼性と実績を強みとして，ソリューションをASEANと共に考え，信頼できるパートナーとして事業を共創し，人材を育成していくことが求められている。

　そう考えると，例えばサプライチェーンにおける脱炭素化は，対応を急がなければならないリスクでもあるが，ライバル企業と異なる競争力を獲得すると

いう意味で，自社製品の差別化を狙う武器にもなり得る。ビジネスと人権についても同様であり，日系企業がASEANに有する生産拠点という既存の基盤において，しっかりと透明性，トレーサビリティを向上し，人権侵害リスクを低減することが，かえって自社製品の競争力を高める結果につながる。今後，在ASEAN日系企業の，特に中小企業のサプライチェーン上のリスクを低減し，競争力を高めていくことが，ひいては日本企業全体のプレゼンス，信頼性の向上につながっていくカギとなるのかもしれない。

（北見　創）

注

1　首相指名では，総選挙で選ばれた下院（500人）に加えて，軍事政権の影響下で任命された上院（250人）の合同委員会で過半数の投票を獲得する必要があり，前進党のピタ・リムジャラーンラット党首は上院の反対により選出されなかった。
2　電力，輸送，農業，建設，工業および廃棄物などの分野での脱炭素化に伴う，カーボン取引市場や新たな売り上げ規模の合計（失業や石炭火力発電所の廃棄，内燃機関車の減少に伴う経済損失は含まない）。
3　政府が各企業に対して排出量の上限を設定し，上限よりも削減できた分や，不足した分を市場で取り引きする方式。企業は排出量の削減を達成するか，政府やほかの企業から排出枠を購入することで対応する。

参考文献

庄浩充（2023），「AZEC首脳会合が初開催，日本主導でアジアの脱炭素化を支援へ」『ビジネス短信』日本貿易振興機構，12月28日。
田口裕介（2023），「省エネ推進と再エネ拡大を目指すASEAN」『地域・分析レポート』日本貿易振興機構，5月11日。
内閣府（2013），「第1節　中所得国の罠の回避に向けて」『世界経済の潮流　2013年Ⅱ』内閣府。
日本貿易振興機構（ジェトロ）シンガポール事務所・バンコク事務所・海外調査部（2022），「ASEANの気候変動対策と産業・企業の対応に関する調査」。
山田美和（2021），「『ビジネスと人権に関する国連指導原則』にもとづくタイの国家行動計画の策定―なぜタイはアジア最初のNAP策定国となったのか―」『アジア経済』第62巻2号，アジア経済研究所。
The Economist (2023), "Old before their time," *The Economist*, October 14th, pp. 21-22.
Eckstein, David, Vera Kunzel and Laura Schafer (2021), "GLOBAL CLIMATE RISK INDEX 2021," German Watch.
ASEAN Secretariat and the United Nations Conference on Trade and Development (UNCTAD) (2023), "A Special ASEAN Investment Report 2023," ASEAN Secretariat.
ASEAN Studies Centre at ISEAS Yusof Ishak Institute, "Southeast Asia Climate Outlook: 2023 Survey Report".
ASEAN Studies Centre at ISEAS Yusof Ishak Institute, "THE STATE OF SOUTHEAST ASIA 2023 SURVEY REPORT".

第11章

インド

はじめに

　インドは 2023 年に中国を上回り，人口世界一になった（国連人口推計）。現在のインドはコロナ禍後の V 字回復を維持し，2021 年度[1] の GDP 成長率は 9.1％，2022 年度は 7.2％を記録した。2023 年度以降も 6.5％前後での成長が継続すると予測（国際通貨基金：IMF）されるなど，経済成長は順調と目されている。この成長を各国とも見逃さず，ここ数年の海外からの対インド投資額はコロナ禍の影響も受けず，500 億〜 600 億ドルで推移している。14 億人を超えるインドの人口から，拡大する上位中間層・富裕者層をターゲットとした内需向けの投資が主流であるが，米中対立の影響を見据え，米アップルの iPhone 製造に見られるようなチャイナ・プラスワンの輸出拠点としての関心も高まっている。政府も 2014 年から「メーク・イン・インディア」施策を掲げ，インドで製造することによる雇用の確保，さらに輸出を促進し貿易赤字の削減を目指すなどの動きを見せる。一方で，インドにおいては外資のみに向けた目立った優遇策は無く，工業団地等インフラなどのハード面，通関や複雑な税制度，ビジネス関連手続きといったソフト面の両方で，進出に向けた課題も多い。

　また，インドでは 2024 年 4 月 19 日から議会下院選の投票が開始され，6 月 4 日に開票が行われた。結果はインド人民党（BJP）が事前の予想に反して過半数割れ（543 議席中 240 議席）したものの，与党連合との連立政権により過半数を確保し，ナレンドラ・モディ首相が引き続き政権を担うこととなった。今後は，野党の躍進により反対派も増えたことでこれまでのような政治運営が

第 11 章　インド　235

行えるかということと，1950 年生まれのモディ首相は 2025 年 9 月に党として設定した「定年」である 75 歳を迎えることが，不安定要素となり得る。これまでのモディ政権下における政治的安定は，与党 BJP 自体の人気よりもモディ首相個人の人気によるところが大きい。モディ首相の強い政治的リーダーシップによって，積年の課題であった GST（全国一律の物品・サービス税）導入なども実現した。このため，モディ首相が定年で引退するのか，その場合は後継者が誰になるのか，など同首相の動向は引き続き世界的にも注目される。

　本章では，製造拠点としてのインドについて考察し，特に日本企業がインドをチャイナ・プラスワンの対象として考えるに際して，想定されるメリットとデメリットを，特に経済安保，人権尊重，脱炭素とグリーンの 3 つのイシューにも絡めて考察する。

第 1 節　製造拠点としてのインド（1）
——基礎情報と日系企業，各国企業の動向

1．モディ政権の施策とインド経済概況

　2014 年に発足した第 1 次モディ政権は，高額紙幣の廃止（2016 年および 2023 年に実施），GST の導入（2017 年）などでデジタル経済への移行やビジネス環境の改善につながったと，産業界から高く評価されている。2019 年からの第 2 次政権においては，コロナ禍におけるインドのサプライチェーンの脆弱性への危機感から，2014 年の就任時から掲げていたスローガン「メーク・イン・インディア」に加え，2020 年 5 月には同様のスローガン「自立したインド」も発表。14 の重点分野に対して生産連動型優遇策（Production Linked Incentive：PLI）を導入して，製造業振興に大きく舵を切った。加えて，2021 年 12 月からは世界的な半導体不足でインドの自動車産業も影響を受けた反省から，インドへの半導体産業誘致に本腰を入れることとなった。

　このような流れの中，2023 年 6 月にモディ首相が訪米，米半導体大手のマイクロン・テクノロジーを訪問したタイミングで，同社はインド西部グジャラート州のサナンド工業団地にメモリ半導体の DRAM と NAND 両製品の組

立・テスト工場を建設すると発表。2024年後半の工場稼働を目指している。この他，台湾の電子機器受託製造（EMS）大手の富士康科技集団（フォックスコン）と地場企業のベダンタの半導体製造合弁事業は解消されたものの，2024年2月にはルネサスエレクトロニクスなどの工場新設がインド政府によって承認された。米アップルがインドでのiPhone生産を拡大していることも，「製造拠点としてのインド」の象徴的な動きといえよう。

こうしたインド政府の動きを裏付けるように，11-1図の通り海外からの対インド投資額はコロナ禍直下の2020年にも大きな減少は見られず，2021年は減少したものの2022年は再び増加した。日本からの投資額は，2016年は突出したが，平均20億ドル程度で推移している。

他方，インド政府にはインフレを抑制しつつ成長を毀損しない経済政策が求められているが，2021年度以降，一時的に7.28%に達した時期はあるものの，2023年度第3四半期は5.37%と落ち着いており，インフレ抑制には成功している。一方で，2,000億ドルを超えている貿易赤字の抑制に向け，輸出促進は3期目を迎えたモディ政権においても依然として大きな課題となっている。

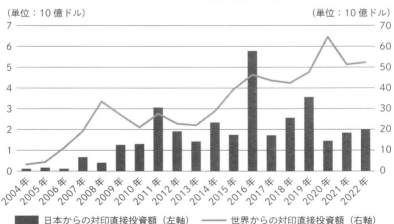

11-1図　インドへの外国直接投資額の推移

（資料）インド商工省「FDI Newsletter」より作成

2．日本企業および海外企業のインドでの活動状況

　日系企業の進出状況については，11-2図の通り2022年10月時点で1,400社が4,901拠点を設置している。インドにおいては広範な国土をカバーするため，特に金融，保険業などのサービス業において1社が複数の支店や事務所を持つケースが多く，社数に対して拠点数が3.5倍と非常に多い状況となっている。2020年以降，コロナ禍を受けて企業数，拠点数とも一時的に微減したものの，2022年には拠点数は再び増加した。ジェトロに対する新規進出の相談も継続的に寄せられており，日本企業のインドへの進出意欲は引き続き旺盛であるといえる。

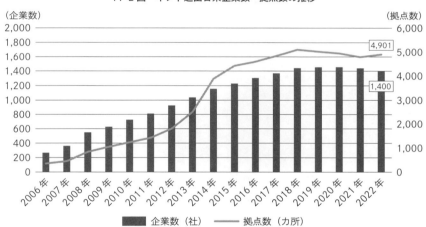

11-2図　インド進出日系企業数・拠点数の推移

（資料）在インド日本国大使館・ジェトロ「インド進出日系企業リスト」（2022年版）。2022年10月時点より作成

　進出日系企業の業種別割合を見ると，ほぼ半数が製造業となっており，自動車関連が全体の10％程度を占めている（11-3図）。製造業においては，自動車，家電を中心に既に進出している企業が国内の別地域に第2，第3工場を設置する2次投資も増えている。2次投資は，国内需要のみならず輸出を念頭に置くケースも多く，その場合は土地代が比較的低廉で，港を有するグジャラート州やタミル・ナドゥ州等が有力な立地先となっている。

　近年では，リサイクル，環境関連，食品加工といった自動車関連以外の分野

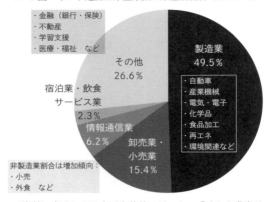

11-3図　インド進出日系企業数の業種別割合（2022年）

（資料）在インド日本国大使館・ジェトロ「インド進出日系企業リスト」（2022年版）。2022年10月時点より作成

での進出や，オフィスビル開発など不動産関連の大型投資や各種保険業など，サービス分野での進出も増えている。また，進出日系企業1,400社のうち約8割を大企業が占め，インドへの中小企業の進出はまだ少ないが，自動車リサイクル業や介護ビジネスを展開する中小企業の事例が見られる。

日系のスタートアップ企業においては，農業とITを組み合わせて農業支援を行う技術を持つ企業や，各地のインド工科大学（IIT）と共同研究を行う企業などが現れているほか，大企業もこれまでのビジネスとは別に，新規のR&D拠点を設置するケースも増えている。

日系以外の外資系企業の動きとしては，台湾系のEMS大手の動きが目立つ。フォックスコン，和碩聯合科技（ペガトロン），緯創資通（ウィストロン）の3社はそれぞれ，インド南部でiPhone生産に乗り出した。ウィストロンについては，2023年10月地元財閥系大手のタタ・エレクトロクスが買収している。特にフォックスコンは，2022年11月にタミル・ナドゥ州での生産拡大のための3億5,000万ドルの投資が報じられたほか，2023年にも同州に加えてテランガナ州，カルナータカ州での投資も発表している。アップルがiPhoneの製造拠点を中国からインドにシフトさせる戦略は明確であり，2022年度のインドからのスマートフォンの輸出額は100億ドルを突破，2023年度

には 140 億ドルに達したと報じられている。加えて，アップルは 2025 年まで
に iPhone 製造の 25%をインドに移管すると報じられており，各工場でも最終
組立のみならず，筐体やチップ製造装置，同社の製品で使用されるコネクタや
アダプターなどの製造も計画されている。

　その他の米国企業も，インドへの投資拡大を発表している。マイクロン・テ
クノロジーは，2023 年 6 月のモディ首相訪米のタイミングでインドに半導体
組立・テスト工場を建設し 8 億ドル超を投じると発表した。Google は，2023
年 10 月に Pixel ブランドのスマートフォンをインドで製造する計画を発表し
た。EV 大手テスラのイーロン・マスク最高経営責任者（CEO）も，2023 年 6
月のモディ首相の訪米中に会談。席上，「インドへの進出を確信している。今
後大きな投資をする可能性がかなり高い」などとコメントしたとされる一方，
同年 8 月にはインド西部のマハーラーシュトラ州プネに同社がインドでは初と
なる事務所を設置する，と報道された。その後，2024 年 3 月にインド重工業
省は同社の進出に際しての要望に合致する形で，グローバルプレーヤーによる
国内の EV 生産を後押しすべく，インド国内に EV 製造工場を設置することな
どを条件に，一部の EV につき低関税での輸入が可能となる新たな政策を発表
した。これに対して，地場 EV 四輪車最大手のタタ・モーターズが反発するな
どの動きも出ている。

第 2 節　製造拠点としてのインド（2）
──政府の施策とビジネスチャンス

1．インドの産業構造

　2022 年度のインドの産業構造を部門別 GDP 構成比から見ると，農林水産業
が 15%，鉱業が 2%，製造業が 15%，電力・ガス・水道が 3%，建設が 9%で
ある一方，金融・保険，不動産が 22%，通信・報道などが 19%，公共・防衛・
その他が 15%と，サービス業の合計が 60%近くに達している（11-4 図）。第
一次産業，第二次産業の割合が相対的に低く，第三次産業に偏った産業構造と
なっている。この傾向は従前よりあったが，農林水産業の比率が低下し 1983

11-4図　2022年度産業部門別GDP構成比

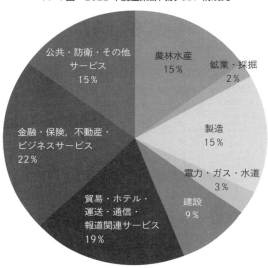

（資料）インド統計・計画実施省（名目値）より作成

年にサービス業との比率が逆転，1998年に鉱工業とも比率が逆転して以降，中間層[2]の伸びとともにサービス業へのシフトが一気に進んだ結果とみられる。その後2010年から2020年にかけて，それまで6割だった低所得者層[3]が4割にまで減少して中間層以上がマジョリティーを占めるようになり，この傾向に拍車が掛かっている。

また，インドの貿易は輸出，輸入とも拡大傾向にあるものの，恒常的な輸入超過が続いており，インド政府は従前から毎年度2,000億ドル前後で推移する貿易赤字の解消に向けて躍起になっている。インドでは白物家電や鉄鋼，化学品の分野では一定の裾野産業が育っているものの，インドで生産を行うためには，依然として，多くの部材を輸入する必要がある。例えば政府が今後の輸出を期待するエレクトロニクス分野をみると，電気機器・部品（HSコード第85類）の輸出額は2020年の135億ドルから2023年には323億ドルと，倍増以上となった。しかし，同品の輸入額も2020年の430億ドルから2023年には779億ドルと，輸出額の伸び率ほどではないが急増しており，この間に同分野だけで貿易赤字が295億ドルから456億ドルに大幅に拡大している（11-5図）。

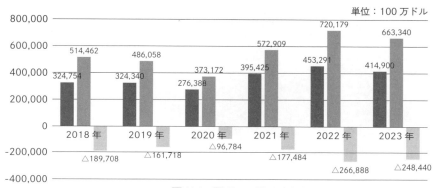

11-5図 インドの輸出入額，貿易収支の推移

(注) 2023年の数値は速報値
(資料) インド商工省，Global Trade Atlas より作成

2．インド政府の施策
～メーク・イン・インディア，PLI，半導体産業振興策

上述の通り，製造業の比率が比較的低く，かつ貿易赤字が続いているインドにおいて，モディ首相は2014年9月の第1期政権時にスローガン「メーク・イン・インディア」を掲げて，インドにおける製造業比率を25％まで高め，雇用の確保やインドで製造したものを輸出し貿易赤字の解消を目指す施策を取り始めた。ただし，これはあくまでスローガンにとどまったため，製造業の比率は一時17～18％程度まで上がったものの，2022年度は再び15％となっている。

他方で，コロナ禍による半導体不足により自動車生産が大きな影響を受けるなど，インドのサプライチェーンの脆弱性が露見したことを受け，2020年5月に掲げたスローガン「自立したインド」に併せて，14の重点分野に対して生産連動型優遇策（Production Linked Incentive：PLI）を導入し，国内製造業の振興を図っている（11-1表）。PLIは基準年度から約5年間，インドで製造された製品の売り上げが増加した額に応じて補助金を支給するという仕組みである。これにより，大型投資を呼び込み，国内産業を振興する上での具体的

242 第3部 サプライチェーンの変容

11-1表 生産連動型優遇策（PLI）の対象分野と補助金額（2024年3月時点）

	分野	所管省庁	補助金 （億ルピー）
1	エレクトロニクス（携帯電話・特定電子部品）	電子・情報技術省	4,095
2	重要な出発原料・薬剤中間体・医薬品有効成分	医薬品局	694
3	医療機器製造	医薬品局	1,842
4	自動車（完成車）・自動車部品	重工業省	2,594
5	医薬品	医薬品局	1,500
6	特殊鋼	鉄鋼省	632
7	通信ネットワーク機器	電信局	1,220
8	ITハードウェア（PC, タブレット, サーバーなど）	電子・情報技術省	2,433
9	白物家電（エアコン, LED照明）	産業国内取引促進局	624
10	食品加工	食品加工業省	1,090
11	繊維・同製品	繊維省	1,068
12	高効率太陽光発電モジュール	新・再生エネルギー省	2,400
13	先端化学・セル電池	重工業省	1,810
14	ドローン・同部品	民間航空省	12
	合計		22,014

（資料）Invest India（National Investment Promotion & Facilitation Agency）より作成

な誘因が提供されたことになる。2024年3月現在では多くの分野で募集が締め切られ，認定企業も確定しているが，まだ想定した認定数に達しない分野で再募集が行われている。

　加えて2021年12月，インド政府は半導体産業の誘致・育成を図る包括的な政策パッケージを導入し，半導体・ディスプレイ工場の誘致や半導体研究所の近代化推進を開始した。特に，半導体については総額7,600億ルピー（1兆3,680億円，1ルピーは約1.8円）の補助金を用意して国内外からの半導体製造工場の誘致を図っている。

3．半導体産業を巡る海外企業の対応

　上記のインド政府による半導体分野の振興策を受け，まず名乗りを上げたのは英国系鉱業・天然資源大手ベダンタ・グループと，台湾系の電子機器受託生産（EMS）世界最大手の鴻海（ホンハイ）精密工業傘下のフォックスコンとの合弁会社 Vedanta Foxconn Semiconductors Limited（VFSL）であった。しかし，VFSLはインド初となる半導体製造の前工程に参入するとして2022年9月に事業計画を公表したものの，翌2023年7月にこの合弁事業は解消さ

れてしまった。中止理由は明らかにされていない。

　一方，前述の通りモディ首相が直接面談を行い，首相の訪米中にグジャラート州への進出を発表したマイクロン・テクノロジーは，半導体製造の後工程部分を中心とする組立・テスト工場の設立を発表している。インド電子・情報技術省（MeITY）のアシュウィニ・バイシュナウ大臣によると，同社はまず後工程の工場を立ち上げるが，次の段階で川上分野のより高度な半導体製造事業を展開する可能性があり，川上から川下までの半導体サプライチェーンをインドで持つことになる。日本と中国に同社の前工程の工場があり，両国で製造されたウエハーがグジャラート州での後工程を経て，世界向けへの輸出を目指す計画である。同計画では，2024 年 12 月までに生産が開始され，工場がフル稼動すれば，年間 10 億ドル相当の生産が見込まれるという。

4．日系企業の展望

　ジェトロが 2023 年 11 月に発表した「海外進出日系企業実態調査（アジア・オセアニア編）」によると，2023 年の営業利益見込みを「黒字」と回答した在インド日系企業の割合は 70.9％であり，前年に引き続き 7 割を超えアジア・オセアニア地域の平均 62.4％を大きく上回った。加えて，今後 1〜2 年の事業展開を「拡大」と回答した在インド日系企業は 75.6％に達した。これは，アジア・オセアニア地域のみならず，全世界の主要国でトップの割合である（11-6図）。

　2023 年以降は，1 月に三菱電機がインド南部のチェンナイに 267 億円を投じてエアコン本体とコンプレッサーの工場を設立する計画を発表したり，2023年 12 月にはダイキンが同じくインド南部のスリシティにエアコンの新工場を稼働させたりと，大型の投資案件も目立っている。

　今後，日系製造業にとってはインド政府の掲げる製造業振興策をうまく活用する形で参入し，まずは巨大な内需に向けて現地生産を行いつつ，将来的には輸出も視野に入れるというケースが 1 つのモデルになると考えられる。さらにその先では，インドが目指すグローバル・サプライチェーンの一部を担うことも期待される。

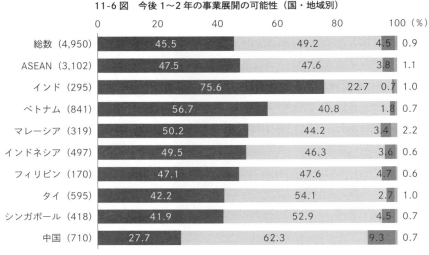

11-6図　今後1～2年の事業展開の可能性（国・地域別）

（注）国・地域の右の括弧内で記載する数値は回答企業の数を示す
（出所）ジェトロ「2023年度海外進出日系企業実態調査（アジア・オセアニア編）」

5．懸念されるリスクとチャンス

前出の日系企業実態調査で，インドの投資環境上のメリットを聞いたところ，「市場規模／成長性」と回答した企業が最も多く，94.3％に達した。2番目の「人件費の安さ」（58.7％）を大きく引き離した。こうした中で，インド政府の掲げるPLIをはじめとする製造業の振興策は，日本企業にとって現地生産を後押しするものといえる。これに伴い，国内での部材調達も必要となっている。同調査によれば，インドに進出している日系製造業の現地調達率は平均51％と決して低くはないが，例えば政府の注力する電気・電子機器とその部品では平均42％と全体平均よりも低くなっており，今後の伸びが期待できる。また同調査で今後1～2年の現地調達の方向性を「拡大」と答えた企業は55.2％に達し，アジア大洋州地域の他国と比較して，現地調達への意欲が最も高かった。まずは内需向けの生産が中心ではあるが，将来的にはグローバル・サプライチェーンへの参入により，生産がさらに拡大し，部材の需要を生み出すだろう。

他方，進出先のリスクについては，「税制・税務手続きの煩雑さ」が首位となり，「行政手続きの煩雑さ（許認可等）」が続いた。2022年度調査では首位だった「人件費の高騰」は3位となり，4位に初めて「従業員の離職率の高さ」が登場，5位には「現地政府の不透明な政策運営」が入った。初登場の離職率の高さは，インドにおける昇給率は年間平均10％程度のところ，転職の場合は25％前後の昇給が得られるというデータもあり，自身のキャリアアップと併せて収入増を狙うケースが増えていることの表れであろう。

ランキング1位，2位の税制や行政手続き関連等，5位の政策運営については，古くから継続的にリスクとして聞かれているものであるが，その内容は徐々に変化している。従前から，税関職員の判断によって適用される関税番号（HSコード）が自社の申告したコードと違い，より高額な関税を請求される，といった問題は変わらずある。一方で，最近の政策運営では輸出梱包に使われるプラスチックの透明シートが厚さによって規制対象とされたり，通称BISと呼ばれるインド標準規格認証の規制対象品目が拡大されたりといったことが，課題となっている。

インド標準規格（Bureau of Indian Standards：BISまたはIS）認証は，基本的には自主申請・認証付与のスキームであるが，「公益」「健康保全」「環境保全」「不公正貿易」「国家安全保障」の観点から，品目によりインド中央政府がBISへの準拠を強制的に義務付ける制度がある。この強制認証対象品目は，管轄省庁が発行する「品質管理令（Quality Control Order：QCO）」により指定され，2024年5月時点では約650品目が義務付けられており，約230品目が今後義務付けられる予定としてリストアップされている。特に製造業で問題となっているのが，インドで製品を製造するのに必要なネジやアルミニウム材などに規制が適用（その後，アルミニウム材は2024年12月まで適用延期）されたことである。ネジのような小さな部品にまで認証を取得したことを証明する「BISマーク」を付けることが求められるため，金型を変更する必要が生じるようなコストが発生している。インド政府はメーク・イン・インディア政策の浸透を目指す一方で，必要な部材の輸入に対してBISなどの規制が強まるという，進出日系企業から見れば相反する状況が起こっている。

246　第3部　サプライチェーンの変容

第3節　インドにおける3つのイシューへの対応

1. 経済安保の観点からみたインドの立ち位置

　日本とインドは，2006年に戦略的パートナーシップを樹立，2014年には当時の安倍首相とモディ首相の間で「特別戦略的パートナーシップ」を宣言するに至っているが，インドの外交政策は非同盟・中立を基本としている。ただし，「非同盟」の概念は時代を経て変遷を遂げており，現在では中国の影響を視野に入れ，米国との距離を縮めている。インドは日米豪印戦略対話（クアッド）に参加し，対中国の文脈の中で米国とも足並みを揃えているように見える。米国主導のインド太平洋経済枠組み（IPEF）にも参加しているが，参加14カ国のうちインドだけが貿易分野の交渉に参加していない。自国への利益を見極めての判断とみられる。

　インドと中国の関係については，2020年6月にヒマラヤ南麓のガルワン渓谷で発生したインド・中国両国軍の衝突において，公式発表では双方で24人の死者を出すという事態となった。インド政府は中国製品のボイコットを呼びかける一方，中国企業による投資案件を凍結するなどの措置に踏み切った。また，インド政府はこれに先立つ2020年4月，「国境を接する国からの海外直接投資（FDI）には，本来許可が不要である『自動承認ルート』であっても別途政府の審査を必要とする」という規制強化を発表していた。この規制が，約3,500kmにわたる国境線を持つ中国を念頭に置いていることは明らかであり，両国の対立は強まっていた。

　その後2022年に入ると，凍結していた中国からの対印直接投資案件が徐々に再開され，中国からの投資や輸入品がインドにとってもはや必要不可欠であることをインド政府としても認識したといわれている[4]。しかし，前述したBIS強制認証制度においては，特に低価格帯の物品が対象となっており，その多くは中国産のものであるため，中国に対して厳しい制度という見方もされている。また，インド政府は中国人へのビザ発給審査を厳格化しているとの指摘もある。世界中で急速にシェアを拡大している中国EV大手BYDのEVが，インド市場においてはシェアわずか3%弱（2023年）で低迷している。こうし

第 11 章　インド　247

た現状も，中国に対する制限的な各種措置が影響していると考えられる。

　世界市場で競争力を高める中国企業が，インド市場においては，プレゼンスが低いという点は，日系企業の進出先として，メリットといえるであろう。EV に限らず，政府が PLI の中でも特に多くの補助金を準備している携帯電話やタブレットといった電子機器・部品の分野でも，中国への依存を低減させるためのチャイナ・プラスワンの展開先として，インドは魅力的に映る。インド政府も 2024 年 1 月にバッテリーカバー，カメラレンズなどのスマートフォンで使用される部品の関税率を 15％から 10％に引き下げており，インドをスマートフォン製造のハブとしたい思惑がうかがえる。

　巨大な国内市場，インド政府の製造業振興策，市場での中国企業のプレゼンスの低さなどが組み合わさることで，各国から見てインドはチャイナ・プラスワンの進出先として魅力的であり，インドは米中対立の構図から総じてプラスの影響を受けているといえよう。

2．サプライチェーンにおける人権問題

　前出の日系企業実態調査によると，事業活動において人権デューデリジェンス（DD）を実施しているかという問いに対して，「実施している」と回答したインド進出日系企業は 23.0％に留まり，「実施していないが実施に向けて準備中」「実施を検討するため情報収集を行っている」と回答した企業が合わせて 43.4％であった。残り 33.6％は，現段階では「実施も情報収集も行っていない」という回答で，インド進出日系企業においては，サプライチェーンにおける人権 DD に本格的に取り組んでいる企業は限られていることが改めて分かった。

　他方，インドにおいて人権問題に触れる際には，「カースト制度」の存在が意識される。法的には，1950 年に施行されたインド共和国憲法により宗教，人種，カースト，性別，出生地による差別の禁止などが定められており，さらに 1989 年に制定され 2015 年に改訂された「指定カーストおよび指定トライブ（残虐行為防止）法」などにより，指定カーストや部族に対する差別や抑圧が禁止された。しかし，古くからの社会通念として人々の心の中にカースト間のヒエラルキー意識は残っており，カースト間の経済格差も存在している[5]。イ

248　第3部　サプライチェーンの変容

ンドにおいてサプライチェーン上の人権DDを実施していく上では，このような社会背景も理解しておく必要があると考えられる。

3．脱炭素・グリーンに関する取り組み

　2021年10～11月にかけて，英国グラスゴーで開催された第26回気候変動枠組条約締約国会議（COP26）において，モディ首相は「2070年までのカーボンニュートラル達成」を宣言した。併せて再生可能エネルギーへの移行，EVへの移行についても諸政策を発表し，デリー首都圏の製造事業者に対して，バックアップ電源用自家発電機のディーゼル発電機からガス発電機への切り替えを促進した。

　しかし，インドにおける電力供給は石炭火力発電に依存しているのが現状で，2022年度のインドの発電量において石炭火力の占める割合は73.1％に達する6。さらに，2023年11月にはラージ・クマール・シン電力・新再生可能エネルギー相が「2031-32年までに，80ギガワット（GW）の発電を行う石炭火力発電所を新規建設する」と発言している。こうした背景から，COP26でモディ首相がカーボンニュートラル（CN）達成を宣言したものの，今後も火力発電からの脱却は難しいと考えられ，その実現性については懐疑的な見方が多く出ているのが実情である。なお，太陽光発電を中心した再生可能エネルギーの割合は発電量全体の11.8％にとどまっている。

　インドにおけるEV市場に目を向けると，四輪車よりも，二輪車・三輪車の存在が目立つ。インドにおける2023年度の年間四輪車（商用車含む）の国内販売数は518万6,624台であったが，このうち，EV四輪車（商用車含む）の登録台数は9万9,282台と2％弱に過ぎなかった。インド国内の電力供給状況，充電設備の設置状況などから，にわかに普及しているとは言い難く，近距離の走行に向いている二輪車・三輪車が主力となっている状況である。政府は，EV振興のため，前述したPLIの中でEVや燃料電池車（FDV）の完成車，先端化学電池を補助対象分野とするなどの支援策も打ち出しているが，世界的に販売を伸ばしている中国のBYDがインド政府の投資に関する規制に直面して苦戦するなど，海外EVメーカーはインド国内での生産には至っていない。メーカー別では，インド地場のタタが7割のシェアを持つ（11-2表）。

第 11 章　インド　249

11-2 表　2023 年度の四輪車（商用車含む）のメーカー別 EV 新規登録台数

メーカー	台数（台）	割合（%）
タタ	69,580	70.1
MG モーター	11,555	11.6
マヒンドラ＆マヒンドラ	6,595	6.6
PCA	2,032	2.0
BYD	1,931	1.9
現代	1,835	1.8
BMW	1,423	1.4
ボルボ	599	0.6
メルセデス・ベンツ	563	0.6
JBM・オート	530	0.5
オレクトラ・グリーンテック	437	0.4
起亜	430	0.4
PMI・エレクトロ・モビリティー	382	0.4
その他	1,390	1.4
合計	99,282	100.0

（資料）インド道路交通・高速道路省ほかより作成

　なお，2023 年度の二輪車・三輪車の国内販売台数は 1,866 万 6,114 台のところ，EV 二輪車・三輪車の登録台数は 157 万 7,063 台と，8%強に達している。インド政府は，新車登録に占める EV の比率を 2030 年段階で乗用車の 30%，商用車の 70%，二輪車・三輪車の 80%とする目標を掲げている。

　また，EU が新たに導入する炭素国境調整メカニズム（CBAM）は，インドの一部産業にも影響が及ぶ見通しだ。インドの研究機関，グローバル貿易研究イニシアチブ（GTRI）によると，CBAM の対象品目である鉄鉱石，鉄製品，鉄・鉄鋼，アルミニウムおよびその製品の全輸出額のうち EU 向けが約 27%の 82 億ドル（2022 年）を占める。地場信用格付け企業 ICRA は 2023 年 6 月の発表で，インド国内の主要製鉄企業による粗鋼生産時の平均二酸化炭素（CO_2）排出量が国際平均より 12%程度高いことに触れ，CBAM の移行期間（2023 年 10 月 1 日〜2025 年 12 月 31 日）終了後は CBAM 証書の購入義務化に伴い，インド製鉄企業は利益減少や EU 市場でのシェア低下に直面しかねないと指摘している。

　関連分野の在インド企業は現在，CBAM に向けた対策を進めている。CBAM の移行期間開始を機に，EU から派遣された監査機関が CO_2 の排出状

況を確認するために，国内の製鉄所に訪れ始めたと報じられている。法律事務所から助言を得ながら今後の EU 向け輸出契約の内容を見直す企業や，EU 向け輸出を念頭に置いた低炭素排出型の製鉄所の新設計画に言及する企業の動きも報じられている[7]。ただし，中小企業にとっては CBAM 対応にかかるコスト負担が大きい点や，中小規模の商社が情報開示においてどこまでメーカーからの理解を実際に得られるか，などが課題とみられている。

第4節　今後の展望

2023 年，インドは G20 の議長国であった。同年 9 月 9～10 日にかけて「One Earth, One Family, One Future」のテーマの下，ニューデリー・サミットが開催され，議論の総括として G20 ニューデリー首脳宣言が採択されたのは，記憶に新しいところであろう。インドはこれに先立つ 8 月 23 日に無人月面探査機「チャンドラヤーン 3 号」の月面着陸を成功させ，また 9 月 2 日にはインド初となる太陽観測衛星「アディティヤ L1」の打ち上げにも成功するなど，G20 に向けて着実に国力をアピールすることに成功した。「グローバルサウスのリーダー」を自認するインドが，何を目指すのか。

大方針として，「メーク・イン・インディア」に沿った国内製造業の振興を通じた雇用の確保，輸出の増加，貿易赤字の縮小を目指しているのは前述の通りである。2023 年，インドは中国を抜き人口世界一の国になったと推計されている。国内市場の拡大は疑いようが無く，日本のみならず世界のグローバル企業から成長市場として，大いに注目されている。「メーク・イン・インディア」を実現する好ポジションにインドはいる。既にインドでの生産委託を行っているアップルのようなスマートフォンメーカー，インド政府として誘致を試みているテスラのような EV メーカー，日本からも 2024 年 2 月に工場設立計画がインド政府によって承認されたルネサスエレクトロニクスなどの半導体メーカーの進出が望まれている。

2024 年 6 月の選挙結果を受け，前回選挙から多少求心力は低下したといわれながらもモディ政権は 3 期目に入ることとなった。モディ首相の出身地であ

り，インドの工業化に向けた先駆的な役割を期待されているグジャラート州については，半導体産業を中心に，中央政府の肝煎りの政策が展開されるだろう。

IMF によれば，インドは 2028 年に日本，ドイツを抜いて GDP 世界 3 位になると予測されている。ただし，日系企業をはじめとした外国企業がインドでビジネスをする上では，課題やリスクは依然として数多く存在する。今後，インドが世界の主要な製造・輸出拠点として成長するためには，安定した電力供給や物流を支える道路・港湾といったインフラなどのハード面，効率的な通関やビジネス関連手続きなどのソフト面で，環境整備が不可欠となろう。とりわけ BIS による規格規制は製造拠点としてのインドの競争力を阻害する懸念がある。同時に，半導体関連分野をはじめグローバル企業による新規投資が活発化しているのも事実であり，大きく変わり行く国際環境の中で，新たな視点でインドを見ていくことが求められているといえよう。

（河野将史）

注
1 インドの会計年度は，4 月〜翌年 3 月。
2 年間所得 5,000 ドル以上と定義。
3 年間所得 5,000 ドル未満と定義。
4 ジェトロ編（2022），40-41 ページ。
5 ジェトロ編（2022），172-173 ページ。
6 「ロイター」による報道。
7 「ビジネスライン」紙，「ミント」紙などによる現地報道。

参考文献
ジェトロ編（2022），『徹底解説！これからのインドビジネス〜政治・経済・社会・ビジネス環境〜』ジェトロ。
古屋礼子（2023），「グローバル・サプライチェーンに加わるインド（1・2）」『地域・分析レポート』ジェトロ。

第12章

E U

はじめに

欧州連合（EU）は，1952 年に発足した欧州石炭鉄鋼共同体（ECSC）を母体に，欧州経済共同体（EEC），欧州経済共同体（EC）へと統合・深化し，1993 年に欧州連合条約（通称マーストリヒト条約）が発効したことで，現在の EU が誕生した。その後，EU 加盟国は拡大を重ね，2020 年 1 月末に英国が離脱。現在 27 加盟国となった。単一通貨ユーロは現在 20 加盟国が導入している。EU の拡大に関しては，アルバニア，ボスニアヘルツェゴビナ，ジョージア，モルドバ，モンテネグロ，北マケドニア，セルビア，トルコ，ウクライナの 9 カ国が加盟候補国として認定され，コソボが潜在的加盟候補国[1] となっている。

政治・経済同盟として発展を遂げてきた EU の特徴としては，単一市場が挙げられる。EU 域内は，人・モノ・資本・サービスの移動の自由が単一市場として確保されている。ユーロスタット（EU 統計局）によると，2023 年 1 月時点の EU27 加盟国の人口は約 4 億 4,900 万人で，2023 年の 1 人当たり名目 GDP は 3 万 7,610 ユーロに上る。2023 年の EU の実質 GDP 成長率は 0.5％と低調だったものの，欧州委員会春季経済予測[2] は，2024 年の GDP 成長率を 1.0％，2025 年を 1.6％と予測する。EU 経済は，2022 年第 4 四半期から停滞が続いていたが，2024 年第 1 四半期にはほとんどの加盟国で予測を上回る成長を示した。個人消費の拡大と，インフレ率の継続した低下によって，緩やかな経済成長を見込んでいる。

第12章　EU　253

　EUの経済構造については，ユーロスタットによると，2022年のEUの企業数は3,200万社，雇用者数は1億6,000万人で総売上高は38兆ユーロに上る。総売上高の内，35%（13兆5,000億ユーロ）を鉱工業，30%をサービス，29%を貿易，6%を建設業が占める。鉱工業生産販売額でみると2022年にEUで6兆1,790億ユーロと前年から19%増と伸び，新型コロナ禍によって鉱工業生産が大きく落ち込んだ2020年以降，堅調に回復している。EUの鉱工業生産販売額を加盟国別でみると，ドイツが最大の26%を占める。これに，イタリア，フランス，スペイン，ポーランド，オランダが続き，6カ国で74%を占める。製品別では，一次金属・金属製品（18%），食品・飲料・タバコ（17%），輸送用機器（13%），機械・部品（9%），化学品（9%），ゴム・プラスチック（8%）の順で割合が高かった（12-1図）。

　EUの製造業を牽引しているのはドイツといえるが，近年，安定的な経済成長を遂げている中・東欧諸国においても自動車産業を中心に製造業が盛んである。例えば，スロバキアでは，2022年の国内の鉱工業生産販売額の40%を輸送用機器が占める。また，輸送用機器は，チェコで同27%，ハンガリー，ルーマニアでそれぞれ26%と高い割合となっている。欧州の中で人件費や物価が安価な中・東欧諸国には，ドイツをはじめとする欧州や海外の自動車メーカー

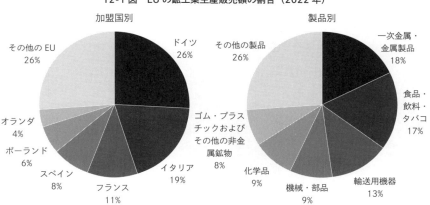

12-1図　EUの鉱工業生産販売額の割合（2022年）

（注）キプロス，ルクセンブルク，マルタを除く
（資料）ユーロスタット，Industrial production statistics

254 第3部 サプライチェーンの変容

やそのサプライヤーが拠点を設置してきた。

また，EU の貿易額全体のうち，加盟国間の域内貿易が約6割を占めていることからも，EU の企業にとって，単一市場の特徴を活かした域内の取引やサプライチェーンが重要な役割を占めていることは明らかである。

EU の執行機関である欧州委員会の現体制は，ドイツ出身のウルズラ・フォン・デア・ライエン氏を委員長として，2019年12月に発足した。フォン・デア・ライエン委員長は2019年12月，気候変動対策とともに経済成長を目指す「欧州グリーン・ディール」をはじめ，デジタル化の推進などを優先政策として掲げ，さまざまな関連政策を打ち出してきた。

本章では，まず新型コロナ禍やロシアによるウクライナ侵攻を受けた最近の EU の動きやビジネス環境の特徴を整理する。その上で，欧州委員会の 2019 年以降のフォン・デア・ライエン体制が積極的に進めてきた EU の経済安全保障，人権，グリーン分野の政策と関連規制についてそれぞれ概観する。なお，別途記載がない場合，本章は，2024年5月末時点の情報に基づく。

第1節　EU のチャンスとリスク

1．グリーン化，デジタル化に向けた投資促進

EU は，世界最大級の域内単一市場のさらなる統合と発展のため，障壁の撤廃や加盟国間の規制調和を進め，域内の公正な競争環境を維持しながら，EU 全体での競争力強化を目指している。ここ数年では，新型コロナ禍とロシアによるウクライナ侵攻を発端とした欧州のエネルギー危機など，EU 経済は大きな打撃を受けてきたが，EU は気候変動対策とともに経済成長を目指す「欧州グリーン・ディール」を最優先政策として掲げ，域内の投資拡大および改革を進めるため，さまざまな政策を実施している。

EU は新型コロナ禍からの経済回復を支援するための臨時予算として，「次世代の EU」と呼ばれる復興基金を編成。復興基金のうち，約9割弱は「復興レジリエンス・ファシリティー（Recovery and Resilience Facility：RRF）」が占め，総額 6,480 億ユーロ（内，補助金 3,570 億ユーロ，融資 2,910 億ユー

ロ，2022 年価格）に上る。RRF の財源は，欧州委員会が EU 名義の債券を発行し，市場から資金を調達することで主に賄い，2021 年から EU 加盟国への支払いを開始している。RRF を活用するために，各加盟国は復興レジリエンス計画（以下，復興計画）を策定し，欧州委員会に提出。復興計画は，欧州委員会が審査し，EU 理事会（閣僚理事会）で承認されることで，RRF からの財政拠出が可能となる。復興計画では，6 つの政策分野（12-1 表）に沿った 2020 年 2 月〜2026 年 12 月末までに実施する投資計画の策定を加盟国に求めた。

　特に優先度が高い，気候変動対策（グリーン化）とデジタル化に資する政策を推進するため，それぞれ，予算の 37％以上と 20％以上を最低でも充てることを条件とした。全加盟国が提出した復興計画に基づくと，EU 全体で，気候変動対策に約 42％，デジタル化に約 26％が割り当てられる。RRF の配分（金額ベース）が最も多い加盟国はイタリアで，補助金が約 710 億ユーロ，融資が 1,226 億ユーロ，2023 年の対 GDP 比で 9.32％の金額に上る。次いでスペインで，補助金が約 799 億ユーロ，融資が約 832 億ユーロ，同対 GDP 比で 11.15％となっている。加盟国への RRF からの支払いは，復興計画のマイルストーンの達成状況に応じて，加盟国が欧州委員会に対して申請を行い，欧州委員会による審査と EU 理事会の承認を持って，拠出される。現時点で，加盟

12-1 表　復興基金の 6 つの政策分野

政策分野	主な目的
気候変動対策（グリーン化）	「欧州グリーン・ディール」に沿った，2050 年気候中立（温室効果ガスの実質排出ゼロ）目標の達成に貢献する改革・投資。
デジタル化	域内のデジタル技術，インフラ等への投資。公的サービスや中小企業の事業のデジタル化。高度なデジタルスキルの促進。
スマート，持続可能で包括的な成長	経済的結束，雇用，生産性，競争力，研究開発とイノベーションの促進，中小企業支援。
社会・地域の結束	社会や地域のインフラ・サービスの改善，社会福祉制度の改革，雇用支援等。
保健と経済，社会の制度的レジリエンス（回復力）	危機管理体制，危機対応キャパシティーの強化等。
次世代のための政策	子どもや若者の教育やスキル形成。

（資料）欧州委員会「Recovery and Resilience Scoreboard」から作成

256　第3部　サプライチェーンの変容

国によって進捗は異なるが，既に複数回の財政拠出が行われている加盟国が多い。復興基金を活用した，グリーン化やデジタル化に向けたさまざまな投資プロジェクトや規制改革が各加盟国で進行している状況だ。

　また，ロシアによるウクライナ侵攻を機に，EU では天然ガスを中心としたロシア産化石燃料からの脱却を図るため，再生可能エネルギーの生産拡大の需要が急速に高まった。欧州は，新型コロナ禍が続く 2021 年夏以降に天然ガス価格が高騰し，それに連動する電力価格も高騰。2022 年には，EU の天然ガスの最大の供給元であるロシアによるウクライナ侵攻の影響で，天然ガスの供給不足に直面した。この「欧州エネルギー危機」に対して，欧州委員会は 2022 年 3 月，ロシア産化石燃料依存からの脱却計画の概要を発表し，同年 5 月に，それを具体化した政策文書「リパワー EU」を発表した。「欧州グリーン・ディール」に基づき推進してきたエネルギー政策に，安全保障の観点を反映させ，(1) エネルギーの効率化による省エネの推進，(2) エネルギー供給の多角化，(3) 再生可能エネルギーへの移行の促進を柱に，ロシア産化石燃料からの早期脱却に向け，2027 年までに実施すべき政策や措置を示した。「リパワー EU」の実現に向けた投資の財源は，EU と加盟国からの財政拠出および，民間からの投資を呼び込むことで確保し，EU からの拠出分は主に RRF を充てている。

　特に再生可能エネルギーへの移行に関しては，EU は太陽光発電と，再生可能エネルギー由来のグリーン水素を最も重視している。太陽光発電設備の設置拡大と域内の太陽光発電バリューチェーンの強化，グリーン水素の域内生産能力の拡大と水素製造に必要な電解槽の域内生産強化などを進めている。この他，バイオメタンの生産拡大計画やヒートポンプの設置拡大なども推進している。域外からの投資も呼び込み，域外国政府や企業との連携や協業を推進する姿勢を取っている。

2．ルールメイカーとしての EU，進出日系企業の課題

　EU は単一市場の統合を進め，域内の公平な競争環境を維持するために，さまざまな規制や共通基準を設けている。これらの規制や基準は，域内の企業や市民に影響を及ぼすだけでなく，国際的なスタンダードとして波及する場

合がある。EU の規制が，世界のルールメイキングに影響を及ぼすことは「ブリュッセル効果」[3] と呼ばれ，典型例としては EU の個人情報保護法にあたる一般データ保護規則（GDPR）が挙げられる。最近では，EU の最優先政策の1つである「欧州グリーン・ディール」に基づく，脱炭素化や持続可能性に関連した新たな法規制や，「欧州デジタル化」に沿った大手オンラインプラットフォームなどを対象にしたデジタル分野の規制強化が進む。EU とビジネスを行うに当たって，域外企業も EU の法規制に対応する必要性がある。

　欧州に進出する日系企業の状況をみると，現在 6,541 社（日本人で海外が興した企業を含む）が EU に拠点を設けている[4]。このうち，ドイツが最も多い1,918 社で，英国（955 社），フランス（794 社），オランダ（692 社）が続く。産業別では，自動車や機械分野中心に製造業が最も多く，卸売・小売業が次に多い[5]。最近では，製造業を中心に，ポーランド（354 社），チェコ（272 社），ハンガリー（182 社）など中・東欧における日系企業の拠点が増えている。また，財務省・日本銀行「国際収支統計」によると，日本から EU への直接投資額（フロー）は 2023 年に 3 兆 9,866 億円であった。このうち，製造業は 1 兆9,232 億円で，食料品，化学・医薬品，ゴム・皮革などの業種による投資額が大きい。

　欧州進出日系企業のビジネス上のリスクについて，ジェトロの 2023 年度「海外進出日系企業実態調査（欧州編）」によると，欧州における経営上の課題について問う設問（複数回答）では，「ウクライナ情勢」（55.4％）が最も多く，「人材の確保」（55.0％），「インフレ」（53.4％）が上位 3 つの課題として挙げられた。中・東欧の進出日系企業のみを対象にした場合では「労働コスト上昇率の高さ」（75.4％）が最も大きな課題となっており，人材不足だけでなく，人件費の増加が最も顕著な課題となっている。ビジネスチャンスとして注目する脱炭素化関連の技術については，「バッテリー・蓄電技術」が全業種で47.0％と首位で，「太陽光・熱発電」が 34.6％，「水素製造用の電解槽・燃料電池」が 30.5％と続いた。日系企業も EU のグリーン化と再生可能エネルギーの利用拡大を商機と捉えている。

　さらに，進出日系企業が注目する EU の政策・規制としては，環境・サステナビリティ関連規制が上位を占めた。中でも，2023 年 10 月に移行期間が始

まった「炭素国境調整メカニズム（CBAM）」は，全業種で33.9％と最も高い回答割合だった。続いて，2024会計年度からの適用が始まる「企業持続可能性報告指令（CSRD，非財務情報開示指令の改正）」が27.0％，「自動車 CO_2 排出削減目標」が26.8％を占めた。サプライチェーンにおける人権に関しても，約9割の企業が重要な経営課題と認識していると回答。欧州各国で法整備が進んでいる状況を反映した結果といえる。

第2節　EUの経済安保関連政策の実施状況と影響

1．EUの「戦略的自律」強化の動き

　EU経済は，新型コロナ禍とロシアによるウクライナ侵攻を受けて，エネルギー危機，物価高騰，原材料や部品の供給不足によるサプライチェーンリスクなどの課題に直面した。これらは，EU経済の脆弱性や特定の地域・国からの供給依存を露呈した。同時に，デジタル技術の発展や，地政学上のリスクの変化にも対応すべく，経済安全保障上のリスク管理の必要性が急速に高まっている。

　米中対立が激しくなってきた中，EUにおいても中国の影響を懸念する声が増えてきた。欧州委員会は，新型コロナ禍以降，顕著になった半導体，太陽光パネルなどの域外国への供給依存や，中国政府を念頭に，EU域内への外国補助金（域外国政府による資金的貢献）による市場歪曲的な効果や，域外国による加盟国への「経済的威圧」とみられる動きを問題視。EUの単一市場における公正な競争環境を維持しつつ，サプライチェーンの強靭化と重要な技術などの域外国への過度な依存を解消するため，「戦略的自律」を強化する姿勢を鮮明にしている。

　欧州委員会は2021年5月に，域内市場への歪曲的効果をもたらす外国補助金に対処する規則案を発表。同規則案は2022年6月30日に欧州議会とEU理事会で暫定合意に達し，2023年7月12日から適用が開始された。EUでは，国家補助ルールの下，加盟国政府による企業への補助金を原則禁止している。域内企業と域外国政府の補助金を受けた企業との公平な競争環境を確保する

ため，同規則は，域外国政府の補助金を受けた企業の EU 域内での活動について，欧州委員会による審査の枠組みを規定する。大規模な合併や公共調達手続きに関し，企業に事前通知を義務づけ，欧州委員会が審査を実施する仕組みとなっている。欧州委員会は，事前通知の対象外の場合でも職権による調査権限があり，事前通知の審査または調査の結果，域内市場への歪曲的効果を確認した場合，是正措置を命じることができる。

　欧州委員会は同規則に基づき，2024 年 2 月にブルガリアの電気鉄道車両の公共調達への中国国営企業による入札について調査を実施（その後，同企業は入札を撤回）したほか，同年 4 月にルーマニアにおける太陽光パネルの公共調達への中国企業の入札について調査を開始している。また，2023 年 10 月には，域外国からの補助金を受けた輸入品に対する保護に関する規則に基づき，相殺関税の賦課を視野に入れた，中国製電気自動車（EV）に対する補助金調査を開始し，2024 年 6 月，暫定調査結果を公表。中国製 EV は不当な補助金の恩恵を受けており，EU 域内の生産者に経済的打撃を与える可能性が高いとし，同年 7 月 5 日から 17.4〜37.6％ の追加関税の暫定適用を開始した。欧州委員会は中国政府との協議を継続し，最終的な措置を 4 カ月以内に決定する予定である。

　また，域外国による EU に対する「経済的威圧」への対抗措置を可能にする反威圧手段規則が 2023 年 12 月 27 日から施行した。同規則は，欧州委員会が 2021 年 12 月に法案を発表したもの。同規則では，「経済的威圧」を，域外国が，(1) EU や加盟国の特定行為を中止・変更させること，(2) EU や加盟国に特定行為をさせるために貿易・投資上の制限を実施すること，(3) 前述の(1) や (2) を実施すると脅すことと定義。欧州委員会による調査を踏まえ，EU 理事会が経済的威圧を認定し，域外国との協議による解決が難しいと判断した場合，欧州委員会が対抗措置の内容を決定し，実施する。経済的威圧の認定において EU 理事会の全会一致ではなく，特定多数決によることとし，迅速で実効性のある対抗措置が取れる仕組みとなっている。対抗措置の方法としては，新たな関税賦課，関税の引き上げ，輸出入制限，公共調達からの排除，域内への直接投資制限，EU の資本市場へのアクセス制限などを規定している。

　欧州委員会が 2022 年 2 月に打ち出した，EU 域内での半導体製造の拡大を

促進するための欧州半導体法（2023年9月21日施行）もEUの「戦略的自律」を強化するための重要な施策として捉えられている。欧州半導体法は，EU域内における半導体の研究開発から生産までのエコシステムを強化するための枠組みを規定する規則である。EUは，特に台湾と韓国からの輸入依存度が高い半導体について，域内生産を拡大させ，次世代半導体の世界シェアを2030年までに20%にすることを目標に掲げている。この目標の達成に向けて，EU域内に半導体の生産拠点を誘致するため，EUと加盟国による半導体関連企業への公的支援を可能とし，生産施設の建設にかかる許認可を迅速化させる。従来，EUの国家補助規制によって原則禁止されている加盟国による企業への国家補助を，半導体法が規定する「域内で他に例をみない（First-of-a-kind）」先端半導体生産施設を対象に承認し，公的支援を可能にした。これにより，域外国による補助金政策への対抗も図る。

　半導体法の施行を待たずして既に，ドイツやフランスなどでは半導体分野への投資が拡大している。ドイツ政府は，2023年6月に米国大手インテルによるドイツ東部ザクセンアンハルト州マクデブルクの半導体工場の建設に99億ユーロ，2023年5月にはドイツ大手インフィニオン・テクノロジーズのドイツ東部ザクセン州ドレスデンの半導体工場に10億ユーロの補助金を提供することを決定している。フランス政府は，2023年6月に，スイス大手STマイクロエレクトロニクスと米国大手グローバルファウンドリーズによるグルノーブル市近郊のクロール市での半導体工場に最大29億ユーロを補助するとした。同じく，半導体法の一環として，欧州委員会は2023年6月に，14の加盟国で共同実施する，半導体を含むマイクロエレクトロニクス分野に関するプロジェクト群（IPCEI ME/CT）を，「欧州共通利益に適合する重要プロジェクト（IPCEI）」として承認。IPCEIは，複数の加盟国が実施しEUにとって重要性の高い事業について，国家補助を例外的に認める特例措置。14カ国合計で最大81億ユーロの補助金を提供し，民間からも合計137億ユーロの投資が行われる計画である。

2．EUの経済安全保障戦略と政策パッケージの概要

　EUは対中政策に関して，「デリスキング」を進める方針を明確にしている。

フォン・デア・ライエン委員長は，2023年3月30日に対中政策に関する演説の中で，中国との関係は複雑かつ重要であり，完全に関係を切るデカップリングは現実的ではなく，リスクを軽減する「デリスキング」に注力すべきとした。また，2023年6月29～30日の欧州理事会（EU首脳会議）でも，対中政策や経済安全保障に関する総括を採択しており，その中で，中国はEUのパートナーであると同時に，競争相手と位置づけることを再確認。気候変動など世界的な課題では協調を図りつつ，経済面では公平な競争環境の確保と互恵的な関係を目指すとし，重要技術分野における中国依存を軽減することとし，デカップリングではなくデリスキングに取り組むことで一致している。

欧州委員会は2023年6月，外務・安全保障上級政策上級代表と共同で「経済安全保障戦略」を発表。EUで初めて，経済安全保障について取り上げた政策文書で，EUの経済安全保障を確保するための共通枠組みを示し，(1) EU経済の単一市場としての競争力の促進，(2) リスクに対する保護，(3) 信頼できるパートナー国との連携を3本柱として掲げた。

同戦略では，(1) エネルギーを含む，サプライチェーンの強靭性に対するリスク，(2) サイバー攻撃を含む，重要インフラに対するリスク，(3) 技術流出に対するリスク，(4) 経済的依存・威圧に対するリスク，の4分野におけるリスク評価の実施を提案。欧州委員会と加盟国と共同でリスクの特定と評価を実施した上で，外国投資や輸出制限などの対策を講じる方針を示した。

同戦略について欧州委員会は，特定の国を対象にせず，また，保護主義ではなく，WTOなどの多国間主義を引き続き推進するとした。一方，同戦略はEUの「戦略的自律」を強化する方針を具体化するもので，直接言及はしていないものの，中国とのデリスキングを加速させる方針を反映している。

欧州委員会は2024年1月24日，経済安全保障戦略に沿って，EUの経済安全保障を実現するための関連法の改正案などを盛り込んだ政策パッケージを発表。経済安全保障リスクの緩和に向けて，投資・輸出に関する3つのイニシアチブと研究開発に関する2つのイニシアチブを提案した（12-2表）。経済安全保障を強化しつつ，EUの貿易，投資，研究開発の開放性を維持する狙いがある。

同政策パッケージで示された5つのイニシアチブの内，法案は2つのみで，

262　第3部　サプライチェーンの変容

12-2表　「経済安全保障政策パッケージ」で提案されたイニシアチブ

分野	イニシアチブ	主な内容
投資・輸出	対内直接投資審査規則の改正案	域内の安全保障の観点から，各加盟国のEU域外企業に対する投資審査（スクリーニング）制度の共通枠組みを強化する。
	軍民両用物品の輸出規制に関する白書	加盟国による軍民両用物品の輸出規制について，EUレベルでの調整強化を検討するための協議を促進する。
	対外投資規制に関する白書	域内企業による域外国への投資を審査する対外投資スクリーニング制度の要否やその在り方を検討する。
研究開発	軍民両用物品の研究開発支援に関する白書	現行のEUの研究開発支援プログラムは，民生用に限定されているところ，軍事用への転用可能性のある技術に対する支援強化の必要性と，EU支援プログラムの在り方を検討する。
	域内の研究開発のセキュリティー強化に関する理事会勧告案	域外国との国際研究・協力によって，安全保障上，重要な技術の域外への流出や域外国による軍事利用が懸念されるなか，加盟国や域内の研究機関に向けたEUレベルの指針を示す。

（資料）欧州委員会，経済安全保障政策パッケージ（2024年1月）より作成

　その他は「白書」という形をとっている。投資や輸出管理の分野については，加盟国の権限領域であることから，同政策パッケージをベースに，議論が進められることになる。加盟国によって，投資規制や輸出管理の強化に対する姿勢の違いもあるとみられ，加盟国間で協調し，EUの経済安全保障強化に向けた法規制の整備には，まだ時間が掛かることが予測される。

第3節　EUの「ビジネスと人権」関連政策の実施状況と影響

1．EUで進む「ビジネスと人権」関連法の整備

　欧州委員会は2011年に政策文書「企業の社会的責任に関する新戦略（A Renewed EU Strategy 2011-14 for CSR）」を公表。その中で，「ビジネスと人権に関する国連指導原則」を実行するため，各加盟国で国別行動計画（NAP：National Action Plan）を策定するよう促した。その後，2018年には「サステナブルファイナンス行動計画」において，デューディリジェンス義務化に向けたEUレベルでの検討が開始された。

　欧州各国では先行して立法化が進められ，例えば，英国の「2015年現代奴

隷法」（2015 年 3 月施行），フランスの「親会社および経営を統括する企業の監視義務に関する法律（注意義務法）」（2017 年 3 月施行），ドイツの「サプライチェーンにおける企業のデューディリジェンス義務に関する法律」（2021 年 7 月施行）などがある。欧州各国の関連法の多くは，企業活動による人権への悪影響だけでなく，環境面も要素として含まれている点が特徴となっている。対象企業は自社の活動のみならず，企業のグローバルサプライチェーン上の各段階においてデューディリジェンスを実施することが求められる。

　欧州委員会は 2020 年 2 月に「サプライチェーンを通じたデューディリジェンス要求に関する調査報告書」を発表。加盟国間での人権デューディリジェンス関連法の制度のばらつきを解消し，EU レベルで調和のとれた法律を策定すべく，2022 年 2 月に企業持続可能性デューディリジェンス指令案（CSDDD：Corporate Sustainability Due Diligence Directive）を提案した。その後，EU 理事会と欧州議会の審議が難航するなど紆余曲折の結果，2024 年 5 月 24 日に EU 理事会により正式に採択され，同年の夏に施行される見込みである（後述）。

　さらに，欧州委員会は 2022 年 9 月に強制労働により生産された製品の EU 域内流通と域外への輸出を禁止する規則案を発表し，2024 年 3 月に同規則案は EU 理事会と欧州議会が政治合意に達している。

　このほか，企業の年次報告書で環境，人権，ガバナンスなどに関する情報開示を求める，非財務情報開示指令（NFRD：Non-financial Reporting Directive）を改正した，企業持続可能性報告指令（CSRD：Corporate Sustainability Reporting Directive）が 2023 年 1 月に施行し，2024 年会計年度から段階的に適用される。旧指令では，対象企業について，従業員 500 人超の上場企業となっていたが，CSRD により非上場企業も含むすべての大企業（従業員 250 人超等）と，一部例外を除き中小企業を含むすべての上場企業へと拡大された。CSRD は，EU 域外企業も対象となるため，対象となる日本企業が増えるとみられ，対応に向けた準備が必要となる。

2．企業持続可能性デューディリジェンス指令（CSDDD）の施行による影響

　企業持続可能性デューディリジェンス指令（CSDDD）は，欧州委員会が

2022 年 2 月に発表し，2024 年 4 月に欧州議会，同年 5 月に EU 理事会によって最終案が正式採択された。同指令は，企業活動による人権，環境への悪影響に対する予防・是正を特定の事業者に義務づける内容となっており，2024 年夏頃に施行される。施行から 2 年以内に各加盟国で国内法制化された後，適用される。

　同指令を巡っては，2023 年 12 月に EU 理事会と欧州議会で暫定的な政治合意に至っていたものの，産業界からの根強い反発も受けて，EU 理事会での最終採択を前にドイツなどをはじめとする一部の加盟国が反対または棄権を表明。フランスが義務の対象となる企業の範囲を大幅に減らすことを提案し，2024 年 3 月に，当時 EU 理事会の議長国だったベルギーが指令案の内容を修正した妥協案をとりまとめ，承認を取り付けた。その後，同指令案の最終案が欧州議会で同年 4 月 24 日に，EU 理事会で同年 5 月 24 日に正式に採択されたことで，成立。政治合意後に条文に修正が加わるという異例の経緯があった。

　同指令に基づく義務の対象となるのは，EU 域内で設立された企業の場合，(1) 全世界での年間純売上高が 4 億 5,000 万ユーロ超，かつ (2) 平均従業員数が 1,000 人超の企業。EU 域外で設立された企業の場合は，EU 域内での年間純売上高が 4 億 5,000 万ユーロ超の企業である。政治合意案では，年間純売上高を 1 億 5,000 万ユーロ超，従業員数を 500 人超の企業としていたことから，当初の法案と比べて対象となる企業数は約 3 分の 1 に減ることになった。

　同指令は，上記を満たす EU 企業と，EU 域内で同じ売上高基準を満たす域外企業に対し，大規模企業から段階的に適用が開始されることになる。まず，2027 年以降は売上高 15 億ユーロ超かつ従業員 5,000 人超，2028 年以降は 9 億ユーロ超かつ 3,000 人超，2029 年以降は同指令に基づく対象企業すべてに適用される。

　大企業に対し義務を課す内容となっているが，デューディリジェンスの実施範囲は，自社および間接的な取引先を含む自社のバリューチェーン上の企業の活動も含まれる。義務の主な内容としては，(1) 方針の策定・統合とリスク管理体制の構築，(2) 人権および環境に関する実際のまたは潜在的な悪影響の特定と評価，(3) 潜在的な悪影響の防止，軽減，実際の悪影響の停止，最小化，是正，(4) ステークホルダーとのエンゲージメント，(5) 通知・苦情処理メカ

第12章 E U 265

ニズムの構築，(6) 実施状況のモニタリングと有効性の評価，(7) 取り組みの報告・開示である。

対象企業が同指令の義務に違反した場合には罰則規定がある。罰則は加盟国の国内法によって定められるが，企業の全世界の年間純売上高の5%以上の制裁金が課せられる可能性がある。また，デューディリジェンス義務に違反した場合は民事責任が発生する。

同指令は2027年以降，大規模企業から適用が開始されるが，適用対象企業は，同指令への対応にあたり，サプライチェーンを見直し，取引先を従来よりも絞り込むなどの対応を図る企業も出てくると考えられる。同指令の適用対象となる日本企業においても，今後，対応に向けた準備が必要となる。

3．強制労働製品禁止規則案の影響

EU市場から強制労働によって生産された製品を排除し，強制労働の撲滅に向けた対応を強化するための新たな法律が導入される。強制労働により生産された製品のEU域内での流通および域外輸出を禁止する規則案は，欧州委員会が2022年9月に提案し，EU理事会と欧州議会が2024年3月に政治合意に達した。同規則案は，欧州議会によって2024年4月に採択され，EU理事会による採択後，EU官報への掲載を経て，施行される。施行から3年後に適用開始となる。

同規則案は，製品を対象にした規制で，強制労働に依拠する製品のEU域内への輸入や販売，域外への輸出を禁止する。採掘，収穫，生産，製造などサプライチェーンのいずれかの段階において，部分的にまたは全面的に強制労働が用いられた製品を禁止の対象とする。事業者の規模に関わらず，原材料の一部でも強制労働によって生産された製品が規制の対象となる。同規則案の実施に当たっては，(1) 強制労働の関与が疑われる製品について初期調査を実施し，(2) 違反の可能性に関して十分な根拠があると判断した場合，正式な調査を実施する。(3) 正式調査の結果，禁止規定の違反があると決定した場合，当該製品のEU市場での流通，EUからの輸出を禁止し，調査対象となっている事業者に対して，当該製品の回収と処分を命じる。また，当該事業者がこれらの命令に違反した場合には加盟国の国内法に従って罰金が科せられる。調査につい

ては，EU 域内の製品は加盟国が指定する当局が，EU 域外の製品については
欧州委員会が主導する。

　初期調査と正式な調査では，調査対象となった企業は，欧州委員会や加盟国
当局への情報提供などの協力が求められる。正式な調査では，事業者の同意に
基づく実地調査の実施や，市民社会団体など第三者からの情報提供など，入手
可能な情報に基づき決定を下す。

　欧州委員会や加盟国当局による調査はリスクベースアプローチを採用し，同
規則への違反の可能性を判断する基準として，(1) 国家主導の強制労働を含
む，疑いのある強制労働の規模と深刻度，(2) EU 市場へ上市または流通され
た当該製品の量，(3) 最終製品を構成する部品の内，強制労働が疑われる部品
の割合，(4) 事業者と疑われる強制労働リスクのサプライチェーン上の距離感
および対応へのレバレッジ，の 4 つを挙げている。

　また，欧州委員会は，強制労働リスクに関するデータベースを構築し，欧州
委員会や加盟国当局の調査に活用する。同規則案は，特定の国や地域における
強制労働を対象にしていないとしつつも，データベースには，国家当局による
強制労働など強制労働リスクの高い特定の地域や製品に関する情報がリスト化
されることから，当局はデータベースの情報から優先的に調査を行う可能性が
ある。

　同規則案には例外規定もあり，EU 域内での供給不足などのリスクのある重
要製品については，強制労働製品であっても処分を命じない決定をすることが
でき，サプライチェーンにおける強制労働が解消された場合には，当該製品を
域内市場に戻すことができる。この点については，新疆ウイグル自治区の人権
状況に関して中国を念頭に置きつつも，EU が主に太陽光パネルなど中国から
の輸入に依存している状況を踏まえた結果といわれる。

　同規則案の適用開始に向けて，EU に製品を上市している企業は，サプライ
チェーン上で強制労働リスクに関するデューディリジェンスを実施し，原材料
の調達を含めて，全ての段階で強制労働が存在しないことを確認する必要が
ある。また，EU 域内の企業へ原材料や部品などを供給している場合において
も，強制労働が行われていないことを証明する情報の提供，リスクに関する調
査への協力などが求められる可能性がある。

第4節　EU の脱炭素・グリーン関連政策の実施状況と影響

1．「欧州グリーン・ディール」および「Fit for 55」

　フォン・デア・ライエン委員長は 2019 年 12 月に，持続可能な EU 経済の実現に向けた成長戦略として「欧州グリーン・ディール」を掲げ，さまざまな関連政策を打ち出してきた。「欧州グリーン・ディール」に沿って，EU は 2050 年までの炭素中立の実現を掲げ，さらに中間目標として，2030 年の温室効果ガス（GHG）を 1990 年比で少なくとも 55％削減することを欧州気候法（2021 年 7 月施行）によって規定した。この達成に向けて，欧州委員会は 2021 年 7 月に，政策パッケージ「Fit for 55」を発表。「Fit for 55」には，(1) エネルギー効率の改善，(2) 再生可能エネルギーの利用拡大，(3) 土地利用・林業による GHG 吸収の拡大，(4) EU 排出量取引制度（EU ETS）の適用拡大，(5) 低排出・持続可能な輸送手段・燃料の普及，(6) 税制と気候目標の整合化，(7) カーボン・リーケージ（排出規制の緩やかな国・地域への産業流出）対策などを目的とする，8 つの規則改正案と 5 つの新規則案の合計 13 の法案が含まれた。また，2021 年 12 月には，「Fit for 55」の第 2 弾として，(1) 域内ガス市場規則の改正案，(2) 域内ガス市場の共通ルールを定める指令改正案，(3) エネルギー部門から排出されるメタンガスの削減に関する規則案，(4) 建物のエネルギー性能指令の改正案が発表された。これらの法案のほとんどが 2024 年 5 月時点までに，政治合意や成立に至っている。

　EU の脱炭素化と気候中立の達成に向けた取り組みとして重要な役割を果たすのが EU ETS 改正指令と炭素国境調整メカニズム設置規則（以下 CBAM，詳細は第 6 章参照）である。

　EU ETS は，火力発電や鉄鋼，セメント，石油精製，製紙，化学品，域内発着の航空便など炭素集約型産業からの GHG 排出量に上限を設け，排出量の取引制度を構築することで，排出削減と低炭素技術への投資の促進を目指す，カーボンプライシングの制度である。2023 年 6 月から施行された EU ETS 改正指令では，(1) GHG 削減目標の引き上げ（2003 年比で 62％削減），(2) 毎年の排出上限の削減率強化（2024～2027 年は 4.3％，2028～2030 年は 4.4％

に設定），(3) 特定の産業に対する排出量の無償割り当ての段階的削減（2026年以降，CBAM の部分的導入と連動して，無償割り当てを段階的に削減し，CBAM が完全に導入される 2034 年に廃止），(4) 対象産業への海運の追加などを決定した。また，建物，道路輸送，小規模産業を対象とした EU ETS II を 2027 年から新たに開始する。

CBAM は，EU 域内の事業者が対象製品（鉄，鉄鋼，セメント，肥料，アルミニウム，水素，電力など）を EU 域外から輸入する場合に，域内で製造した場合に課される EU ETS の炭素価格と同等の価格の支払い（CBAM 証書）を輸入者に義務づける。2026 年からの本格導入に向けて，2023 年 10 月から移行期間が開始。2025 年 12 月末までの移行期間では，CBAM 証書の支払い義務は発生しないが，対象製品の輸入者は，輸入量と製造過程で排出される温室効果ガス（GHG）排出量などを記載した CBAM 報告書を四半期ごとに提出する必要がある。日本企業も，対象製品を EU 域内に輸出している場合，EU 域内の取引先などの輸入者から，同製品の GHG 排出量の情報提供などの対応が求められる。

今後，「Fit for 55」関連法の施行が進むことを踏まえて，欧州委員会は 2024年 2 月，2040 年までに GHG 排出量を 1990 年比で 90％削減するという新たな目標設定に向けた政策文書を発表した。2040 年目標を設定することは欧州気候法で定められており，次期欧州委員会が発足する 2024 年 11 月以降に法制化に向けて具体的に動き出すとみられる。2040 年目標の達成のためには，まず中間目標である「Fit for 55」の完全な実施が必要になる。

2．脱炭素化に向けたネットゼロ産業法案

「Fit for 55」の関連法案の整備が進む中，欧州委員会は 2023 年 2 月，「グリーン・ディール産業計画」を発表した。同計画では，「欧州グリーン・ディール」の実現のため重要となるのは，GHG 排出ネットゼロに貢献する産業（ネットゼロ産業）であるとし，EU 域内のネットゼロ産業に対する支援強化を掲げた。背景には，世界中で脱炭素化に向けたネットゼロ技術の需要が拡大する中，米国のインフレ削減法（IRA）をはじめとする各国による補助金策や投資の呼び込みが活発化していることがある。欧州委員会は同計画がインフレ削減

法への対抗策であることを明言している。同計画に基づき，2023年3月に提
案されたネットゼロ産業規則（2024年5月27日にEU理事会が採択）は，域
内でのネットゼロ産業の競争力強化とネットゼロ技術の生産能力の拡大を支援
するための枠組みを規定。ネットゼロ技術として，再生可能エネルギー（再エ
ネ）技術，蓄電・貯熱技術，ヒートポンプ，グリッド技術，非バイオ由来再生
可能燃料（水素など），持続可能な代替燃料技術，電解槽・燃料電池，二酸化
炭素（CO_2）回収・有効利用・貯留（CCUS）技術，エネルギー効率化技術，
原子力関連技術などを指定。ネットゼロ技術の生産拠点設立のための許認可手
続きの簡略化，規制を緩和することで，EU域内の投資環境の改善を狙う。ま
た，エネルギー安全保障の観点から，エネルギー関連技術の域内生産を強化す
る目的もある。さらに，同規則では，2030年までに，EUが必要とするネット
ゼロ技術の年間整備量の40％を域内生産することと，EUが世界シェア15％
（価値ベース）を獲得することをベンチマーク（努力目標）として設定した。

　「グリーン・ディール産業計画」に対応する形で，加盟国も既に動いてい
る。例えば，フランス政府は，2023年10月25日に「グリーン製造業法」を
施行させ，バッテリーやヒートポンプなど脱炭素化に欠かせない製品の国内生
産を支援すべく，工場の国内立地支援，グリーン製造業への投資資金の動員，
公共調達および公的支援のグリーン化を進めている。同法に基づき，2024年3
月には「グリーン製造業支援投資税額控除制度（以下，C3IV）」を施行し，エ
ネルギー転換，バッテリー，風力発電，太陽光発電，ヒートポンプの4つの戦
略部門の製品，部品，重要原材料の国内生産拡大に向け，1社当たり1億5,000
万ユーロを上限に，土地や建物，設備のほか，商標権，特許権などの無形固
定資産の取得価額の20％の税額控除を認める。中小企業や特別支援地域に指
定された地区への投資には控除額を上乗せして適用する。フランス政府は，
C3IVの導入により2030年までに総額230億ユーロの投資と4万人の雇用創
出を期待している。

3．循環型経済（サーキュラーエコノミー）に向けたEUの取り組み

　「欧州グリーン・ディール」が掲げる2050年までの気候中立の実現に向けた
新たな産業戦略として，欧州委員会は2020年3月に「循環型経済行動計画」

を発表した。環境に配慮した持続可能な EU 経済の実現，EU の競争力強化と
環境保護の両立，消費者の権利強化などを循環型経済（サーキュラーエコノ
ミー）に向けた方針として示した。同計画に基づき発表された主な関連法案と
その成立状況は 12-3 表の通り。EU では，これらの循環型経済関連法が今後，
施行し，適用が開始されることになる。製品に関する規制については，対象製
品を EU 域内に上市（流通）する場合，法律への準拠が必要となる。EU 域内
に拠点がなく，日本から EU へ製品を輸出する際にも，EU 域内の代理人，輸
入事業者などを通じて，これらの規制への対応が求められることになる。

　脱炭素化に向けて，バッテリーの需要が急速に拡大することを見据えて，
欧州委員会は，2020 年 12 月に，EV バッテリーや産業用電池を対象にした規
制の改正案となる「バッテリー規則」を発表し，2023 年 8 月に施行された。
同規則によって，自動車用，産業用，携帯型など EU 域内で販売されるバッテ
リー製品を対象に，カーボンフットプリントの申告義務を規定しているほか，
リサイクル済み原材料の使用率の最低値，廃棄された携帯型バッテリーの回収
率や原材料別再資源化率の目標値などが導入される。原材料調達から設計・生
産，再利用，リサイクルまでのライフサイクル全体を対象範囲に規定し，バッ

12-3 表　「循環型経済行動計画」に基づく主な法案

指令・規則名	法案発表日	状況
バッテリー規則	2020 年 12 月 10 日	2022 年 12 月 9 日政治合意，2023 年 8 月 17 日施行。
廃棄物輸送規則改正	2021 年 11 月 17 日	2023 年 11 月 17 日政治合意，2024 年 5 月 20 日施行。
持続可能な製品のためのエコデザイン規則案	2022 年 3 月 30 日	2023 年 12 月 5 日政治合意。
建築資材規則の改正案	2022 年 3 月 30 日	2023 年 12 月 13 日政治合意。
グリーンウォッシング（実質を伴わない環境訴求）禁止指令	2022 年 3 月 30 日	2023 年 9 月 19 日政治合意，2024 年 3 月 26 日施行。
包装・包装廃棄物に関する規則案	2022 年 11 月 30 日	2024 年 3 月 4 日政治合意。
炭素除去の認証枠組みに関する規則案	2022 年 11 月 30 日	2024 年 2 月 20 日政治合意。
製品の修理を推進するための共通ルールに関する指令案（修理する権利）	2023 年 3 月 22 日	2024 年 2 月 2 日政治合意。

（資料）欧州委員会，EU 官報から作成

テリー・サプライチェーンの透明化と強靱化を実現することで，域内の重要原材料の確保や戦略的自律の強化を目指す。2027年2月からは，電子上の記録となる「バッテリーパスポート」によるラベル表示を通じて，EVバッテリーなど対象製品の原材料，カーボンフットプリント情報の提供が義務づけられている。同規則は，2024年から順次，適用が開始され，履行にあたっての詳細を定める委任法令[6]の策定が進められている。

また，循環型経済行動計画に沿った政策パッケージとして，2022年3月以降に発表された主な法案として，「持続可能な製品のためのエコデザイン規則案」（以下，エコデザイン規則案），「包装・包装廃棄物規則案」，「修理する権利」がある。

エコデザイン規則案は，製品仕様における持続可能性要件の枠組みを規定するもので，2022年3月に欧州委員会が提案し，2023年12月に政治合意に達した。同規則案は，主に大型家電のエネルギー効率の要件などを規定する現行のエコデザイン指令を改正したもので，対象製品を原則として食品や医薬品を除くあらゆる製品に拡大。エコデザイン要件については，エネルギー効率のほか，耐久性，信頼性，再利用性，更新や修理の可能性，リサイクルの可能性，懸念すべき物質の有無，リサイクル材の含有量，炭素・環境フットプリントなどの持続可能性要件が追加される。また，これらの持続可能性要件に関する情報を「デジタル製品パスポート」を通じて消費者に提供することが求められる。製品ごとの具体的な基本要件は，規則案の施行後，委任法令によって定められ，まずは，鉄鋼，繊維製品（衣類・履物）などの製品グループから優先的に委任法令が策定される。さらに，同規則案では，未使用繊維製品（履物を含む）の破棄の禁止が盛り込まれ，同規則案の施行から2年後に適用が開始される。

包装・包装廃棄物規則案（2024年3月に政治合意）では，包装廃棄物の削減，包装材のリサイクル，再利用の促進を義務づける。現行指令では，包装材のリサイクルや再利用が不十分で，かつ加盟国による制度の違いが指摘されていたため，EU域内で直接適用される規則にすることで，包装廃棄物の排出量の削減を目指す。同規則案により，飲食店内で消費される飲料や食品，ホテルのアメニティなどの使い捨てプラスチック包装材を禁止するほか，輸送用包

装・梱包材の最小限化要件，再利用可能な包装材の利用率に関する包装材別の目標値，プラチック包装材におけるリサイクル済みプラスチックの最低含有量などを規定する。これらの規制は，同規則案の施行18カ月後から段階的に適用が開始される。また，各要件の詳細は，同規則案に基づき欧州委員会が策定する委任法令によって定められる。

「修理する権利」は，製造事業者に対して壊れた製品や故障した製品の修理を義務づける指令案で，2024年2月に政治合意に達した。故障した製品を修理するか，買い換えるかは消費者の自由であるものの，修理を推進することで，廃棄物の削減，環境保護などにつなげる狙いがある。製造事業者に対して，製品の法定保証期間外でも，消費者の要望に応じて自社製品の修理への対応を求める。EU域外で設立された製造事業者の場合は，域内の認定代理人，輸入事業者，卸売業者が責任を負う。現行のエコデザイン指令で修理可能性要件が規定されている，家庭用洗濯・乾燥機や調理家電，食洗器，冷蔵・冷凍庫，掃除機，オーディオ機器，テレビ，パソコン，携帯電話・タブレットなどが対象製品として指定されている。将来的には，エコデザイン規則案に合わせて，同指令案の対象製品を拡大する可能性があり，欧州委員会にその権限が委任されている。

第5節　今後の展望と課題

EUでは2024年6月6〜9日に欧州議会選挙が実施され，2024年10月以降，新たな欧州委員会が発足する。欧州議会選挙では，前回2019年の選挙で躍進した中道派の欧州刷新（Renew Europe）グループや環境政党が議席数を減らした一方，EU統合に懐疑的な極右政党が議席数を伸ばした。また，フォン・デア・ライエン委員長が所属する中道右派の欧州人民党（EPP）グループが議席数を増やし，最大会派を維持した。極右政党の躍進で右傾化が顕著となったものの，EPP，社会・民主主義進歩連盟（S&D）グループ（中道左派），欧州刷新の中道会派3グループの合計は過半数を占めており，親EU会派が主流の状況は変わっていない。今後，欧州委員会の次期委員長の任命に向

けた審議が欧州議会で進められる。フォン・デア・ライエン委員長は，次期委員長の筆頭候補として EPP から選ばれており，続投する可能性が有力とみられる。次期欧州委員会においても，「欧州グリーン・ディール」を推進し，関連法規制の本格的な実施段階に入っていく中，欧州議会における EU 懐疑派の躍進が，今後の EU 政策にどのような影響を与えるかは，まだ不透明である。また，長期化するロシアによるウクライナ侵攻や中東情勢の EU 経済への影響も懸念される。気候中立目標の達成に向けて，これまで整備してきたさまざまな環境政策の路線を変更せずに，経済安全保障の強化，EU 域内のサプライチェーンの強靭化，戦略的自律の確保を実現できるかが，今後のカギとなるだろう。

　足元では，EU 復興基金などを活用した加盟国での投資が進むことで，脱炭素化による気候中立の実現に向けて，特に，エネルギー分野では水素サプライチェーンの構築，モビリティ関連では EV 生産の強化や充電インフラの整備，さらに半導体など重要産業での生産拡大に向けて投資が活発化するとみられる。

　本章で整理したように，EU は経済安保，ビジネスと人権，脱炭素・グリーンの各領域で多岐にわたるルール形成を進めており，世界のルールメイキングにも影響を及ぼしている。企業の視点では，こうした EU の規制への対応は高いハードルである半面，特に人権やグリーンといったサステナビリティの分野では，それを克服することで世界市場での適応力を養成することができるという面もある。他方，経済安保関連の政策は動き出したばかりであり，日本企業にとって追い風となるのか，あるいは EU 域内企業の競争力を高めるための産業政策的な措置が逆風となる可能性があるかといった見極めも必要となる。

（土屋朋美）

注
1　潜在的加盟候補国とは，準備が整った際には EU に加盟するという可能性を約束されている国。
2　欧州委員会，春季経済予測，2024 年 5 月 15 日付。
3　Bradford（2019）.
4　外務省「海外進出日系企業拠点数調査（2022 年）」。
5　業種別のデータは外務省「海外進出日系企業拠点数調査」2021 年調査結果を参照。
6　EU 法令は EU 理事会と欧州議会の承認により成立するが，両機関が欧州委員会に対し，法令の

274　第3部　サプライチェーンの変容

内容を実施する権限を委任することができる。この権限に基づいて欧州委は委任法令を制定することができ，理事会と議会は一定期間内に委任法令を審査し，不承認とすることはできるものの，内容の修正は認められない。

参考文献

ジェトロ（2021），「『欧州グリーン・ディール』の最新動向』（全4回報告）」ジェトロ調査レポート（2021年12月）。

ジェトロ（2022a），「EUの半導体政策と半導体法案の概要—EUデジタル政策の最新動向（第1回）」ジェトロ調査レポート（2022年8月）。

ジェトロ（2022b），「EUの循環型経済政策」ジェトロ調査レポート（2022年10月）。

ジェトロ（2024），「EU炭素国境調整メカニズム（CBAM）の解説（基礎編）」ジェトロ調査レポート（2024年2月）。

吉沼啓介（2024）「『リパワーEU』計画を読み解く（全4回）」ジェトロ地域・分析レポート（2024年2月）。

Bradford, Anu（2019），*The Brussels Effect: How the European Union Rules the World*, Oxford University Press.

終章

強靭で持続可能なサプライチェーンに向けて

　これまで見てきた通り，グローバルサプライチェーン（GSC）を取り巻く環境は大きく変化している。歴史的な転換期を迎えていると言ってよい。最後にこうした変化を引き起こしている 3 つのイシューおよびその他の要因について，今後の方向性を展望したうえで，GSC 再編の行方，企業の取るべき対応について考えたい。

第 1 節　グローバルサプライチェーンを巡る環境変化の行方

1．経済安全保障，サステナビリティの潮流は中長期で継続

　本書でフォーカスした 3 つのイシューは，グローバル経済・社会の構造的変化ともいえるもので，今後，中長期的に継続していくものと考えなくてはならない。経済安全保障の重要性が高まっている背景には，米国が参加する G7 など「西側」民主主義諸国と中国・ロシアなど「東側」権威主義諸国との分断がある。特に，米中対立によるところが大きい。対立の背景には，米国と中国の経済力の急接近がある。中国が WTO に加盟した 2001 年から 2022 年の間に，米中間の名目 GDP 差は約 8 倍から 1.4 倍まで大幅に縮小した。経済規模の格差縮小ともに，中国の軍事支出も拡大している。2001 年当時は 12.5 倍の開きのあった米国との支出規模が，2022 年には 2.9 倍の差にまで接近している[1]。対立の争点は，双方の安全保障，つまり国際社会における覇権争いとなっており，対立が根本的に解消される見通しは当面みえない。

持続可能（サステナブル）な経済，社会を求める世界の潮流も，今後ますます強まっていくことが見込まれる。3つのイシューの1つである脱炭素対策の緊急度はますます高まっている。120以上の国・地域がカーボンニュートラルを宣言し，対策に取り組みつつあるにもかかわらず，国際エネルギー機関（IEA）によると，世界のCO_2排出量は2022年に過去最高の369億トンを記録した。排出量は，新型コロナ感染拡大の影響で一旦，減少に転じたが，経済活動の回復とともに，再び増加している。国連のアントニオ・グテーレス事務総長は2023年7月，記者会見で「地球温暖化の時代は終わり，地球沸騰化の時代が到来した」と危機感を表明し，各国政府に一段と強力な対策を要請した。企業に対しては，投資家からの情報開示の圧力も高まっており，EUなど一部・地域では，情報開示を義務化する動きも進む（第3章参照）。消費者の環境配慮への意識も高まっている。EUによるCBAM（炭素国境調整）も，今後の運用が注目されるが，各国・地域に一層の温暖化対策の導入を促す要因の1つになりうる。今後，一部の国・地域では政権交代などによって，揺り戻しがあるかもしれないが，中長期的な方向性は変わらず，サプライチェーンのグリーン化を含めて，多方面にわたる脱炭素化への取り組みが，待ったなしで一層進められていくことになるであろう。

　人権尊重を求める各方面から企業への圧力も今後，強まることこそあれ，弱まることはない。ビジネスと人権は，2011年に国連人権理事会でビジネスと人権に関わる指導原則が全会一致で採択されたことに始まる。その後，欧米諸国で法制化が進み，情報開示や人権デューディリジェンスの対応を迫られるようになったことが大きな推進力になっている（第2章参照）。ESG投資の拡大の中で，グローバル企業を中心に，投資家からも対応を求められるようになっている点も大きい。さらに，脱炭素と同様，サステナブル消費の興隆から，消費者や民間団体からのレピュテーションリスクにも留意が必要になっている。

2．突然の途絶リスク，サイバー攻撃のリスク

　新型コロナ感染症によるパンデミックは既に過去のものになりつつあるように見えるが，今後も新たなパンデミックが発生するリスクは否定できない。そのほか，気候変動により頻発する異常気象，地震など，サプライチェーンの途

絶リスクは常に念頭に置いておくことが必要となっている。

さらに，サプライチェーンを標的にしたサイバー攻撃も増加している。情報処理推進機構（IPA）が2024年1月に発表した「情報セキュリティ10大脅威2024」には，「ランサムウェアによる被害」に続き，「サプライチェーンの弱点を悪用した攻撃」が2位に選ばれた。標的組織よりもセキュリティが脆弱な取引先や委託先，国内外の子会社等を攻撃して，その組織が保有する標的組織の機密情報等を窃盗する，というものだ。サプライチェーンの管理のデジタル化が，サイバー攻撃の脅威を増大させている。

3．通商秩序の揺らぎ，保護主義拡大への懸念

近年，主要国による保護主義的な貿易制限措置の導入が大きく拡大している。スイスの非営利団体，ザンクトガレン貿易繁栄基金が運営し，世界貿易や投資に影響を及ぼす政策介入措置を監視・報告する「グローバル・トレード・アラート」（GTA）のデータベースによれば，2023年に世界全体で導入された通商面での新たな政策介入の件数は4,416件にのぼり，そのうち貿易や投資に対する阻害措置（Harmful measures）が3,486件，自由化措置（Liberalizing measures）が930件と，貿易・投資に負の影響を与える措置が全体の約8割を占める。こうした措置の導入は，パンデミック前から約3倍に急増した（終-1図）。背景には，これまで自由貿易を推進してきたWTOの機能不全の影響もあると考えられる。

主要国は自由貿易よりも自国の安全保障を経済面から確保する観点から，輸出管理や投資規制，関税などの通商政策を再設計しつつある。安全保障上の懸念がある国や企業・団体に機微な技術がわたらないよう一層厳しい管理を実施しており，管理策の一部には保護主義的なルールが含まれることも少なくない。経済安全保障の最重要物資の1つである半導体の分野では，国際管理レジームの枠におさまらない管理強化が米国やオランダ，日本などで行われており，これまで行われてきた中国への半導体製造装置の輸出が難しくなっている。さらに，保護主義の顕在化は，産業政策でも起きている。国家戦略上の重要産業の振興策において，補助金を受ける企業は，補助金の提供国にとっての懸念国への投資を制限されたり，補助金事業において懸念国からの調達を制限

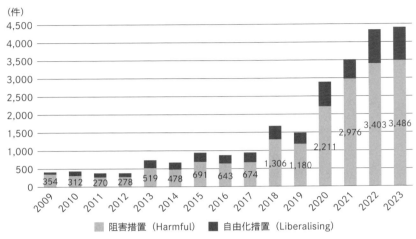

終-1図　貿易・投資に関わる新たな政策介入の件数

（資料）Global Trade Alert より作成

されたりするといった，コンディショナリティーがつくことが常態化しつつある。

こうした保護主義的な動きは，西側先進諸国だけではない。西側が懸念国の筆頭とする中国においても，包括的な輸出管理法のほか，個人情報の越境移転などを管理するデータ三法，西側の措置に与することで中国に不利益を与える企業団体への対抗措置などの立法措置が続く。ASEANの大国インドネシアでは，重要産業で活用されるニッケルやボーキサイトなど希少鉱物の輸出禁止を講じるほか，幅広い製品で国産化要求を強化している。グローバルサウスのリーダーを自任するインドも「メーク・イン・インディア」を標榜するなかで，強制規格に基づく国産化の推進やさまざまな輸入制限的措置を発表。こうしたインド太平洋地域をはじめとする第三国でも保護主義的な政策が目立つ。自由貿易を前提として形成されてきたGSCにも大きな影響を及ぼしつつある。

終章　強靱で持続可能なサプライチェーンに向けて　279

第2節　グローバルサプライチェーンの再編はどこに向かうか？

　GSC を巡るビジネス環境は大きく変化し，不透明感が増大している。こうした新たな状況に対して，サプライチェーンに求められるのは，突然の供給途絶にも対処できる強靱性（レジリエンシー）と社会の要請に対応した持続可能性（サステナビリティ）の2点といえるだろう。これら2つの要件の登場によって，GSC は今後どう変化していくのだろうか。

1. 生産・調達の多元化〜脱中国依存に向けたフレンドショアリングの課題〜

　今後起こりうる途絶リスクを回避するためには，調達先の多元化は有力な対応策といえる。調達先が1つに限定される場合はリスクが大きい。これは生産地にも当てはまる。特に，方向性としては，GSC の中核に位置する中国への依存を低減させていくベクトルが働いていくと考えられる。ただし，それは中国とのデカップリングではなく，中国との関係は維持しつつリスクを低減する，デリスキングの方向である。チャイナ・プラスワン戦略とも言われる。同戦略は中国で 2003 年に SARS（重症急性呼吸器症候群）が発生した頃から日本企業の間で取り組みが始まっていた。しかし，近年の中国リスクは感染症，自然災害や人件費の上昇など従来のリスクにとどまらず，米中対立に伴う貿易制限措置の拡大，経済安全保障上の懸念の高まりなどが加わり，日本企業にとって，対応の喫緊性が増している。

　実際に中国依存低減の動きは米中間の貿易に明確に現れ始めている。第 7 章で見た通り，2023 年の米国の対中輸入額は前年比で 2 割以上減少し，中国を抜いてメキシコが輸入先として，初めて首位となった。品目別でみて，輸入額がそれぞれ第 1 位と第 2 位のスマートフォン，ノート PC は輸入が減少し，代わりに前者はインド，後者はベトナムなどからの輸入が大きく拡大した。米巨大 IT 企業から生産委託を請け負っている台湾系 EMS（製造受託企業）の両国への生産シフトなどが影響しているものとみられる。ただし，ノート PC もスマートフォンも絶対額としてはまだ中国からの輸入の方が圧倒的に大きい。米国の輸入に占める中国のシェアは両品目とも，依然として 75％を超えてい

る。中国の人件費は既にタイ，マレーシアなど ASEAN の主要国を大きく上回るものの，部品産業の集積や優れた物流インフラなど総合力で，中国製品の競争力は依然強く，中国依存の低減は容易でないことがわかる。むしろ，EV をはじめとして，中国の過剰生産に伴う，輸出攻勢に各国は神経を尖らせている。2024 年 6 月にイタリアのプーリアで開催された G7 サミットの共同声明でも懸念が表明された。

　多元化を進める中で，半導体，重要鉱物など戦略物資については，フレンドショアリングの動きも今後，増えていくであろう。フレンドショアリングはイエレン米財務長官が 2022 年 4 月に提唱した枠組みで，安全保障上の懸念のない，信頼できるパートナー国との間でサプライチェーンを構築していくというものである。半導体産業などでは，こうした動きが顕著になっている。米国，日本，ドイツなどに加え，マレーシア，インドなどが半導体関連の外国直接投資の受け入れ先として上位に名を連ねるようになっている（第 4 章参照）。フレンドショアリングは重要物資など特定品目に限られるが，GSC 再編の 1 つの潮流といえる。ただし，パートナー国の線引きをどうするのか，などの課題も指摘されている[2]。友達（フレンド）だけでは供給ができない品目もあり，また，市場原理を歪めるとの懸念もある[3]。

　2024 年 2 月には，米国主導のフレンドショアリングの枠組みと目されている IPEF サプライチェーン協定も発効している。IPEF の参加国は，米国，日本，韓国，オーストラリア，ニュージーランド，インド，フィジーに，ASEAN からシンガポール，タイ，インドネシア，マレーシア，フィリピン，ベトナム，ブルネイの 7 カ国，合計 14 カ国に上る。広範な物資のサプライチェーン途絶時における具体的な連携手続きを規定する多国間の協定は世界初である。情報共有が中心であり，どの程度，効果を発揮するか今後の運用が注目される。

2．需要のあるところで地産地消～ニアショアリングの動きも～

　これまでの GVC の発展とは逆方向になるが，部材や製品が国境を越えるリスクを極力減らし，市場のあるところで生産し販売する，いわゆる「地産地消」は，多元化と並び，GSC が向かう 1 つの方向性であると考えられる。日

終章　強靭で持続可能なサプライチェーンに向けて　281

本企業の海外進出の目的は，進出先の国内市場への供給か，進出先から日本や第3国市場への輸出か，大きく2つに分かれる。国内販売と輸出の両方を同時に行っている場合も多い。この輸出で供給している部分を現地生産に切り替える，部材も現地調達に切り替える，ということである。地政学リスクや保護主義的な貿易措置が増大している中で，極力，国内でサプライチェーンが完結できるのであれば，リスクの抑制になる。

　中国では輸出機能は海外に移管し，国内市場向けの生産は中国でという，"チャイナ・フォー・チャイナ"の動きがみられる。これも地産地消の動きといえよう。中国事業を展開する企業にとって，米国など「西側」からの調達依存は西側による規制の影響を受けやすく，地産地消が解決策の1つとなる。

　海外に移した生産機能を本国に回帰させるリショアリングも地産地消の1つといえるだろう。特に先端半導体の分野では，台湾・韓国への一極集中から，各国政府の補助金支給などの後押しを受けて，需要のある米国や日本，ドイツなどで新たな工場を建設する動きがみられる（第4章参照）。米国ではEVバッテリー工場などの誘致も進む。これら重要産業の国産化を米国政府は補助金などを活用しながら振興している。産業振興は，超党派による一定の支持があり，政権交代などによる変動リスクは受けにくいと考えられる。

　さらに，地産地消の類型として，米国市場向けには，隣国のメキシコで生産する，ニアショアリングの動きも顕著になっている。米国の対中関税回避を目的とした中国企業やUSMCA（米国・メキシコ・カナダ協定）の自動車・鉄鋼の原産地規則，米国のEV税額控除要件への対応を目的とした欧米自動車メーカーなどの対メキシコ投資が目立っている（第8章参照）。また，半導体では，カナダやメキシコとの分業体制を構築する試みが北米3カ国で議論されており，また労働集約的な後工程（組立やパッケージングなど）の候補地として，中米のコスタリカを検討する姿勢をみせている。欧州でもニアショアリングの動きがみられる。ポーランド，チェコ，ハンガリーなど中東欧諸国では欧州市場向けの供給拠点として，日系企業を含めた外国企業による新規投資，拡張投資が相次いでいる。

　なお，生産ラインの自動化，3Dプリンターなど製造業に関する技術革新は，生産立地の選択の幅を広げ，地産地消をより進めやすくするものと考えら

れる。

3．サステナブル・サプライチェーンの構築へ

　供給ショックに対応した強靭性に加え，持続可能性もサプライチェーン構築の重要な要件になった。調達先や自社工場の立地場所の選別にも影響を与えうる。サプライチェーンのグリーン化の視点では，CO_2排出量が少ないサプライヤーがより選好されることになる。物流でのCO_2排出も意識し，輸送手段や輸送距離なども考慮する必要が出てくる。また，立地においては再生可能エネルギーが調達できるかどうかが重要になる。電気の使用に伴う間接排出はスコープ２として，CO_2排出にカウントされる（第3章参照）。米アマゾン・ドット・コムは，日本は再生可能エネルギーの供給が不足しており，ニーズを満たしていないと指摘している[4]。カーボンニュートラルを宣言しているグローバル企業にとっては，再生可能エネルギーの供給は，重要な立地条件の1つであることを示している。一方，ブラジルは，水力や風力などの再生可能エネルギー比率が約9割と高く，生産工程におけるCO_2排出の削減を求める自動車メーカーの進出が増加する可能性があるという。山岳部に位置するラオスも水力発電が主力となっており，電源の7割を占める。このため，グリーンアンモニア，グリーン肥料の製造などラオスの再生可能エネルギーに着目した具体的なプロジェクトの動きも出ている。

　人権尊重では，労働者保護の規制・制度が整った国・地域である方が，強制労働や児童労働のリスクは相対的に小さいといえる。このため，調達先を選別する際には，各国の法制度も考慮されることになる。第2章で紹介した，ドイツの金属産業団体が実施した，同国サプライチェーン・デューディリジェンス法についてのアンケート調査でもこのことが示されている。すなわち，同法が顧客やサプライヤーとの関係に及ぼした影響について（複数回答可），「環境・人権関連のガバナンスが弱い国からの撤退した／する予定である」と回答した企業の割合は14％であった。少数ではあるが，各国の法制度の整備状況の重要性を示すものといえよう。持続可能なサプライチェーンが志向されることで，GSCの立地にも影響を及ぼすものと考えられる。

終章　強靭で持続可能なサプライチェーンに向けて　283

終-2図　グローバルサプライチェーン再編の方向

生産・調達の多元化
・チャイナプラスワン
・フレンドショアリング
　（信頼できる国・地域間）

地産地消
・需要のあるところで生産
・ニアショアリング
　（大市場の近隣で生産）

サステナブル・
サプライチェーン
・再エネの利用可能性
・環境・人権関連のガバナンス

制度的近似性
・法制度
　（知財制度・越境データ移転制度など）
・技術標準　など

（資料）筆者作成

4．「制度的近似性」を重視へ

　従来，GSC の形成には「地理的近接性」が重要とされてきた。アジア，北米，欧州などをみても，それぞれ近接した地域で，緊密なサプライチェーンのネットワークが形成されてきている。しかし，今後は，法制度，技術標準などの「制度的近似性」が重要になるとの指摘がある。グローバル企業は進出先での諸制度の頑健性，あるいは自国のビジネス環境との親和性を，海外展開でのリスク評価の重要な参照点とするという[5]。より高度な技術を伴う GSC では，知的財産保護制度の整備状況が重要になろう。また，近年ではデータがビジネスで重要な役割を果たすようになっており，サプライチェーンの管理・運営でも日々データのやりとりが国境を越えて行われている。このため，セキュリティやプライバシーの保護を確保しつつ，自由な越境データ移転制度の重要性も高まっている。制度には環境基準，労働基準などサステナビリティ分野も含まれ，サステナブル・サプライチェーン構築と重なる部分もある。

第3節　企業に求められる対応

　最後に企業レベルで求められる対応について考えたい。

1．サプライチェーンの可視化〜デジタルを活用した取引先とのデータ連携〜

供給途絶，経済安保，脱炭素，人権尊重，いずれのイシューに対処する上でも共通してまず必要となるのは，取引先まで含めた自社のサプライチェーン全体のより正確な把握である。直接の取引先は把握できていても，その先，さらにまたその先の取引先までは把握できていないという企業は多い。特に取引先の多い，自動車，電気・電子など機械産業にとって，間接的な取引先まで把握するのは現実的には難しい面がある。取引先に対するアンケート調査などで実態把握に努めているのが現状である。サプライチェーン全体で対応を迫られるイシューが拡大していることから，取引先把握の必要性が高まっている。

こうした課題に対応するために，サプライチェーン上でつながっている取引先とデータを共有していく仕組み作りが進められている。その先行事例としては，第3章でも紹介した，欧州の自動車業界による「カテナエックス（CATENA-X）」などが挙げられる。自動車分野のサプライチェーン全体において，CO_2 排出量や ESG モニタリング，品質管理など関わるデータ交換を可能とするデータ連携基盤の構築を目指す[6]。日本でも，経済産業省が主導して，データ共有やシステム連携を目指す「ウラノス・エコシステム」が進められている。また，東アジア・アセアン経済研究センター（ERIA）では，アジア大でのサプライチェーン上のデータ連携に向けて，具体的な仕組み作りの検討が進められている[7]。今後，官民の協力により，デジタル技術を活用したデータ連携によって，サプライチェーンの可視化が一層進むことが期待される。

2．新たな環境下でサプライチェーンを再設計
〜各国・地域の固有のリスクも考慮〜

突然の供給途絶への対応策としては，業界の特性などにもよるが，在庫の積み増し，部材の代替可能性の追求，生産拠点や調達先の多元化，地産地消モデルへの移行，BCP（事業継続計画）の策定などが挙げられる。現時点での自社のサプライチェーンを把握したうえで，最適な調達先や生産立地場所，販売先を検討していく。検討に当たっては，従来の QCD，新たな3つのイシューに加え，第3部でみてきたように，各国・地域ごとの固有のリスクも確認してい

く必要がある。それらをすべて考慮したうえで，最適なサプライチェーンを再設計していくことが求められる。大幅な見直しは実施するまでに，多大なコスト，時間を要するため，できるところから段階的に進めていくというアプローチも必要であろう。

3．FTA・EPA の活用，政府の補助金，優遇措置の有効活用

効率第一であったサプライチェーンの見直しは，コストアップになり得る。そうした中で，関税コストが削減できる FTA や EPA は，グローバルな環境変化の中でも，引き続き有効なツールである。さらに，FTA を有している国との間では，貿易取引以外でも，投資やサービス，知的財産権の保護，政府調達など幅広い分野で一定の自由化のルールが約束されており，ルールが履行されていない場合は，国に救済要請や異議申し立てを行う手段が備えられているので，積極的に活用すべきであろう。IPEF サプライチェーン協定のほか，G7，日米，日 EU などの枠組みでも政府間のサプライチェーン強靱化の取り組みが進められており，今後の運用が期待される。

また，主要国による半導体など戦略物資の研究開発，製造工場の誘致も活発化している。産業政策に批判的だった米国が，今や先頭を切って，インフレ削

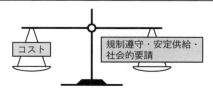

終-3 図　企業に求められる対応

1）サプライチェーンの可視化
　　〜取引先の把握，デジタルを活用した取引先とのデータ連携〜

2）サプライチェーンの再設計
　　〜QCD，3つのイシュー，各国・地域固有のリスクを総合的に考慮〜

3）FTA/EPA の活用，政府の補助金，優遇措置の活用
　　〜関税コストを削減，重要戦略物資の場合は補助金利用の可能性も〜

（資料）筆者作成

減法（IRA），CHIPS プラス法などによる巨額の補助金で，製造工場の誘致に乗り出している。こうした政府補助金，優遇措置を有効に活用していくことも重要である。

　経済安全保障，脱炭素，人権など新たなイシューに対応したサプライチェーンの見直しは，多くの場合，コストの増加をもたらすことになる。一方で企業にとって，他社との差別化などにより競争力強化につながる面もある。全体を俯瞰して，規制遵守，安定供給，社会的要請など必要な対応とコストとのバランスを考え，意思決定していく必要がある。サプライチェーンの再編は，全社的視点で総合的に判断する経営レベルのアジェンダになっているといえよう。

（若松　勇・箱﨑　大・藪　恭兵）

注
1　ストックホルム国際平和研究所データ。
2　Manak et al.（2023）.
3　RIETI 主催 BBL Seminar "Friend-Shoring Security Trumps Economics?: A European perspective"（2024 年 1 月 19 日）での M. Reiterer ブリュッセルガバナンススクール特別教授の発言より。
4　ブルームバーグ（2024）。
5　猪俣（2020）。
6　経済産業省他（2024），239 ページ。
7　経済産業省（2023），166 ページ。

参考文献
猪俣哲史（2020），経済教室「制度の似た国同士で分業へ　国際貿易体制の行方」『日本経済新聞』2020 年 7 月 14 日付。
経済産業省（2023），2023 年版通商白書。
経済産業省他（2024），2024 年版ものづくり白書。
ブルームバーグ（2024），「日本は再エネ供給不足，企業ニーズ満たさずとアマゾン―化石燃料依存」3 月 28 日。
Manak, I. and M. C. Miller（2023），"Friendshoring's Devil is in the details," *Renewing America*, Council on Foreign Relations.

索　引

【数字・アルファベット】

1930 年関税法 307 条　57
2015 年現代奴隷法　43, 45
2018 年現代奴隷法　43, 45
AEC ブループリント　205
AI　145, 149, 151-152
ASEAN+1 FTA　205
ASEAN エネルギーセンター（ACE）　224
ASEAN 経済共同体　205
ASEAN 自由貿易地域（AFTA）　5
BEV　110, 221
BYD　108, 221
CASE2.0　105
CBAM　121, 227
CBP　57-58
CFIUS　150
China for China　219
CHIPS および科学法（CHIPS プラス法）　25,
　　88, 139, 146, 156
DHS　60
EAR　34
EL　34, 149
EPA（経済連携協定）　5
EU 企業持続可能性デューディリジェンス指令
　　47
EU 排出量取引制度（EU ETS）　267
EV　147, 155, 157
　　――3.0　114
　　――税額控除　165
Fit for 55　267
FTA（自由貿易協定）　5
GHG 排出権取引制度（ETS）　177

GVC 参加率　3
IIJA　147, 158
ILO 第 98 号条約（団結権および団体交渉権）
　　174
ILO 多国籍企業及び社会政策に関する原則の三
　　者宣言（多国籍企業宣言）　39, 41
IPEF サプライチェーン協定　280
IRA　147, 155, 157-158
ISEAS　223
ISSB　74-75, 78-79
ITA（情報技術協定）　4
IVI（In-Vehicle Infotainment）　108
NAP モニタリング　42, 48
NDC　223
NEV　104
OECD 多国籍企業行動指針　39-41, 44, 47
PHEV　110
RCEP　5, 205
REACH 規則　99
RPS 制度　196
RRM　175
SARS（重症急性呼吸器症候群）　7
SDV（Software Defined Vehicle）　108
SEMI　94
small yard, high fence　196-198
Tier0.5 インテグレーター　109
UFLPA　146
　　――エンティティ・リスト（UFLPA 事業体
　　リスト）　56, 60
　　――執行戦略　59-61
USMCA　165
WRO　57
ZEV 目標　105

索引

【ア行】

アジア・ゼロエミッション共同体（AZEC）　224
新たな質の生産力　185
アリババ集団　184
安全保障貿易管理　220
アンチダンピング（AD）　220
アント・グループ　183
一帯一路　110, 181
違反商品保留命令（WRO）　56
インド太平洋経済枠組み（IPEF）　30, 221
インド標準規格（BIS）　245
インフレ削減法（IRA）　25, 139, 165
ウイグル強制労働防止法（UFLPA）　38, 139, 194, 229
迂回輸出　220
エコデザイン規則案　271
エンティティ・リスト（EL）　26, 91, 139
欧州化学品庁（ECHA）　99
欧州気候法　267
欧州グリーン・ディール　25, 121, 124, 135, 254
欧州経済領域（EEA）　99
欧州持続可能性報告基準（ESRS）　37
欧州半導体法　88, 260
親会社および発注企業の注意義務に関する法律　43, 45

【カ行】

外国為替および外国貿易法（外為法）　27
外国人労働者　214, 229
外国直接製品（FDP）ルール　97
外国投資リスク審査法（FIRRMA）　150
外国の法律および措置の不当な域外適用を阻止する規則　192
改正5G促進法　88
ガードレール条項　92
カーボンニュートラル　222
カーボンリーケージ　122-123, 126
カリフォルニア州サプライチェーン透明法　45
環境スコア　25

環境デューディリジェンス　48
環太平洋パートナーシップに関する包括的および先進的な協定（CPTPP）　5
企業持続可能性デューディリジェンス指令　38, 44-45
　　──案（CSDDD）　263
企業持続可能性報告指令（CSRD）　37, 258
企業の透明性および基本的人権とディーセント・ワーク（働きがいのある人間らしい仕事）条件への取り組みに関する法律（透明性法）　44-45
気候変動対策　147, 158
気候変動リスク　222
奇瑞汽車（Chery）　173
九州半導体人材育成等コンソーシアム　96
供給途絶　10
強制労働　38-39, 45-46, 56-59, 61, 229
　　──製品禁止規則案　265
苦情処理制度　231
国別行動計画　262
グリーン経済　226
グリーン成長戦略　226
グリーン・ディール産業計画　268
クリーン電力　225
グリーン電力取引プログラム　196
グローバルサプライチェーン　1, 52
グローバル・トレード・アラート（GTA）　277
グローバルバリューチェーン（GVC）　3
軍民両用（デュアルユース）　13
経済安全保障　13, 120, 139, 145, 155, 158
　　──推進法　23
　　──戦略　261
経済的威圧　19, 22, 146, 258
現地調達率　118
高齢化　207
国際エネルギー機関（IEA）　113
国際サステナビリティ基準審議会（ISSB）　74
国産化要求　119
国土安全保障省（DHS）　59
国連気候変動枠組条約（UNFCCC）　223
国連指導原則　41

索　引　289

国連ビジネスと人権に関する指導原則　39
個人情報保護法　191
国家安全　182
国家集積回路産業投資基金　184
　　──三期　95
国家防衛産業戦略　181

【サ行】

再生可能エネルギー　225
サイバー攻撃　277
サイバーセキュリティ法　191
サーキュラーエコノミー（循環経済）　14, 269
サステナビリティ（持続可能性）　37
サステナブル・サプライチェーン　282
サプライチェーン　38, 41, 43, 45-50, 52, 61,
　　63
　　──上における人権配慮　38, 50
　　──・デューディリジェンス法　42-43, 45,
　　51, 53
　　──透明法　43
　　──と人権　230
　　──における強制労働と児童労働との闘いに
　　関する法律の制定および関税率の改正法
　　（サプライチェーン強制労働・児童労働対
　　策法）　45-46
　　──排出量　68-69, 76
サプライヤー　37-38, 49-50, 53
産業高度化　119
産業保護　120
暫定危機・移行枠組み　26
事業所特定の迅速な労働問題対応メカニズム
　　（RRM）　174
次世代の EU　254
自動化　214
児童労働　39, 44-46
　　──デューディリジェンス法　44-45
社会実装　106
車載電池　118
重要新規利用規則（SNUR）　100
修理する権利　271
循環型経済　269
新エネルギー自動車　104

新型コロナ（ウイルス）　142
　　──禍　146, 155, 157
　　──感染症（Covid-19）　8
人権・環境デューディリジェンス　43
　　──法　51
人権デューディリジェンス（DD）　13, 37-42,
　　46, 48-51, 53, 228
人口ボーナス　209
人身取引　43, 45
信頼できないエンティティ・リスト　28
　　──制度　192
水力発電　225
スマート化　105
スマートコクピット　109
スマートネーション　208
生産設備の過剰問題　119
生産・調達の多元化　279
生産連動型優遇策（PLI）　235, 241
制度的な近似性　283
責任ある企業行動のための OECD デュー・ディ
　　リジェンス・ガイダンス　39
責任あるサプライチェーン等における人権尊重
　　のためのガイドライン　41
責任あるサプライチェーン等における人権尊重
　　のための実務参照資料　41
狭い庭に高い塀（small yard, high fence）　145
ゼロコロナ政策　11, 190
前進党　215
先端半導体　145, 149
戦略国際問題研究所（CSIS）　97
戦略的自律　258
双循環戦略　191

【タ行】

対米外国投資委員会（CFIUS）　28, 150
太陽光発電製品　59
太陽光パネル　59
　　──製品　62
台湾有事　219
多国籍企業及び社会政策に関する原則の三者宣
　　言（ILO 多国籍企業宣言）　40
脱炭素　14

290　索　引

——化　119
脱中国　217, 219
炭素国境調整メカニズム（CBAM）　258
炭素税　226
炭素排出権取引制度（ETS）　195
地域的な包括的経済連携協定（RCEP）　5, 205
地産地消　280
地政学リスク　19, 33
チャイナ・フォー・チャイナ（China for China）
　　203, 281
チャイナ・プラスワン　7, 203
注意義務（デューディリジェンス）　44, 51
注意義務法　43
中欧班列　110
中間への競争　108
中国経験　120
中国商務部　112
中国製造2025　24, 181, 184
長城汽車（GWM）　173
通商法301条　143, 145, 155
通商摩擦　120
デカップリング　145, 155
適法性審査　59, 63
デジタル製品パスポート　271
テスラ　111, 184
データ安全法　191
データ連携　284
デフォルト値　129-131
デューディリジェンス　45-47, 59, 62-63, 262
デリスキング　145, 194, 260, 279
電動化目標　104
奴隷労働　43, 45
トレーサビリティ　51
——の確保　50, 52

【ナ行】

中所得国の罠　209
ニアショアリング　162, 165, 167-168, 280-281
日米貿易摩擦　143
日系企業のグッドプラクティス　231
ヌサンタラ　216
寧徳時代新能源科技（CATL）　119

寝そべり族　185
ネットゼロ・エミッション　222
ネットゼロ産業　268
——法案　25

【ハ行】

バイオ・循環型・グリーン（BCG）経済　208
排出量取引制度（ETS）　226
白紙革命　190
バッテリーパスポート　271
反外国制裁法　28, 190, 192
反スパイ法　190-192
半導体　146, 150, 152, 156
——・デジタル産業戦略　96
反補助金調査　112
比亜迪汽車（BYD）　173
東アジア・アセアン経済研究センター（ERIA）
　　284
東日本大震災　7
ビジネスと人権（BHR）　40, 228
——に関する国別行動計画（NAP）　42
——に関する国連指導原則　262
——に関する指導原則　40
一人っ子政策　185
ファーウェイ　109, 149, 152, 183, 197, 221
復興レジリエンス・ファシリティー（RRF）
　　254
ブリュッセル効果　121, 135, 257
フレンドショアリング　220, 279
紛争鉱物および児童労働に関するデューディリ
　　ジェンス法　45
紛争鉱物と児童労働に関するデューディリジェ
　　ンスおよび透明性に係る施行令　44
米国インフレ削減（IRA）に基づくクリーン
　　ビークル税額控除　162
米国商務省国際貿易局（ITA）　112
米国商務省産業安全保障局（BIS）　91
米国税関・国境警備局（CBP）　56
米国通商法301条に基づく対中追加関税　162
米国のウイグル強制労働防止法（UFLPA）　56
米国の対中301条　165
米国半導体産業協会（SIA）　90

米国・メキシコ・カナダ協定（USMCA） 162,
　　174
米中対立　142, 145, 155, 158, 216
北京モーターショー　110
ペルフルオロオクタン酸（PFOA）　99
ペルフルオロオクタンスルホン酸（PFOS）
　　99
ペンタゴン（5角形）戦略　208
貿易技術評議会（TTC）　29
包括的および先進的な環太平洋パートナーシッ
　　プ協定（CPTPP）　174
包装・包装廃棄物規則案　271
北米自由貿易協定（NAFTA）　142
保護協約（Contrato de Protección）　173
保護主義　216, 277
ポリシリコン　59, 61

【マ行】

マダニ経済政策　208
メガコンペティション　183

メーク・イン・インディア　234, 241, 250

【ヤ行】

屋根置き太陽光発電　228
有機フッ素化合物（PFAS）　98
輸出管理　26, 148, 158
　　——改革法（ECRA）　149
　　——規則（EAR）　26, 30, 91, 148
　　——法　192

【ラ行】

リショアリング　281
リスクベースアプローチ　266
リチウムイオン電池（バッテリー）　108, 154
リパワー EU　256
ルイスの転換点　183
レピュテーションリスク　15

【ワ行】

ワッセナーアレンジメント（WA）　26

執筆者紹介

(執筆順，＊は編者，肩書は執筆当時)

＊若松　勇 (わかまつ・いさむ)　　　　　　　　　　　　　　　　　　　(序章，終章)
　　ジェトロ調査部長

＊藪　恭兵 (やぶ・きょうへい)　　　　　　　　　　　　　　　　　　　(第1章，終章)
　　ジェトロ調査部国際経済課課長代理

　田中　晋 (たなか・すすむ)　　　　　　　　　　　　　　　　　　　　(第2章)
　　ジェトロ・ジュネーブ事務所長

　葛西 泰介 (かっさい・たいすけ)　　　　　　　　　　　　　　　　　(第2章補論)
　　ジェトロ・ニューヨーク事務所〔戦略国際問題研究所 (CSIS) 日本部客員研究員〕

　田中 麻理 (たなか・まり)　　　　　　　　　　　　　　　　　　　　(第3章)
　　ジェトロ調査部国際経済課課長代理

　伊藤 博敏 (いとう・ひろとし)　　　　　　　　　　　　　　　　　　(第4章)
　　ジェトロ調査部国際経済課長

　清水 顕司 (しみず・けんじ)　　　　　　　　　　　　　　　　　　　(第5章)
　　ジェトロ調査部中国北アジア課長

　安田　啓 (やすだ・あきら)　　　　　　　　　　　　　　　　　　　(第6章)
　　ジェトロ調査部欧州課長

　赤平 大寿 (あかひら・ひろひさ)　　　　　　　　　　　　　　　　　(第7章)
　　ジェトロ・ニューヨーク事務所調査担当ディレクター

　中畑 貴雄 (なかはた・たかお)　　　　　　　　　　　　　　　　　　(第8章)
　　ジェトロ調査部主任調査研究員

＊箱﨑　大 (はこざき・だい)　　　　　　　　　　　　　　　　　　　(第9章，終章)
　　ジェトロ調査部主任調査研究員

　北見　創 (きたみ・そう)　　　　　　　　　　　　　　　　　　　　(第10章)
　　ジェトロ・バンコク事務所広域調査員 (アジア)

　河野 将史 (こうの・まさし)　　　　　　　　　　　　　　　　　　　(第11章)
　　ジェトロ調査部主幹 (南西アジア)

　土屋 朋美 (つちや・ともみ)　　　　　　　　　　　　　　　　　　　(第12章)
　　ジェトロ調査部欧州課課長代理

編著者紹介

若松　勇（わかまつ・いさむ）

筑波大学第3学群国際関係学類卒，政策研究大学院大学修士課程修了（政策研究）。1989年ジェトロ入構。ジェトロ・バンコク事務所アジア広域調査員（2003～2006年），アジア大洋州課（2010～2014年），ニューヨーク事務所次長（調査担当）（2016～2020年），調査部長（2021～2024年）などを経て，2024年8月よりジェトロ・アジア経済研究所研究企画部上席主任調査研究員。

専門はアジアの地域経済統合，日本企業の生産ネットワーク，米国のアジア通商政策など。

主な著書に，共著『高まる地政学的リスクとアジアの通商秩序』（文眞堂，2023年），編著『ASEAN・南西アジアのビジネス環境』（日本貿易振興機構，2014年），共著『Engaging East Asia Integration』（IDE-JETRO, ISEAS, 2012年）など。

箱﨑　大（はこざき・だい）

京都大学経済学部卒，早稲田大学大学院アジア太平洋研究科修士課程修了（国際関係学）。金融機関，シンクタンク研究員，香港駐在エコノミストを経て2003年ジェトロ入構。北京事務所調査担当次長（2009～2014年），海外調査部中国北アジア課長（2014～2018年），アジア経済研究所主任調査研究員（2018～2023年）を経て，2023年9月より調査部主任調査研究員。

専門は中国マクロ経済，日本の対外直接投資。

主な編著書に『2020年の中国と日本企業のビジネス戦略』（日本貿易振興機構，2015年），『中国経済最前線：対内・対外投資戦略の実態』（日本貿易振興機構，2009年）など。

藪　恭兵（やぶ・きょうへい）

神戸大学法学部卒，神戸大学大学院法学研究科修士課程修了（政治学）。2013年ジェトロ入構。海外調査部米州課（2015～2017年），経済産業省通商政策局経済連携課（外部出向，2017～2019年），戦略国際問題研究所（CSIS）日本部客員研究員（外部出向，2019～2022年），などを経て，2022年1月より調査部国際経済課課長代理。

専門は通商政策（WTO/FTAなど），経済安全保障など。

主な著書に，共著『FTAの基礎と実践：賢く活用するための手引き』（白水社，2021年），共著『NAFTAからUSMCAへ—USMCAガイドブック』（日本貿易振興機構，2021年）。

グローバルサプライチェーン再考

──経済安保、ビジネスと人権、脱炭素が迫る変革──

2024 年 9 月 30 日　第 1 版第 1 刷発行　　　　　　　　　検印省略

編著者	若	松		勇
	箱	﨑		大 兵
	藪		恭	兵

発行者　　　前　野　　　隆

発行所　　株式会社　文　眞　堂
東京都新宿区早稲田鶴巻町 533
電　話　03（3202）8480
ＦＡＸ　03（3203）2638
https://www.bunshin-do.co.jp/
〒162-0041 振替00120-2-96437

製作・モリモト印刷
© 2024
定価はカバー裏に表示してあります
ISBN978-4-8309-5271-5　C3033